智元微库
OPEN MIND

成 长 也 是 一 种 美 好

发展的自我

自我成长中的过程与问题

◆ **THE EVOLVING SELF**
PROBLEM AND PROCESS IN HUMAN DEVELOPMENT

［美］罗伯特·凯根 著
（Robert Kegan）

李维 李婷 译

人民邮电出版社

北京

图书在版编目（CIP）数据

发展的自我 : 自我成长中的过程与问题 / （美）罗伯特·凯根（Robert Kegan）著；李维，李婷译. -- 北京 : 人民邮电出版社，2022.5（2024.7重印）
ISBN 978-7-115-54971-6

Ⅰ. ①发… Ⅱ. ①罗… ②李… ③李… Ⅲ. ①自我—通俗读物 Ⅳ. ①B017.9-49

中国版本图书馆CIP数据核字（2021）第001634号

版权声明

◆著　　　　[美] 罗伯特·凯根（Robert Kegan）
　译　　　　李 维 李 婷
　责任编辑　张渝涓
　责任印制　周昇亮
◆人民邮电出版社出版发行　　北京市丰台区成寿寺路 11 号
　邮编 100164　电子邮件 315@ptpress.com.cn
　网址 https://www.ptpress.com.cn
　涿州市京南印刷厂印刷
◆开本：880×1230　1/32
　印张：11　　　　　　　　　　2022 年 5 月第 1 版
　字数：480 千字　　　　　　　2024 年 7 月河北第 2 次印刷
　著作权合同登记号　图字：01 - 2020 - 4007 号

定　价：88.00 元
读者服务热线：（010）67630125　印装质量热线：（010）81055316
反盗版热线：（010）81055315
广告经营许可证：京东市监广登字 2017147 号

自我组织、失衡与成长

我上研究生时，偶然从一个二手书的集市上淘到了一本《发展的自我》。当时我并不了解罗伯特·凯根这个人，单纯只是被书名吸引，没想到打开一看，我就再也放不下了。最初的译本还不够准确，有些地方读起来让人似懂非懂，我就委托国外的朋友帮我买了一本原版书，对照阅读。读完之后我欲罢不能，索性去亚马逊买下了这个作者写过的所有书。原版书的价格对学生来讲还是有些"肉痛"，买这几本书的钱几乎等于我两个月的生活费，但我就是这么痴迷。

形容一本好书带给自己的影响时我们常常会说："这本书为我打开了新世界的大门"。按照这个说法，《发展的自我》对我的意义是双倍的：它将我引入了两个新世界。

第一个世界，是认识论的世界，研究的是人们用怎样的方式加工自己眼中的世界。尽管认知心理学对此早有结论，认为每个人都有自己组织世界的独特框架，但这本书还是第一次让我有了更鲜明的认识：人们接收到相同的物理刺激，将其作为经验编织起来的脉络竟可以如此千差万别，以至于形成完全不同的主观世界！错觉图片的例子，就让我们认识到"信息在知觉层面上可以带给人怎样的歪曲"。但"歪曲"本身还不够准确，这个词暗示了存在着某种"现实"（我曾经认为，认知的任务就是不断逼近这种"现实"）。而凯根的书给出了更彻底的论断："现实"是认识的产物，不存在脱离认识的现实，也就无所谓对现实的"歪曲"。称得上客观的事物，不过是外部刺激引发的电生理信号，这些信号通过个人的主观加工，才能组织成有意义的信息。因此毫不夸张地说：一人一世界。

这是石破天惊的学说，甚至可以说是后现代哲学的心理学基础。只有理解了这一点，才可以更好地理解建构主义那句名言："现实不是被发现的，而是被发明的"，从而放下先入为主的视角，理解不同人看到的（完全不同的）世界，才会有真正的对话产生。后来我学习后现代心理咨询，学习系统理论和系统式心理治疗，算起来都是从这里起步的。

但这本书还不止于此。它同时讲述了：自我在建构世界的同时，世界也在建构自我。从一个动态的视角来看，"自我"是不断演化的——这就打开了另一个新世界的大门：成长视角下的自我组织。我们可以把它理解为一门特殊的"发展心理学"，只是着眼点不在生理、思维方式、行为特征上，也不在知识或技能上。在所有这些东西的变化背后，有着更为核心的变化，也就是"自我"的发展（按照凯根的原文，不妨称为"演化"）。一个人认识世界，并组织形成意义的方式，在不同阶段会达成不同的"停滞状态"。这是一种平衡的稳态，同时又酝酿着失衡的可能性。一旦打破"演化停滞"，就会带来心智的全面升级。

在这本书里，凯根提出了另一个重要论断，人是毕生成长的动物。我们经常把"成长"这个词挂在嘴边，说"活到老学到老"，但在凯根之前，很少有人会相信心智层面的发展能够伴随一个人的成年甚至老年。根据通常的看法，心智的"成熟"止步于成年早期，二十多岁的姑娘、小伙子已经可以被叫作"成人"，他们的心智模型被认为已经趋于完备，之后的学习只是对知识和技能的扩充，而非心智的颠覆和升级。凯根这本书打破了这一论断。在他的理论体系里，"自我"可以呈现为不断的螺旋式上升的状态：从一体化的自我到冲动性的自我、再到唯我性的自我、人际性的自我、法规性的自我、个人间的自我……任何在一个阶段被认为是天经地义的法则，都有可能随着年龄的增长而遭遇某种"危机"，直到当事人意识到，那些法则只是原有的自我组织的产物，这时候，人就跳出了原有的自我维度。

一次又一次的"破"和"立"，这就是凯根笔下的自我成长。

举例来说，小时候的我们意识不到，"知觉"是自我组织的产物。我们以为距离的远近真的可以改变事物大小，站在远处看，房子就是火柴盒（而不是"像"），人一走近，房子就"长"大了。随着我们的成长，这件事与我们的现实体验产生了冲突，有一天我们理解到，我们对一个东西的印象叫作"知觉"，其大小是独立于客观事物而存在的。有了这个顿悟，我们才不再执着于表面的皮相，人才总算变得比"朝三暮四"的猴子更聪明。

成年人也会有类似的领悟，在更抽象复杂的观念层面上，认识到"我如我所是"。比如年轻的时候我们相信"获得别人的认可越多，我就越有价值"，随着我们的成长，建立起稳定的内在价值体系，看到自己的美德与尊严独立于他人的看法，也就不再执着于一时的毁谤。这让我们变得更勇敢，也更灵活。不过，这些话说起来简单，但光是说教并不能改变别人，正如无论怎么解释，小孩仍然认为"越近，房子就越大"。成长是无法取巧的，只能靠自己实践、体悟。越是高阶的自我，就越自洽，要打破平衡状态就越困难。

在某种意义上，凯根在这本书中为人生做了"剧透"。他用妙趣横生的手法，描绘出人们会在不同阶段运用怎样的策略维持自身的稳定，同时让我们看到，稳定的另一面就是限制。每个人都只能用局限的方式认识世界，有趣的是，身处其中的我们甚至看不到限制的存在。那么，这本书的价值就在于让我们提前意识到，自己在如何"画地为牢"地打转。意识到了这一点，我们就会立刻走出来吗？未必。但是有了这张地图，我们至少心里有数，知道自己的边界在哪里。那么也许有一天，新的经验触碰到了这些边界，即便面对痛苦，我们也不会那么恐慌。短期的自我失衡让人眩晕，但在长期的视角下，那就是成长来临的序章。

李松蔚

临床心理学博士

中国心理学会注册心理师

　　写作本书时，我从埃里克·埃里克森（Eric Erikson）的事迹中获得了勇气。和埃里克森一样，我也是不太情愿地从人文学科领域渐渐转向了心理学领域，并且和他一样，我也受到了一位伟大的心理学天才的鼓舞，这位天才人物榜样让我对文学、哲学和神学知识产生了浓厚的兴趣。

　　埃里克森的榜样是西格蒙德·弗洛伊德（Sigmund Frend）。而我的榜样是让·皮亚杰（Jean Piaget）。读者们可能对皮亚杰了解不多，所以并不明白他为什么会让我对上述知识产生了浓厚的兴趣。不过，30年前，一个持有冷酷的宿命论且侧重于研究身体束缚的本我心理学（body-bound id-psychology）学者，能在多大程度上为埃里克森充满希望的心理社会 - 自我心理学（psychosocial ego psychology）提供支持呢？埃里克森主要研究精神分析学理论，并且也明白——让人有这样的印象——怎样不受这种理论控制。不过因为他知道，从根本上而言，他能够找到不断塑造和更新他自己对于人类精神很重要的观念的认知，以及他认为存在的、对这种理论发展很重要，但却没有机会发展成熟的东西。当然，这"东西"就是人"以恰当的方式使感受和行为保持一致的能力"（Erikson，1950，p.15）。我们一般认为是自我的发展，本书中，我称之为意义的演化。埃里克森以弗洛伊德为榜样学到的，也是我认为我以皮亚杰为榜样所学到的——关于自我培养和发展的一种深奥难懂的推测。

像埃里克森一样，我已经改变了我所沉浸的理论的面貌，以至于尽管每一个变化都可以被证明是从理论的基本前提发展出来的，并不背离理论的基本前提，但仍然留下了一点不舒服的感觉，好像创造之父可能不承认这个孩子是他自己的。

最后，我鼓起勇气，做出像埃里克森那样的选择，发表那个他称之为"概念路线"的本质上是基于经验的推测。像埃里克森一样，我正在对本书中的框架进行了测试，以确保它能够以一致的和实质性的方式考虑到非常广泛且复杂的，需要仔细观察的人类现象。像埃里克森一样，我从自己和他人的生活经验、自己和他人的临床经验，以及自己的经验中获得这些现象和其他人的研究。由于指导我的理论思想源于学术而不是临床心理学，确实，所以我有大量严格收集的观察可以借鉴，尤其是皮亚杰本人的工作，他的研究导向的追随者，以及社会认知主义者的追随者，尤其是劳伦斯·科尔伯格（Lawrence Kohlberg）。虽然这给了我一个可能比埃里克森的更完整的现象类别，但我仍然将这些研究的材料定位为能够被理论框架涵盖的现象，而不是声称这些研究"证明"了我的立场。实际上，这些理论本身就成为必须被纳入框架的现象，我确实试图在这里提出一些最适于整合发展理论的背景。

我是一名老师、一位诊疗师、一位理论研究者。所有帮我创作本书的人，我希望能跟你们一起进行这种高度个人化的学习探索，希望你们能跟我一起探索，我们怎么能够通过理解人的意义体系来认识一个人，希望你们跟我一起探索这些意义体系的工作方式，以及这些方式让我们产生的感受。作为一个临床诊疗师，我正在研究这些体系的工作方式怎么能帮助临床诊疗师进行他们的基本工作，即向他们的患者表达，他们完全能够理解患者的体验经历，就跟亲身体验过一样。诊疗师的这项工作为什么对患者努力摆脱负面的心理因素影响至关重要，这一点还没有得到完全的理解和认识，不过长期以来一直受到现象学和以来访者为中心的心理学家的赞赏，且海因茨·科胡特（Heinz Kohut）在精神学方面的钻研也发现了这一点。在本书中，我试图证明，这种特别的同理心在生命的每一个阶段都很重要，因为这是我们培养这种行为习惯的过程中所固有的。最后，我也是一位理论研究者，我也发现，自我或人格发展培养受到了一些不够成熟的元心理学问题的困扰，如："谁是个性的主人，是情感还是认知？""哪一方面应该是人注重的中心，是个人化的问题，还是社会化的问题？调查研究的主题应该是什么，是关注内心还是关注人际？"甚至还有这样的问题："哪一种是更为有效的发展框架，精神分析学方面的还是认知结构学方面的？"在本书中，所有这些问题都得到了重新构建，从二元对立变成了使这对立的双方都凸显出其重要性的辩证的陈述。本书问道：人格中是否存在这样的东西，从哲学上讲，是在这些对立面出现之前就已经存在，并且是构建这种两极对立的条件，且能够让人观察和研究的？本书提出，意义构建的进化过程就是这样的条件，只要考虑临床诊疗、实验研究和日常生活等一系列人类活动经历，就能够证明这一观念。

　　换言之，本书中的观念是另一种根据经验而得到的推论，是对推论概念进行的又一次探索。本书是为了心理学专业的老师和学生，以及人格的理论学者和研究者，精神治疗师、咨询师、老师，以及所有致力于他人成长发展工作的职业人员，还有对心理学有一定了解和认识的普通读者而写作的。这些人，从集体到个人，都相信他们个人提出的令人信服的标准，即分析学和美学在某些方面是相互融合的，他们借此认为某种事物可能是真实或不真实的。也许，我之所以从埃里克森那里获得了勇气，将这一篇幅较长的文章以我自己的观念和认知表述出来，是因为我相信读者能够自己去探索书中的问题，以及书中就这些问题给出的答案。

我将本书的创作归功于 10 年来与非凡的男男女女的沟通交流，我和他们是以师生、诊疗师和患者、研究者和研究受访者、同事等各种关系相处的，我想在这里谢谢他们，无论他们以什么身份跟我相处，他们都向我展露了真实的自我——他们让我有机会跟他们一起学习，也让我有机会向他们学习。他们教给了我很多东西，我欠了他们很多，无法偿还。本书对人类发展观念的理解，让我们质疑了每个人的绝对独立性和对自我包容的习惯。在一般情况下，书籍作者通常会向这些人和事表达感激——如他所拥有的及所离开的人际关系，他自己得到过的帮助和教育拓展，以及让他保持独立性和个性化的人和事物，还有让他能真正袒露自己心声的人和事物等。我不仅想在这里感激帮过我的人（这样我就"偿还了人情"，会再次"无人情一身轻"）；还要感激我的工作嵌入（是个体和组织内外所有与工作有关的情境之间形成的关系网络的密切程度，这个词在前面的几章里很重要）。我不仅从我的关系网中获得了好处，我也确定我是为我的关系网发声的。在本书中，我显然是从某种特定关系的人群的角度来写的，是他们给了我灵感，我试图去报答这一群人，不过在大多数情况下这是不可能的，他们也是我工作嵌入的一部分。

如果我不是总能明白我是在为谁写书，我至少可以识别并感激那些给我创造机会写书的人。多年来，我一直在哈佛教育研究学院和马萨诸塞职业心理学院辅导学生。如果本书适合当作教材，我应该感谢那些听我授课的学生，感谢他们在他们听不明白的时候愿意把他们的问题告诉我。

我曾有幸参加两个真正的相关的学术社团，一个专攻研究，一个专攻临床实践，它们都受到了一个优秀的人的影响，这个人就是劳伦斯·科尔伯格，他一直秉承哈佛道德教育中心所倡导的慷慨、亲切、谦虚和明智的精神，他让我能够从他那里学习，让我们大家能够相互取长补短。虽然赞扬他的人很多，但科尔伯格对心理学和社会科学做出的贡献，我们也才刚开始有一点认识而已。

威廉·佩里（Willian Perry），哈佛非凡的咨询中心（哈佛大学研究顾问局）的创始者和三十多年的主任，为我提供了很多我感兴趣的知识内容，让我免于对其进行专业化的钻研。到他退休时，他 10 年前所著的开创性著作，比刚出版时对社会产生了更为深远的影响作用。他有很多地方能够吸引我，但要我说，最重要的还是他在自我介绍时经常只说的那一句"我是比尔（威廉的昵称）·佩里"，那么，也只有见过他的人才能真正明白我这话的含义。在研究顾问局，我有机会结识了一群友善亲和的临床医生，我跟他们一起思考和学习，就像佩里所说的那样，"虽然（他们）接受过专业训练，但很人性化"。

过去的几年中，我们的一小部分人开始聚集到一起，一部分原因是构思本书进行调研实验。虽然我们对自己的未来有很高的期待，但这里我也要表达对过去的感恩。在那段日子里，我与大家相处得很愉快，那也是一段对我而言很重要的时期。我说的这些人包括安妮·科尔比（Anne Colby），安·弗莱克·亨德森（Ann Fleck Henderson），亚历山德拉·休尔（Alexandra Hewer），吉尔·诺姆（Gil Noum），沙仑·帕克斯（Sharon Parks），乔·雷默（Joe Reimer），劳拉·罗杰斯（Laura Rogers）和齐娜·斯坦伯格（Zina Steinberg）。

詹姆斯·福勒（James Fowler），威廉·罗杰斯（William Rogers），卡洛尔·吉利根（Carol Gilligan），威廉·托伯特（William Torbert）和唐纳德·昆兰（Donald Quinlan）都对我多年来的学习钻研很重要。虽然本书并没有真正表述他们的任何观念，但他们不断发展进化的思想影响了我看待问题的方式。

我还要感激劳拉·罗杰斯从知识和精神上提供的支持和陪伴，她从一开始就一直在支持我写作本书。她对本书的整个出版过程都很重要，她是本书的合作研究者，审读了本书的草稿。她是出版这样一本需要无休止地进行理论探讨的书所需要的一位杰出且活跃的合作伙伴。

因为有了优秀的编者埃里克·万纳（Eric Wanner）和凯塔琳娜·赖斯（Katarina Rice），本书才得以变得更好。埃里克所有的一切都尽善尽美，他总是在我还没在规定时间内完成我的工作时，就已经赶在他的最后期限前完成了他的工作，他审阅本书的次数也比我要多，他的时间把握精准得令人发指。凯塔琳娜为本书提供了所需的所有确切经验和经历；本书如同接受诊疗的患者一样，在她的监督下顺利出版。吉尔·布罗特曼（Jill Brotman）为本书准备手稿，亚历山德拉·休尔编写索引，她们的工作都完成得很出色。因为这两位都熟悉稿件且负责稿件的资料整合，因此她们也都为本书的修改提出了中肯的意见和建议。

　　最后，我还要感谢很多这里没有提及的人们，他们艰难且痛苦的生活经历，也为本书提供了素材。他们为我们提供"资料"（从字面上而言，"是被给予出去的"），他们给了我们灵感，他们向我们展现了他们的勇气，鼓舞着我们努力做好我们的工作。

建构和发展

伍迪·艾伦（Woody Allen）曾经谈及自己因为作弊而被大学开除：在一次形而上学课程的考试中，他偷窥了邻座的内心世界。这恰如我对心理学的理解。心理学研究的是"人之所以为人"的基本问题，如同那场考试是形而上学的。我们对于欺骗自我非常警惕，所以常常会选择"作弊"，通过"窥视"他人内心世界的方式来证实自我。

这是一本心理学著作，按照字面意义来讲，是对精神的反思。黑格尔在《精神现象学》的序言中写道："精神永不休止，始终不断前进，不断赋予自己新的形式。"这种永不休止的前进，就是本书的主题。本书是对这些形式的本质和这种无休止的创造力的经验总结，同时讲述了我们在赋予自己新的形式中所发现的勇气和价值。

正如奥维德（Ovid）在《变形记》（*Metamorphoses*）开头所提及的那样，我把本书看作一则正在被叙述的漫长的故事，一则如奥维德所说"躯体变成不同形式的故事"。在故事的第一章，我们遇到了一位富有魅力的灰白胡子的探索者，有人把他视作智者，有人觉得他是一位可爱的"老傻瓜"。他展现出来的这种魅力究竟有多大，能够在探索中给予我们多大的帮助，我们又会由此发现什么，遇到什么人，所有的这一切将在后面的篇章中一一揭晓。

是什么问题促使了这次旅程的发生？为什么进行这次旅程很重要？

在欧内斯特·海明威（Ernest Hemingway）的小说《印第安人营地》（*Indian Camp*）中，医生的小儿子尼克随同自己的叔叔和父亲去帮助一名难产的印第安妇女，当他们到达营地时，他们听到了那位妇女的尖叫，这种尖叫几乎贯穿了整部小说。在小说中，部落中的男人们在远处交谈，他们交谈的声音掩盖了妇女的尖叫。尼克的父亲通过他的医术解决了尖叫的问题；在故事的这一部分中，海明威称他为"医生"，与营地事件前后其他人们更为熟悉的称谓形成鲜明对比。尼克的叔叔在手术中途出去饮酒。而孕妇的丈夫早些时候摔断了腿，因此，他无法与其他部落成员在营地周边会合，他被迫留在小屋的上铺，就在他痛苦的妻子正上方。这个女人遭受了巨大的痛苦，并以极大的勇气为世界带来了新的生命。"让我们看看这位自豪的父亲怎么样了"医生一边说一边拉开上铺的毯子，尼克看到他父亲沾满鲜血的双手和那位丈夫自己造成的新鲜又致命的伤口。在回家的船上，年轻的尼克看着父亲有力又规律的划桨动作，想起在营地看到的一切，他感到平静而充满感恩。他——尼克——永远不会死。

小说还讲述了其他很多事情，但是让我印象深刻的是贯穿全书的恐怖而神圣的人类音符——妇女生产时极度痛苦的尖叫。这不仅仅是一个音符，有多少人"听到"了它，就有多少种声音。在故事的最后，作者做出了让人震惊的安排：尼克在内心深处，将那位妇女的痛苦理解为一种外在刺激，而听者对此有不同的反应。它把我们指向事件和对它的反应之间的"区域"——事件在此被"私人化"，这是事件构成意义的地方，而人类的特征在此体现得淋漓尽致。撇开行为主义者的理论不谈，今天影响心理咨询和心理治疗的各种人格心理学，可能都在以某种方式引导我们对这个意义形成的中介区域进行深入研究。

我们这些专业人士对意义的建构有双重的参与：了解病患将自己和世界联系在一起的方式，这可以帮助我们了解，他的经历对他意味着什么，而这其中也包括他在咨询关系中与我们在一起的经历。我们意识到这样一个事实对我们特别有帮助，即来访者建构自己的方式既是一种成就又是一种约束。然而我们自己也不可避免地是意义建构者。对我们来说，正是来访者及其陈述的情况，在我们的中介区域里构成栩栩如生的事件。我们将如何理解我们所听到的——或者更确切地说，我们实际听到的——将视那些使个体具有意义的事件而定，即该事件对我们来说确实成为一个事件。我们需要定期检查用于倾听和观察来访者的过滤器和视角。来访者的陈述不仅体现了一种成就或一种约束。专业人员的一贯看法是，他对情境的解释与他的来访者所做的解释不同。正因如此，我们才称他为敏锐的倾听者。他能捕捉到来访者建构意义的方式，以及来访者在捍卫意义时面临的危险，因此，我们称他为心理学家。而当他能处理这些危险时，我们称他为治疗师。在人们成为治疗师之前，首先应该追求前两个层次。

产生意义建构的中介区域被心理学家称为"绝对自我（ego）"、"自我（self）"和"个人（person）"，从某种角度来说，它是众多功能之一，所有这些功能共同构成了人。从另一个角度来看，它是人格本身的基础，即个体自身，并应以此为背景考虑人的各种功能。尽管理论家认为他们对"个体是意义建构者"的观点颇感兴趣，但对临床和咨询心理学最具影响力的理论家都来自以下两个传统的心理学流派：一派是新精神分析，包括新精神分析的自体心理学和新精神分析的客体关系理论。前者以安娜·弗洛伊德（Anna Freud，1936）、哈特曼（Hartmann，1939）、埃里克森（1950）、克里斯（Kris，1975）等人为代表，后者以费尔贝恩（Fairbairn，1952）、雅可布森（Jacobsen，1964）、温尼科特（Winnicott，1965）、马勒（Mahler，1968）、冈特瑞普（Guntrip，1971）等人为代表；另一派是存在主义：现象学传统以莱基（Lecky，1945）、马斯洛（Maslow，1954）、梅（May，1958）、宾斯万格（Binswanger，1968）、安贾尔（Angyal，1965）等人为代表，其中对咨询和临床心理学最具影响的倡导者当推卡尔·罗杰斯（Carl Rogers，1951）。

　　上述每个学派的学者都对心理学的发展做出了巨大的贡献，以至于无论以何种视角聚焦心理学的发展，倘若不以某种方式反映他们的贡献，结果一定会受到影响。然而，上述每种体系，就其本身而言，又面临诸多困难，因此很难将其中两者直接结合起来。本书并不试图进行这种结合，相反，为了倡导新的心理学理论，本书不再向存在主义心理学和动力心理学、人格心理学领域等所提出的深刻信念表示敬意。我将这个新理论称为"建构－发展理论"。它关心意义建构活动的发展，在意义建构的行列中拥有悠久的历史。"建构－发展"理论起源于詹姆斯·马克·鲍德温（James Mark Baldwin，1906）、约翰·杜威（John Dewey，1938）、乔治·赫伯特·米德（George Herbert Mead，1934）等人的著述；它的核心人物毫无疑问是让·皮亚杰（1936）。有充分的理由证明该理论对于目前的咨询和临床心理学实践几乎毫无影响（除了以儿童心理教育为导向的著作）。从根本上说，该理论极少关注发展的过程和内在体验，或者说极少关注情绪——而这些维度，从治疗实践来说，是影响人格结构的主要方面。那么，产生这种极少被关注的情况是由于理论本身固有的局限性，还是由于它的创始人的气质和时代？我的"新皮亚杰方法"将指出，该传统不仅能够提出这些问题（不论我所重建的这个理论与读者对皮亚杰的质疑有何不同），而且能够以某种方式解决这些问题，从而为心理咨询人员或精神科医生最为珍视的，审视一个人的方法，提供一种新的力量。

我将自己的理论与罗杰斯的理论结合起来，聚焦一种存在主义的方法，它隐喻 20 世纪的进化生物学（evolutionary biology）。与早期的机械的和内衡的概念（mechanistic and homeostatic conceptions）截然不同，罗杰斯的理论关注他所认为的适应和成长等内在过程。他的第一原则就是"实现倾向"（actualizing tendency）。

有机体与生俱来的倾向是，用维持或增强有机体的方式来发展各个方面的能力。它不仅涉及马斯洛所说的"缺乏的需要"的倾向，（而且）它（还）涉及器官和功能的分化发展，即由生长导致的发展，由使用工具导致的效能提升，以及由繁殖导致的发展。它朝着自主性（autonomy）的方向发展，试图摆脱外在力量的统治和控制。安贾尔的陈述可以用作下面这种提法的同义语："生命是发生在有机体与环境之间的自发性事件。生命过程并不仅在于维持生命，还在于超越有机体的现状，促使有机体不断发展，将其自主的决定施于日益增多的事件领域。"（1959，p.196）

罗杰斯认为这种"实现倾向"是人格的唯一动机，这一动机没有独立的系统。例如，防御和升华之间的张力就被整合在单一的系统之中。如果把人格假设为一种基本的统一体，那么，这一统一体最好被理解为一个过程而非一个实体。按照罗杰斯的观念，这个过程产生了"自我"，即在这个过程中被识别的意义建构生成了系统，由此才完成了自我的认同。焦虑、防御、心理失调和心理治疗过程等，都是在努力维持自我系统和经历自我系统的转化。这些基本信念中的每一种都将在下述的新皮亚杰方法中得以保持和提炼。

这种提炼是必不可少的，因为针对该系统，存在许多即使最富有同情心的罗杰斯主义者也可能会提出的疑问。首先，由于强调发展，即"朝着自主和分化的方向发展"，了解一点发展的历史就不重要了吗？了解一点发展史的早期表现和晚期表现之间的共同点和不同点，或者说了解一点早期过渡和晚期过渡之间的共同点和不同点，不重要吗？了解一点处在这一历史中的人之间的规律性（如果存在这种规律性），不重要吗？了解一点因实现倾向得以存在的不同"自我"，不重要吗？例如，罗杰斯在治疗中描述的发展变化的自我接近于这样一种"自我"，即在历史的某一时刻出现的需要治疗的自我。其次，罗杰斯关于适应的概念侧重于分离。当生物学家告诉我们适应是一个关于分化和整合的问题时（朝着包容和依恋的方向发展），罗杰斯则提出了独立的问题（朝着自主和分化的方向发展）。对女性有特殊兴趣的心理学家指出，男性偏见已经导致对分化（与成长一起产生）的夸张的、错误的评价，进而导致了对整合（与依赖相关）的贬抑。那么，是否可能发展一种不仅考虑张力双方而且考虑张力本身的人格发展模型呢？最后，根据人格的有机体理论，**以来访者为中心的回应**（client–centered response）的真正含义、效应和理由是什么？罗杰斯关于**无条件积极关注**（unconditional positive regard）的许多讨论，以及心理咨询人员对它的表达，都在阐释要提供更多的温暖，而非让来访者对咨询人员表示宗教般的虔诚。总的来说，这正是**人本主义心理学**（humanistic psychology）的缺陷——当它强大而多变的思想需要严密的解释来保护时，它成了失声的音乐。对于以来访者为中心的治疗的意义不能进行简单的接纳，因为作为一种实践的模式，它与人格理论的关系从未得到清楚的阐释。怎么办？这就是新皮亚杰方法需要解决的问题。对此，一种颇具希望的做法是对罗杰斯主义的基本信念予以有力的证明和具有操作性的注释。

以精神分析为导向的自我心理学非常强调意义建构，并在这方面取得了很大的进展，从而使之摆脱了原先在弗洛伊德的人格结构中所处的下等地位。弗洛伊德曾经写信给荣格（Jung），对他提出**超我**（superego）和**本我**（id）具有强大的力量表示敬意，他写道："自我犹如马戏团里的小丑，经常拿着手杖跑来跑去，以便提醒观众它也是不可忽视的（Freud and Jung，1974）。"

到了 20 世纪 30 年代，有关自我的研究开始受到人们的尊重，一场论战也在所难免。尤其是在安娜·弗洛伊德和海因茨·哈特曼之间展开的论战，涉及对自我的研究应该采取什么视角。安娜·弗洛伊德持保守观点，她关注自我的防御性质（1936）。与之相反，哈特曼则宣称存在一种**适应性的潜能**（adaptive potential），一个"无冲突制约"的领域（1939）。只要 19 世纪关于内在心理功能的**"液压概念"**（hydraulic conception）还是从弗洛伊德那里承袭而来的，这两种观点就不可能融合在一起。这个自我保护的、"削足适履"式的意义建构的维度，其真实图景是无法与同样真实的、适应性的、自我转化的图式相整合的，如果安娜·弗洛伊德关于回避焦虑的防御性自我不加节制，结果就会导致自我的崩溃（ego's breakdown）。在成长和突破（growth and break through）被视作自我崩溃的一个可能结果之前，成长的概念与自我创造意义的活动相联系就是必须的。人们可以在罗杰斯或皮亚杰的理论中找到这种概念，但是所有精神分析衍生的心理学仍然在一定程度上受困于一种过时的、基于生物学意义的方法。这种过时的方法更多地关注我们身体上的能量系统（energy system），而不是我们内心作为自己的能量系统。

事实是，就现代自体心理学和客体关系理论的核心而言，我们发现，许多相同的信念早些时候已由存在主义的观点阐述。此外，我们还看到了一些使存在主义者感到困惑的问题，以及自体心理学家和客体关系理论家为解决这些问题而做出的努力。对他们来说，这些信念与弗洛伊德的理论根源完全不同。一个核心的信念是，人格是通过有机体和环境的相互作用发展起来的，而非单单通过内在的成熟过程。人们可以在埃里克森的心理社会学方法中发现上述信念（1950），尤其在客体关系理论家的著述中，他们把自我与他人的关系（或者自体与客体的关系）置于核心地位。

费尔贝恩（1952）、温尼科特（1965）、冈特瑞普（1971）和其他一些人都坚持认为"客体关系"是人们的内在兴趣，并不是为达成更重要的目标所走的一条必不可少的"弯路"。根据这些理论家的观点，自体活动的本质是客体关系，自体活动被假定为始于出生之时，而非像经典弗洛伊德理论所认为的，必须等待若干年，从先前和更强大的系统中发展出来。此外，埃里克森著名的阶段理论，以及其他一些客体关系理论家如克恩伯格（Kernberg，1966）的**内化阶段**（stages of internalization），都试图说明自体－他人关系（self-other bating）相继演化的历史，并提出了在存在主义者中基本上不做分化的人际关系理论。尽管新皮亚杰主义的框架产生于不同的土壤，但它赞同上述每一种论点。不仅如此，它把这些论点结合起来，构成了自己的理论框架。不论何处，只要有可能，它便把这些理论译成可供研究的程序。最重要的是，它与自体心理学家和客体关系心理学家一起，努力理解在我们的自体－他人结构中的发展过程和阶段。

如果说，从传统的意义上讲，皮亚杰的理论框架与咨询心理学和临床心理学没有直接关系，那么它的根本隐喻和前提实际上可以使咨询心理学和临床心理学更好地武装起来，以便处理那些对治疗事业最具影响的心理学核心问题。

本书的主题是人，这里的"人"被理解成如同运动着的物体那样，是活动着的人——一种不断进步，致力于赋予自己一种新的形式的运动。英语（实际上是所有西方语言）并不完全适于表达实体与过程之间的这种辩证关系。艾伦·沃茨（Alan Watts，1936）为我们提供了一种现在就可以实施的魔术。握紧你的拳头。现在，我们要让你的拳头消失。准备好了吗？好——松开握拳，摊平你的手。你看到了吗？或者你可以不看，你的拳头不见了！（你可以多尝试几次这种令人惊讶的魔术）。这种所谓的事物（一只拳头）可以"消失"，是因为它不只是一种事物，而是一个过程（将手握紧的动作）。

西方的语法把实体与过程进行了分离，好像两者的区别是绝对的。但是，举例来说，中文就不是这样的。中国的文化把事物既看成物体也看作事件（events），认为世界既是由实体构成的也是由过程构成的。东方文化并不像我们所认为的那样，把昼夜看作静态的两极或者处于截然不同的领域，而是相互趋向的一种过程（Kagan，1972）。他们的思想更少体现二分法，更多体现辩证法。如果读者真的想尝试以建构－发展理论所提出的观察方法看问题，他或她就应该学会像中国人那样思考。虽然我们能孤立地接受黑格尔或怀特海（Whitehead，1929）的原理，也就是说，我们认为生命的根本在于它的运动，而不是运动中的某物（something in motion），但我们仍然被强烈地诱惑着——被我们自己的语言诱惑着，以致把我们自身和世界理解为会运动的事物（things that move）。甚至，我们用来意指我们自己的动作名词（动名词），也已失去它们的活动含义，而被视为事物。作为作者，我不得不努力使读者在"人类"这个词中着眼于过程，也就是说，我们正在谈论的是"一个生命"和"许多生命"。本书把人类视作一种活动。它并不讨论一个人正在做什么，它讨论的是，一个人就是自己正在从事的活动。

关于人的这个概念，已经分别被两大观点（Big Ideas）进行了有力的表达，这两大观点也贯穿了这篇引言。在过去的 100 年中，这两大观点几乎已经影响了理智生活的各个方面。这两大观点就是**建构主义**（constructivism）和**发展主义**（developmentalism），前者认为人或系统组成或构成现实，后者认为有机系统按照稳定和变化的规律性原则在各个时代进化。

这两种观点在以不同的方式坚持同一种认知，即在形式（或事物）的背后存在创造它的过程，或者说，这种过程导致事物的形成，只是方式略有不同。那么，我所谓的建构主义和发展主义究竟是什么呢？

我们建构现实（而非偶然发现现实）的概念，使我们迅速地想到知觉（perception）的领域，尽管知觉只不过是建构主义中的一个方面。如果你看一下图 0-1，便可以迅速地回答下列问题。

1. 她是一个少妇呢，还是一个老妪？

2. 她的长相是丑陋的，还是漂亮的？

3. 她长着的是特大的鼻子，还是普通大小的鼻子？

图 0-1　双关图形

注：该图由 W.E. 希尔（W.E.Hill）于 1905 年所制。第一个将该图用于心理学研究的是波林（E.G.Boring），见波林的《一个新双关图形》（*A New Ambiguous Figure*），载于《美国心理学杂志》，1930。

　　这些问题无须细致区分。你也许认为你可以在观察这幅图的众多读者当中发现广泛的一致性。但实际上，你并不会。读者中有些人判定图上是一个漂亮的少妇，长着正常的鼻子，另一些人则感到他们正在观看一个长着大鼻子的老妪。当有些人发现其他人的回答十分不同时，我有时会问他们感觉如何。他们通常正襟危坐，镇定自若，说这并不让他们感到惊讶。他们说："我意识到别人可以用不同的方式看待同一件事。这就是你的观点，不是吗？"哦，不。我想知道的是，人们是否以不同的方式观察同样的事物，或者人们是否以不同的方式观察不同的事物。

　　当然，该图做了巧妙的布局。它选自 20 世纪 30 年代的**格式塔知觉心理学**（Gestalt perception psychology），而且，故意引起两种解释（见图 0-2）。但是，这幅图所隐藏的诡计要比现实生活中的诡计少得多，因为现实生活中的一些事件会招致无数的解释。我们关于这幅图的经验引发了这幅图在哪儿的问题。我们总是认为这幅图好像就是纸上画的那幅图；也就是说，"看到这幅图"，对我们来说，就是看到纸上的东西（不然为什么我们不倾向于寻找另外一幅图呢？）。如果这幅图有 20 张复印件，而且看起来都一模一样，那么我们每个人都认为看到的是"同样的图"。这就是为什么当我们听到别人的答案与我们的答案不同时会大吃一惊。实际上，与其说这是纸上的图，倒不如说纸上呈现的是黑白交叉的块状和线条，以及留白之处——这幅图是由纸与意义建构的有机体（也就是你）两者之间的形而上学"空间"组成的。

图 0-2 对图 0-1 的两种观点

用不了多久，读者就会发现"意义建构的有机体"（meaning-making organism）这一词组是累赘的；正如威廉·佩里（William Perry，1970）所说，一个有机体所做的事情就是组织；一个人类有机体所组织的东西就是意义。因此，并不是一个人在建构意义，而是一个人正在从事的活动就是建构意义的活动。任何一种脱离意义建构这个背景的感觉、经验、思维和感知，都不能被称为感觉、经验、思维和感知。康德（Kant，1969）曾说："没有概念的直观是盲目的。"阿道斯·赫胥黎（Aldous Huxley，1972）也说过，"经验并非那些对你来说已经发生的事，经验是你对发生之事所做的反应"。我们对于发生之事所做的最基本的反应就是去组织它。我们使它具有意义。人类的本质就是由意义组成的，当然偶尔也会有无法建构意义的情形。在后一种情形里，我们往往会产生丧失镇静的体验。

正如赫伯特·芬格莱特（Herbert Fingarette，1963）所写的那样，"我们是由自己的经验构成"的这一观点，产生于哲学、神学、文学评论和心理学的交叉处。在心理学领域，它把存在主义原理、现象学原理、格式塔原理、皮亚杰原理、知觉理论家的原理，以及凯利的建构方法（Kelly-construct approaches）结合了起来。芬格莱特认为，每种方法都说人是一个意义建构者，然而其含义究竟指什么，却一点也不清楚。实际上，"意义建构"一词涉及两种截然不同的活动。我们可以认为一个人正在默默地"阐述一种公开的、逻辑上一致的、以预测为定向的理论"，讲英语的哲学家和心理学家就是这样使用"意义"这个词的；我们也可以认为它涉及"有关生命的意义或无意义的问题和答案……试图表示一种看法，采取一种立场，以一种新生活的策略重新承担义务"。这是欧洲大陆的思维所意指的含义。因此，芬格莱特的结论是，个体假设的意义既可能指"倡导一种逻辑的、能够有效地解释和系统地预示的理论的科学过程"，也可能指"产生一种新视野的存在主义过程，这种新的视野是产生新信念的主要背景"（pp.62–68）。

正如目前所表述的那样，皮亚杰的理论框架有力地体现了芬格莱特所谓的对意义建构的科学理解。皮亚杰（1936，1937，1948，1962，1969，1970）、劳伦斯·科尔伯格（1969，1971，1972，1976）和其他一些人已经采用"**个人建构**"（personal construction）的抽象概念，并用跨文化（cross–culturally）的普遍形式，以及在我们的发展过程中体现我们成长的"有逻辑的、能够有效地解释和系统地预示的理论"来标志这一概念。可是，建构－发展的观点以同样重要的方式对同一种活动的另一侧面表达了兴趣。这种方式是，活动由动态维持着的自我来体验，即由为构成意义、拥有意义、保护意义、增强意义、失去意义，直至失去"自我"而奋斗的节奏和精力来体验。皮亚杰的方法，即从外部描述性地看待意义建构，有力地促进了用**自然认识论**（naturally epistemological）看待活动的理念；它涉及主观和客观，或者自我和他人的平衡和再平衡。

但是，这一方法所忽视的恰恰是从内部考虑同一个活动的情况，也就是芬格莱特所谓的**"参与性的"**（participative）。根据"自我"的观点，在保持任何一种特定的平衡时，最为关键的问题是"自我"能否继续存在，它自然也是一个本体论的问题（ontological matter）。

另外也有一些心理学流派，特别是存在主义心理学和现象学心理学，已经提出一些关于人的更重要的问题——意义赋予的问题、过程的问题，以及如芬格莱特所指出的，"产生一种为新信念提供背景的新视野"的问题（1963，p.64）。但是，这些心理学同样缺乏理论和方法论的支撑，无法用一种主观的方式深刻地谈论这些活动，并按照活动的形式或过程对活动中的人的规律性进行定位和探索，进而对此进行研究。

由此可见，我们一方面保留了严格但属还原的意义建构方法，另一方面保留了模糊却丰富的心理活动的概念。没有一种心理学理论曾经成功地把这两个意义构建的概念结合起来。如果真的有这样一种心理学，那么这种心理学将不仅能够注意到各种意义得以结合的形式和序列，而且能够注意到构成、防御、隶属、服从和重组一个意义的普遍过程；注意到我们关于世界的建构的结合和解体对我们具有什么含义的问题；注意到危机、防御以及一切新近被理解的东西；注意到痛苦的使用；注意到有意义和无意义、崩溃和突破；注意到意义的运动和意义的系统——这些阶段，等等。

第二个大观点是，机体系统根据静止和变化的规律性原则，朝着性质不同的阶段而演化。菲利普·里夫（Phillip Rieff，1966）在谈到**文化象征**（cultural symbolic）时说过，一个核心主题或者说神话，实际上服从于一组丰富的意象和符号，凭借这种意象和符号，整个文化的发展历程可能会暂时停滞。

对此，他以过去的启蒙运动（Enlightenment）和当今的弗洛伊德主义为例来加以说明。我想指出的是，弗洛伊德主义只不过是我们这个时代所出现的文化象征的一部分，即发展主义。对西方心理学最具创新贡献的三位心理学家也许是弗洛伊德、皮亚杰和斯金纳（Skinner），而在这三位心理学家中，有两位是发展主义取向的。

像建构主义的观点一样，发展主义的观点将我们从现象的静态看法中解放出来。像建构主义观点把我们导向支撑和产生现象的形式的活动一样，发展主义观点指引我们去思考形式的起源和过程，以及在这个过程中，它如何转变成一种新的形式。这种转变，从实体到过程，从静态到动态，从二分法到辩证法，是 H.K. 威尔斯（H.K.Wells，1972）从科学思维模式的历史发展中看到的。第一个步骤是分类，如植物学和生物学在对植物和动物的分类上花了 2 500 年的时间。在分类之后便是个体发生（ontogeny），此时研究的重点转向起源、发展和现象。

威尔斯说，在过去的 150 年中，几乎每一门社会科学和自然科学都已经完成从分类的、以实体为定向的现象调查观念向发展的、以过程为定向的观念的过渡：在地理学领域，代表人物是莱伊尔（Lyell，1833）；在逻辑学领域，代表人物是黑格尔（Hegel，1892）和费尔巴哈（Feuerbach，1846）；在生物学领域，代表人物是达尔文（Darwin，1889）。

至于在心理学领域，这方面的代表人物当推弗洛伊德和皮亚杰。**精神分析和认知 – 发展主义**（psychoanalysis and cognitive-developmentalism）都对理解面向起源、发展和过程的心理现象做出了重大贡献。可是，这些理解在理智和专业上彼此处于一种脱节状态。精神分析理论在学院心理学（academic psychology）领域几乎没有什么生命力，但却成了许多医院和诊所从事实践的指导来源。认知 – 发展主义在大学里具有旺盛的生命力，但在诊所却几乎没有影响。可以做出这样的假设，这样的分工是每种心理学理论适合于不同任务的一个合适结果。问题是，如果没有一种更高层次的、把每一种心理学的智慧集中起来的心理学，那么有关人的作用的完整理论就不可能形成。由于缺乏这种**"元心理学"**①（metapsychology），学院的研究和诊所的实践都未能发挥最大的作用。

然而，创建"元心理学"谈何容易。尽管上述两种理论都是发展主义的，但是每种理论都有它自己关于发展的含义——发展定位于何处，以及什么东西使它向前。这些分歧导致了它们对于何种现象是重要的有

---

① metapsychology 直译为超心理学，超心理学主要用于指采取科学方法对超常心理现象或宗教心理的研究。本书中，作者所提出的 metapsychology 主要指在更高层次研究心理学，根据 meta cognition（元认知）的翻译方式，本书将metapsychology 翻译成"元心理学"。（元认知：个人关于自己的认知过程及结果或其他相关事情的知识，可以理解为对认知过程的认知。）——编者注

不同认识。面对同一种现象，它们收集了不同的资料，而且这些资料的整合并不像看起来那么简单，因为这些资料基于对现象的不同描述和想象。例如，两种理论都有关于平衡的重要概念。现代精神分析理论主要关注平衡的方式和原因（有效的防御、性格特征、自我强度），现代认知－发展理论主要关注平衡是什么以及平衡的种类（一般平衡之间质的区别、自我阶段之间质的区别）。这样的认识，为描述人类心理学勾勒了蓝图，看起来是鼓舞人心的。

但是，如果就此认为可以轻易把两者整合起来，这样的想法是有失偏颇的。这是因为，首先，平衡的概念具有如此不同的解说。平衡发生在人的内部、在躯体之中、在内在心理的表征之中吗？或者说平衡发生在世界之中，在人所处的广阔领域之中，在超越内在表征而实际存在的自我与他人之间？一种理论的平衡概念来自它的独特的生物学理论，而生物学理论又与它的基本的认识论相联系。顾名思义，任何一种"元心理学"必将是超越心理学的：它既受到心理学的调控，又受到生物学和哲学的调控。本书所创建的"元心理学"来源于皮亚杰的基本框架，而非他的心理学。皮亚杰将这种基本框架称为**"发生认识论"**（genetic epistemology），而且正像这一繁复的名称所暗示的那样，它受到生物学和哲学的调控。

一种成功的"元心理学"应当能为人格理论中的许多张力提供有效的解除方法。在过去的 30 年间，在如何解除人格理论中的这些张力方面，人们几乎没有获得任何进展。其中，有三种需要对我来说是极为重要的：需要细致地了解心理与社会之间的关系，需要细致地了解过去与现在之间的关系，需要细致地了解情感与思维之间的关系。精神分析理论有时被视作一种关于情感的理论，而认知－发展理论有时被视作一种关于认知的理论；事实上，每种理论都是两者的结合，每种理论都包含两个维度，一个是人格的主人，另一个是人格的奴隶。除非我们能够从哲学、心理学、生物学，以及理论上和经验上定位重建这些问题更广阔的人格背景，否则我们便不可能获得有助于说明这些问题的新线索，也无法提出类似的两极性。

本书所讲的理论并不晦涩。本书将最终谈及那个广阔的背景可能是什么。它阐明了研究这一背景的框架，这种框架把建构和发展这两种观点结合起来。以建构 – 发展的框架研究自然现象，我称之为意义的演化现象。本书以有组织的方式去研究这样一个问题：如果意义活动的演化被视作人格中的基本运动，那么将会发生什么。

最近我的女儿正在学习阅读。我看着她专心致志地聆听自己对每个字母的发音。"Sih-Aeh-nih-Duh"，她一边发音，一边盯着这些符号看，并且端坐不动。这些发音还不准。"Saan-Duh"这样的发音仍然不准，听起来有点怪，离标准发音还有点距离。她紧张地等待着。"Sand!"她念道，发音终于标准了。

在这里，我想关注的并不是她的经验，而是我的经验。我发现自己被这个小小的举动打动了。当她抬起前额，我见她如此专心致志，心中充满怜惜。她掌握了一个词，但同时也左右了我。我甚至可以说，此时此刻的情境令我更爱她了。而我承认，我心里有那么一点愧疚。这点愧疚这样责备我："什么？她必须做点什么才能让你爱她吗？'无条件关注'去哪儿了？吸引你的究竟是她的努力还是她的成功？"

实际上，我并不真的感到内疚。我认为这是因为，不论有多么沾沾自喜，也不论我多么欣赏她的"成功"或"聪明"，它们最终都不是我被打动后所经历的东西。应该说，存在一些更简单且深刻的东西，一些这里未曾提及的东西。我以前曾经感知过它们，与一些与我无关的人一起感知过它们。在他人在场的情况下，她竟能如此专心地努力从事一种令人惊讶的个人活动——意义的建构活动。无论如何，这是十分令人感动的。

在我看来，与青少年和成人相比，我们与儿童相处时更常有这样的经历。是不是因为年龄稍长的人不常以这种动人的、基本的方式表现他们自己呢，或因为我们不大能够看到他们表现自己的方式呢？

实际上，个人的意义活动既与成人在冲突和变化的感情中努力认识他自己的活动相似，也与一个小女孩努力认识一个单词的活动相似；个人的意义活动既与青少年在忠于自己的满足和忠于互惠关系之间保持微妙的平衡相似，也与一个1岁儿童努力保持双腿平衡相似；个人的意义活动，既与成人的压抑或青少年的减肥相似，也与6岁儿童不愿意离家上学的表现相似；个人的意义活动既与一名男子羞于承认他的亲密需要或一名女子追求独立和个人权力相似，也与一名10岁儿童需要和其他重要人物建立密切关系的活动相似。

如果说本书涉及观察他人的方法，那么它针对的是人们在看待他人的过程中可能出现的偏颇。对此，本书也许应该提出一些告诫。尽管它的目的在于改善我们看待事物的方式，以便帮助我们正确看待人们正在做的事情，但俗话说得好，"眼睛明亮的人的内心感觉也一定深刻"，我们被感动的可能性增加了，感动所带来的危险也增加了。这是因为我们总在某处被感动，而这个"某处"实际上体现在生活之中，并与共同生活的人们相关。我们越是清楚我们与别人的关系，我们被别人所吸引的易感性就越容易增强。这就是我们的**可吸纳性**（recruitability），是我们一旦被吸引该怎么办的知识——它使我们在关注别人的发展时有价值，这种关注可以是教师式的、治疗师式的或心理健康工作者式的职业关心，也可以是来自双亲、朋友和爱人的自然过程。

我们的可吸纳性为什么如此重要？答案在于一个人的生活有赖于（确切地说，在生活的最初几年，以及在随后的所有年份中）他能否以这种方式感动别人。我们的生存和发展取决于把他人注意吸纳过来的能力。大自然最令人感慨的能力就是赋予每个新生儿以诱惑的能力，我不知道原因何在，但是婴儿那种"头重脚轻"的外表（脑袋与躯干相比不成比例，前额和脑壳与脸部和颌部相比不成比例）把人们吸引住了。我们认为婴儿是"讨人喜爱的"，在这个经验背后藏着大量的奥秘，以及几千年的遗传智慧。婴儿可爱的身体吸引着人们到婴儿身边，但是有的人，通常是母亲，不仅应该被吸引，而且还要留下来照顾婴儿。研究表明，即使为婴儿提供充分的保护，不让他们受到饥饿、寒冷和疾病的侵袭，但如果身边没有实施抚养的人，没有让婴儿依恋的客体，婴儿仍然不能成长，甚至会死亡。在婴儿吸引他人的许多方式中，最有力的方式是通过眼睛。当大自然把视觉注意的决定因素与差异联结起来时，她在心中已经假定了这些物种演进的关系。人体没有哪个地方比脸部具有更多轮廓和对比形态，脸部没有哪个部位比眼睛更具对比性。婴儿习惯通过凝视母亲的双眼来获得母亲的关注。对婴儿来说，在生存方面，任何人都比他有竞争力，但此时此刻，母亲是孩子一方最强有力的同盟者。在婴儿出生后不到 8 个月，他实际上已能区别母亲的脸与他人的脸，在一定程度上，这会再次拉近母亲与婴儿的距离，同时婴儿也会发现，他人的脸是令人苦恼和陌生的。

对我们的发展来说，这种用眼睛的辨认来吸引母亲的能力，与把握某件物体的能力一样，都是十分基本的。已有研究指出，人类应将其高级的意识能力归功于拇指——这根特别的手指能自行旋转 180 度，以便让手握住某个物体。这种抓握物体的能力引发了使用工具的能力，从而确确实实拓展了人体的功能。有争议的是，工具的使用与自我意识（self-consciousness）的起源，即一个人反映外界的能力，存在某种关系，借助身体来体验的东西，后来可以被形而上地、抽象地体验。今天能够抓住物体，明天就可能抓住理解。

但是，也存在一些始于婴儿社交世界的初生体验。这些体验区别于对事物的抓取，它们是社会性的；也就是说，所抓住的"物体"也是一种自我。恐怕没有哪种体验能比一瞥，即目光的交换、向正在注视你的人投去目光更加有力。这种既给人家看见又不给人家看见的经验普遍地表现在"躲猫猫"①的游戏之中。这有点像把握理解一样，也隶属于未来的抽象。被人注意的需要，不论其形式的复杂性如何变化，其强度可能永远不会改变。

这种哄孩子游戏的结果（婴儿与其最初的抚育者的关系），像他与有形物体的关系一样，促使他后来形成一种新的意识，这是他意义建构过程中的一种质的成长。出生早期的婴儿常把世界和世界中的人与物看作他自身的组成部分，现在他能把自己与他人加以区分了。婴儿不但没有把自己与最初的抚育者相混淆，反而能够看到他与抚育者的关系。婴儿在首次创造一个"客观世界"或"他人世界"时，也看到了"他人"，进而开始不断地参与世界（而不是把世界作为自己身体的组成部分），开始既掌握世界又保证其独特的、具有完整性的历史，这就是人类发展

---

① 在儿童躲猫猫游戏中，"躲"和"找"的过程表明，儿童已经"主体－客体"分离，知道除了他，他的生活中还有其他客体，他们也有自我。——译者注

的历史。

因此，随着婴儿学会抓握物体，他将会终身尝试理解，事物只不过形式不同而已；随着婴儿学会吸引母亲的注意力，他将会终身尝试认识他人和被他人认识，只不过形式不同而已。说到底，它们是同一件事：意义的活动。意义，从其起因而言，既是身体的活动（抓握、注视），也是社会的活动（需要他人），还是生存的活动（从事这种活动的过程便是生存的过程）。以这种方式理解的意义，对人类而言是不可或缺的基本的运动。它不能与人体相分离，不能与社会经历相分离，不能与有机体的生存相分离。意义，就其界定而言，并不是完全孤立的。意义有赖于认识你的某个人。吃得好，穿得暖，不生病，所有这些固然是好事，但是如果你不赋予它们"意义"，你仍可能会死亡。

我们为什么会被他人吸引，尤其是被他人的幸福吸引，个中原因是神秘莫测的。但是，从众多的激发情境看来，均可追溯至基本的生命运动的要求，即可以追溯至有意义的活动和没有意义的威胁。我们被一个英勇斗争的人吸引；我们关注一个懦弱而又孤独的人；我们关注一个看起来充满活力的人；我们关注一个对我们具有"完美意义"的人。我承认，我们的吸引力是由于存在某种"比我们都更大的"力量，那就是物种的同情心。对此，我们并没有充分地利用。

新生儿会被大量的同情心包围，因为他们有着引起同情心的巨大能力。可是，大自然在婴儿最需要时尽了她的一份力之后，便不再那般慷慨了。例如，获取他人关注的能力，在每个人出生时是那么一致，但是随着年龄的增长，情况就不同了：有些人比另一些人具有更强的吸引他人注意力的能力。这一显而易见的事实曾被心理学家低估，并被教师们普遍地否认，但是青少年却不会忽视这一事实，他们可能会告诉研究者，在研究者投入大量资金发现这一事实之前，教育方面最大的不平等并不存在于学校之间（例如，属于不同经济阶层的学校），而存在于学校之内；比社会阶层或成就测验得分更加不平等的是学生之间吸引他人能力的不相等。这一现象不可能被归结为社会阶层或智力，尽管社会阶层或智力是让未来繁荣发展的有力的决定因素。

进入他人生活的人可能成为一个影响那个人生活的重要因素。能够进入他人的生活，一部分是因为运气，另一部分是因为他具有吸引他人的力量，但是，更主要的是他人被吸引的能力。人与人之间被吸引的能力是不同的，正如他们吸引他人的能力不同一样。如果被他人吸引的能力可以训练，而且部分地有赖于我们的观察能力，那么我们在本书中所进行的这种探索，也许可以提高我们的可吸纳性。本书既考虑理论，又考虑实践；既考虑我们的反应能力，又考虑我们一旦被吸引应该做些什么的问题。

然而，无论我们从努力帮助他人的过程中学会了多少，我们仍然无法保护自己免遭"关怀"的风险——这种风险把真正的帮助与劝告、保证或安慰分离开来。在冒这些风险时，我们保持着我们之间的联系。我们扩展了我们享有的生活，或者更加确切地说，我们扩展了与我们共享的生活。

让我用一则故事来结束这些思考。这则故事是关于里夫卡（Rifka）的。她说："昨夜，我们全家聚齐了。我的几个正在上大学的儿子来了，我的女儿和她失业的丈夫也来了。我准备为丈夫哈罗德（Harold）做一点他喜欢吃的东西。我的儿子路易斯（Louis）周末想带一位姑娘回家，所以我要做一些鸡油面包汤。你猜怎么样？我家里没有鸡油。我家来了满满一屋子的客人。我的路易斯从斯卡斯代尔带回来一名他喜欢的姑娘——而我的面包汤里却没有鸡油。"

听到这里，我笑了起来，里夫卡对我皱了皱眉头。

"于是，我去超市买鸡油。当我匆匆忙忙买好东西准备赶回家做晚饭时，我走过超市的走廊，见到了一位妇女。她带着一个孩子，这个孩子看起来智力有问题。我看到这位母亲正拿着两种不同的芥末在询问价格。我当时匆匆忙忙的，买了鸡油走出店门。

"那天晚上，当我的孩子和客人入睡后，我却无法入睡。我就是睡不着。为什么？我不知道。我当时在想所有这些令人兴奋的事，天气也热，我睡不着。

"于是，我开始哭泣。我为那位母亲和她的有智力障碍的儿子仍然要过日子而哭泣。我为那位母亲问芥末的价格而哭泣。我为那个有着生命的孩子而哭泣。他就是生命。

"真可怕。"我咕哝着，不知道说什么好。

"不要这样说。可怕什么？"她说，"我正在告诉你，你应当知道的东西。我正在和你讲话。"

"那个妇女，那个母亲，我们相互之间没说一句话，但是我们却交流过了。直到我回到家许多小时后，我才知道我们交流过了。我听她讲，而她讲给我听。有什么可怕的？你生活着，你就要交谈。我们谈话了。你知道当我哭泣时我在想什么吗？

"我在想：今天晚上我为这位母亲和她的儿子而哭泣，但是，生活如此美丽。明天她将不再流泪。"

▼ 第一部分　演化停滞

ONE

未被认识的让·皮亚杰的才华

多年前，我曾经在一位著名画家的陪同下参观了他的画室，在短暂的欧普艺术 ① 运动的全盛时期，他被推上风口浪尖，他的油画也被四处展出。我和他一起漫步于他的工作室，我非常欣赏他画作中的精准和创造性，这种对绘画元素的创造性探索，在很大程度上给我留下了深刻的印象。在我看来，存在两种绘画。一种似乎在探索线条的意义和功能；这种绘画完全都是黑白的，看起来是在研究各种线之间以及线与空间之间的关系。而另一种看起来像是探索色彩的意义和功能。这些绘画都非常生动，然而又具有系统感，画家在所有的作品中都使用了同心色带，以探索一个有趣的事实：当相邻的颜色发生变化时，同一种颜色看起来会有所不同。

看了一会儿画之后，我提出将它们进行归类的简单方法，而艺术家说他对这些画也有类似的想法。我一直在注意这样一种现象：这些画虽然引起了我的兴趣，但是我却没有被它们打动。我认为，这与我的感觉不无关系，因为它们更像是为了画图而画的图画，而不是某种事物的

---

① 欧普艺术是指利用几何图形等以产生各种光效应的抽象派绘画风格。——译者注

表达。我开始想起我所喜爱的画，它们看上去充满生气，好似一种可以从画框里跳出，迈向某种现实的物体，不论这个物体是自然的还是抽象的。我琢磨着，这些画家究竟用色彩和线条干了些什么。

因此，当艺术家表示同意我的分类想法时，我竟然会反问他道："你有没有想过把这些东西——色彩和线条，在你的画中结合起来呢？"我当时正在回味我所喜爱的佳作，因此当他相当诚恳地回答我的问题时，我感到十分惊讶。他说："确实，我曾经尝试过几次，可是不起作用。"

在序言中，我讨论了建构–发展的主题。让·皮亚杰的才华并不表现为他在心理学研究中找到了将这些议题整合起来的方法——似乎这就是他要做的——就像伦勃朗（Rembrandt）① 的天才之处在于，他找到了一种新的方法将色彩和线条整合起来一样。然而，当我们深入研究让·皮亚杰未被认可的才华时，我们会发现这是他的观点的一个独特之处，它不仅催生了一门新的生物学和一门新的认识论，而且一门新的个体心理学也可以以此为基础建立起来。那么，究竟是什么促使皮亚杰如此与众不同地看待问题呢？其中有许多东西是无法表达的，但是，我们确切地知道，皮亚杰为人们带来的激情，既是哲学方面的（建构性议题），又是生物学方面的（发展性议题），由此产生的心理学是这种杰出结合的自然产物。因此，由我们引证和阐述的心理学，在皮亚杰的著述中却是含蓄的，因为他从一开始就坚持认为，他本人不是一名心理学

---

① 伦勃朗（1606—1669），荷兰画家，擅长运用明暗对比，讲究构图的完美，尤其善于表现人物的神情和性格特征，作品有群像油画《夜巡》、素描《老人坐像》等。——译者注

家，而是一名**发生认识论者**（genetic epistemologist）。这个奇怪的术语，就其本身而言，就是发展和结构两个主题整合在一起的另外一种反映。我认为皮亚杰完全了解他所做的事情，而且，我也可以肯定，当他开始研究一个软体动物的演化或一个儿童的思维时，他如果没有按照发生认识论去进行研究，是不可能完成的。在经过几次尝试之后，他会发现这没有用。

我们与皮亚杰一起迈向重新理解人的发展的旅程，并不是因为我们发现这一理论在皮亚杰的著作中四处绽放，也不是因为我认为智力或认知是人格的基础。我们之所以开始这样的旅程，是因为我们认为皮亚杰的确是一位天才，他超越自身，发现了比他想要的更多的东西。

以学龄前儿童为例，比如一个 4 岁儿童，这名儿童对大自然有许多独到的、（在我们看来）有趣而奇怪的看法。他可能相信人走路时月亮会跟着自己；如果你和他朝不同的方向走，月亮会跟着你们两个走，而在这样思考问题时，孩子不会觉得有任何矛盾。或者，他可能会突发奇想说，有一天他比他哥哥的年纪大，这样他就能像他的哥哥现在对他那样，给哥哥施压。当我 4 岁时，我们一家人常常在夏天开车去露天电影场看电影。我最喜爱的事情之一，是我能够得到一整盒完全属于自己的爆米花——也许这只是一种使我安静地坐在那儿看电影的手段，至于我究竟对电影中放映的东西了解多少，只有天知道。我确实记得，当那盒爆米花看起来差不多要被吃光、而不再是原先的满满一盒子时，我开始忧郁，我开始表达我的不悦，因为如果我对此无动于衷，我很快就没有爆米花了。那时，我肯定是一个讨人喜欢的小家伙，因为每每在这个时候，母亲总是会表演一种不同寻常的魔术。她从我的手里拿走盒子，把盒子盖上，摇晃盒子——就像一种特别的巫术。当她将盒子重新交还给我时，我大大地松了口气，因为感觉爆米花又变多了。

再过三四年，所有这些孩子，甚至是汽车影院里的"小傻瓜"，都会对上述情节有不同的看法。当我的女儿 4 岁时，她很喜欢电视节目《罗杰斯先生的邻居》（*Mister Rogers' Neighborhood*）。当节目以这样的对话结束时，即"你很特别——我喜欢你，你是我最特别的朋友"，她显然很感动。现在她 7 岁了，她觉得这个节目既乏味又令人反感。她说："这是给小孩子看的。"那种特殊的亲密关系，私下的联系，能使一个 4 岁孩子产生共鸣，但在年龄较大的孩子身上无法奏效，因为当后者听到这些温柔的表白时，他会想："你该知道，他这些话是对每个人说的！"

例如，一位母亲有两个儿子，一个 10 岁，另一个 4 岁。一天，母亲与她的小儿子为了一件琐事发生了争执。争执起因于甜点的分配。母亲给 10 岁的儿子分了两块点心，却给了 4 岁的儿子一块点心。她对不高兴的小儿子解释说，因为他年纪小，所以只能分到一块，当他年纪大一点时，他就可以分到两块了。小儿子听了以后，对母亲的这种逻辑很是不悦，正如你们可以想象到的那样，他为他的命运而愤愤不平。母亲失去了耐心，她以挖苦似的动作把餐刀往盘子上一放，然后说道："你想分到两块？那好吧，我就给你两块。给你！"于是，她用餐刀干净利落地将小儿子的那块点心切成两块。而突然间，小儿子的紧张情绪消失了，他真诚地向母亲表示感谢，心满意足地享用着他的点心。母亲和大儿子都惊呆了，他们用一种奇异的目光看着小男孩。然后，两人面面相觑。就在此刻，他们分享了对小儿子的现实主义的洞察，这种现实主义与他们的完全不同。

这是一种与他们的现实有所不同的现实——我试图在这些故事中传递的是，儿童所表现出来的看待事物的方式并非随机的幻想，不是我们所看到的对现实的不完整的模糊的感知。相反，它们是一个独特的、独立的对现实的反映，具有自己的逻辑、一致性和完整性。尽管我们在这里将自己限定在相当狭义的意义建构上，但是我们同样看到一种特定的意义系统（meaning system），一种在特定时刻表现出来的意义演化，以及一种特定的演化的停滞状态（truce），而这种停滞状态表现为"了解"世界。

演化的停滞状态在主体与客体之间建立了一种**平衡**（balance）。究竟什么样的平衡才有助于阐明儿童产生这种奇怪的思维方式的原因呢？

让我们来参考一下皮亚杰最著名的研究。在两个形状相同的玻璃杯或烧杯中分别注满同样体积的水，孩子会认为两个烧杯里装有体积相同的水。然后，将其中一只烧杯里的水倒入另一只外形细长的烧杯，这样后者的水平面比前者的水平面高，以此向孩子提出关于水的相对体积问题。通常，孩子会回答细长的烧杯里的水的体积较大。人们对这种回答的第一个反应是，将细长烧杯里的水倒回到原来的烧杯里。我们可以推测，当水平面重新一致时，孩子肯定会看到细长烧杯里的水的体积与原来烧杯里的水的体积是相等的。"是，"孩子可能会说，"他们现在是相等的。"当再次将水倒入一只更加矮而宽的烧杯中时，新烧杯中水的体积又会变得比原来烧杯中水的体积小，依此类推。

那么，这个例子说明什么问题呢？皮亚杰的实验是很了不起的，因为这些实验将一种抽象的概念，诸如**结构**（structure）或**主体–客体分化**（subject–object differentiation）转化成某种可以明显感知的东西。儿童在观察中表现出来的"错误"，并不是他自己能够把握和纠正的，因为按照儿童目前的**适应性平衡**（adaptive balance）状态或者说演化的停滞状态，这些都并不是"错误"。简单地说，停滞状态的深层结构在于知觉是以主观为出发点的；也就是说，儿童在其物质世界的结构中受制于他的知觉。他无法把自己从这些知觉中分离出来，也无法把这些知觉当成他注意的一个客体。恰恰相反，他沉浸于（embedded in）这些知觉。这些知觉限定了他的注意结构。对于**前运算阶段**（preoperational）的儿童而言，变化的并非一个人的知觉，而是世界本身，即世界本身作为一种结果在发生变化。

为分配甜点而争吵的兄弟俩，其表现犹如在帝国大厦的楼顶上进行交谈的两个男孩。正如男孩的父亲告诉我的那样，两个孩子向地面上的人行道一望，然后同时惊呼："看那些人，他们是小蚂蚁"（小男孩）；"看那些人，他们看上去像小蚂蚁"（大男孩）。我们不知道小男孩是否真的认为行人变小了，尽管这是皮亚杰派的心理学家们可能要问的事情，但是，想想那个突然得到"两块"点心的小男孩，那个看露天电影时得到"更多"爆米花的孩子，以及全世界的成千上万个人，他们向研究者报告说，那个更加矮而宽的烧杯里的水"变少了"，如果他们果真这样想，我们也不应当感到太惊讶。我们明确知道的是那个年龄较大的孩子能够根据自己的知觉采择一种看法，他说："他们看上去像小蚂蚁。"他根据对自己的知觉所讲的话，就是他关于人们的陈述。当然，如果我们真的想说服自己相信有关这个男孩的意义建构的演化状态，就必须与他详细谈谈，并且为他创造多种机会，请他展示他是如何建构世界的，但是，这些话听起来好像来自某个并不沉浸于自己知觉的人。当一个人沉浸于其知觉时，他恰恰不能区分"某物看起来如何"和"某物究竟如何"这二者。

我们已经看到主体和客体之间的平衡意味着什么，或者说，我们已经看到这种平衡具有何种含义。但是，4岁的孩子如何发现自己处于这种尴尬的境地呢？他们是如何被植入于自己的知觉呢？为什么他们要从知觉中脱身？这种脱身究竟会对主体和客体的平衡产生什么作用？

尽管我强调过一个 4 岁儿童的思维方式似乎很奇怪，或者说像一种**思维方式的束缚**（constraint of mind）。但实际上，这只反映了事情的一半。下面的说法也是可以成立的：一名 4 岁儿童的思维代表了一种胜利或解放，即更加主观的或以**自我为中心**（self-centered）的思维方法的胜利或解放。发展的观点自然地使人们能够在其前因和潜在的未来的背景下看待现在，也使人们不仅看到它的局限性，也看到它的长处。人类并非生来就具有一名 4 岁儿童的意义建构的复杂性。只有经历了多年的体验以及对世界的反映，意义建构才能得以实现。这是一种自然的科学方法（尽管我们可能并未意识到这一点），这种方法是人格本身固有的。

一名处于前运算阶段的儿童（典型的 4 岁儿童），无法在"某物对他而言如何"和"某物究竟如何"这两者之间做出区分；但是对新生儿来说，皮亚杰所说的处于**感知运动阶段**（sensorimotor）的儿童，他们无法在自己和世界的其他事物之间做出区分。新生儿生活在一个无差别的世界里，在这个尚未显出差别的世界里，没有一样东西是属于客观范畴的；在这个世界里，除了"我"，不存在任何东西；在这个世界里，"我"感知的每样东西都被看作"我"的延伸；在这个世界里，任何东西只要超出"我"的视觉、触觉和听觉范围，便不再存在。新生儿无法区分内部和外部，无法区分来自他自身的刺激（如饥饿）和来自外部世界的刺激（如光），也无法区分你的手从他眼前晃过和他自己的手从他眼前晃过这两者。四五个月大的孩子的兴趣可以被吸引到五颜六色的物体或皱巴巴的玻璃纸上。但是，如果物体被遮盖，孩子表现的行为就如同该物体不再存在似的。成长到 8~10 个月，大多数孩子开始表现出不同的行为。他们会伸出小手指，将遮盖该物体的东西拉掉。原先以为不再存在的物体现在却"出现"在婴儿的世界中。

皮亚杰对生命最初两年的研究，以及对**客体永久性**^①（the permanence of the object）的逐步建构，导致了最初的"停滞"——对客观世界本身的建构，即建构一个不受"我"的经验所支配的世界。儿童逐渐从屈从于反射、运动和感觉，转变为具有反射、运动和感觉。这些成为客体，而儿童的心理则成为对反射和感觉运动的一种反映。这并不意味着儿童在其早期不是一名意义建构者，或者儿童无法进行思维。确实，下面这种说法也是成立的：儿童通过运动和感觉进行思维，儿童的身体就是他的心理，儿童的抓握是掌握**理解的先行者**（a preabstracted forerunner）。就像物种从一种外骨骼物种（exoskeletal species），演化成内骨骼物种（endoskeletal species），儿童能够对先前在外部进行的感觉和运动加以内化。发展是一系列**内化**（internalization），这是心理动力学所赞同的观念，它与皮亚杰的成长理念相当一致。虽然把内化作为一种过程来描述似乎是反直觉的（counterintuitive），因为通过该过程，某种东西变得不再主观，或者说从主观向客观运动，但是，正是这种认识，即内化过程与适应运动存在天然的联系，使得皮亚杰学派的观点更有希望接近基本的心理动力学范畴。事实上，只有当我们摆脱沉浸于某物的状态时，某物才可能被内化，正是我们的沉浸，即我们的主观性，导致我们将事物投射到我们建构的世界中。当儿童能够通过反射认识世界，而不把世界当作自己的一部分时，他就不再认为天黑是因为他闭上了眼睛。

我们不仅看到，我们可以把主体－客体的平衡作为意义演化的深层

---

① 儿童具有的这样的意识，即物体不在眼前，仍相信该物体继续存在，这就是皮亚杰所说的"客体永久性"或"客体恒存性"。——译者注

结构来加以讨论，还可以看到演化过程本身也有规律可循。成长始终涉及分化，即从植入的文化中摆脱出来（Schachtel，1959），以便从先前的主体中创造出一个新的客体，进而被新的主观性采择。这种运动涉及皮亚杰所说的**去中心化**（decentration），即失去一个旧的中心，我们可能称之为**再中心化**（recentration），即创造一个新的中心。在生命最初的两年中，皮亚杰向我们描述的东西也许是关于演化停滞的基本重组的结果，这是就对物体的意义建构而言的。它是转化史的开始，每一种转化都是对世界的独特的完整性的一种认识，也是一种从世界中相继出现（分化）的历史，以便与世界（整合）相联系。

从"我就是运动感觉"向"我拥有运动感觉"的发展，创造了一种新的主观性。在拥有运动感觉（having action-sensations）的过程中，运动感觉被整合成一种更加清晰的心理活动。这种新的结构——它在对感觉和运动做出反应的过程中能够区分"我"与"非我"之间的不同，我称之为**"知觉"**（perceptions）。"知觉"意指反射、感觉和运动的组织结构，包括它们的协作或它们的调节。从事调节的东西构成了一种新的主观性。一般说来，在 2 岁之后的某个时间，儿童便能完成重组达到停滞状态。感觉运动从主观向客观发展，从而使新的主观（即"知觉"）形成。这就是我们的 4 岁儿童成为现在模样的原因—— 一个沉浸于自身知觉的建构者[①]。

---

① 因为我把讨论限定于皮亚杰的一个研究——意义建构的研究，所以我关注的是感觉运动的结构，因为它创造了"知觉"。但是，我们也将会看到，同样的演化也创造了"冲动"（the impulse），即在"我"身上产生的情感结构。这个"我"是属于我的，与外在世界有所区别。在后面一些章节里，当我们更全面地探讨意义的演化时会重新提出这一问题。

我们已经看到，通过主观的"知觉"建构世界，对儿童来说意味着什么，我们只需回忆一下那两个分点心的孩子、那两个站在帝国大厦楼顶上的孩子，或者面对不同形状的玻璃杯判断液体体积的孩子。然而，在孩子（确切地说，是 5 ~ 7 岁的孩子）的意义演化中究竟是哪些因素促使他们逐渐能够像故事中的那些年龄较大的孩子一样思考？究竟是哪些因素使得一个儿童认为液体的体积相等而不为容器的形状所左右？

幼儿之所以根据他们的解题方式回答问题，原因在于他们无法把自己与他们的知觉分开，他们的注意力屈从于他们的知觉。但是，一旦这种基本结构，这种心理的或演化的停滞，得到重组，知觉便从主观向客观"移动"。现在，他们不仅能够通过自己的知觉来了解世界，而且能够了解自己的知觉，像站在帝国大厦楼顶上的大男孩所说的："看那些人，他们看上去像小蚂蚁。"由于能够看到或了解一个人的知觉，这些知觉被一种新的心理活动整合或协调。一个儿童能把对第一个烧杯中的液体的知觉与对第二个烧杯中的液体的知觉进行协调，从而看到液体的体积保持不变，或者，他可以把自己对矮而宽的烧杯（乍一看所含水量较少）的知觉与自己对细长烧杯（乍一看所含水量较多）的知觉相协调，以便了解这些变化是能相互抵消的。随着重新达到平衡，原先属于"主体"的东西被重新投入"客体"的范围。"我"不再是我的知觉，确切地说，我"具有"知觉；我的知觉成为我的注意的客体，并由成为我注意的新主体加以协调。那么，新的主体是什么？根据皮亚杰所关注的焦点——关于协调的确切性质，它是物质世界的守恒者（conserver）。它在知觉中间来回运动的能力，也就是皮亚杰所谓的**可逆性**（reversibilities），创造了一种心理活动，这种心理活动构成**团体**（groups）和**等级**（classes）。先前如此易变的世界现在开始稳定，而且变得具体了。与此同时，10 岁的儿童从屈从于他自己的自我中心，转向沉浸于"具体"（concrete）之中。

我们已经看到，沉浸于动作反射（感觉运动阶段）意味着什么，以及沉浸于知觉（前运算阶段）意味着什么。那么，沉浸于具体事物（具体运算阶段）又意味着什么呢？对此，请参见表 1–1。一个处于**具体运算**（concrete operational）阶段的儿童，一个典型的 10 岁儿童关注的是世界的物质维度。这是一个开始收集的年龄，一个懂得记录的年龄，一个能够记住垒球统计数字的年龄，一个有着健康的着迷行为的年龄。既然世界已经失去了它的可变性和可塑性，儿童便有兴趣沿着具体的水平探寻它的边界。受制于这种具体的水平，正如斯蒂芬·代达罗斯[①]（Stephen Daedalus）在他的学校考评手册上对自己所做的鉴定一样。

斯蒂芬·代达罗斯

基础班

克朗戈斯伍德学校

加林斯

基尔代尔郡

爱尔兰

欧洲

世界

宇宙

---

① 斯蒂芬·代达罗斯是爱尔兰作家詹姆斯·乔伊斯的小说《尤利西斯》中的人物。——编者注

发展的自我
The Evolving Self

表1-1　皮亚杰关于身体认知发展的阶段

时期 Ⅰ（0～1岁）：感觉运动的智力时期

阶段1，反射活动

阶段2，反射的协调和感觉运动的重复（初级的循环反应）

阶段3，重现环境中有趣事件的活动（次级的循环反应）

阶段4，手段－目的行为，寻找不在眼前的物体

阶段5，试验性探索新的手段（第三级循环反应）

阶段6，在洞察新手段的创新中，以及在回忆不在眼前的物体和事件中，意象（imagery）的运用

时期 Ⅱ（2～5岁）：符号的、直觉的或前逻辑的思维

通过意象和符号进行的推断，这些意象和符号并不含有逻辑关系或彼此之间的不变性。所谓"魔术般的"思维意指：①表面的或想象的事件与实际的事件和客体相混淆；②质变和量变的知觉表现与实际的变化相混淆

时期 Ⅲ（6～10岁）：具体运算思维

通过类别关系和数量等系统进行的推断，这些类别、关系和数量含有逻辑上不变的特性，并指向具体的事物。它们包括这样一些逻辑过程：①较高的序列类别包含较低的序列类别；②迁移的系列（认识到如果 a>b，b>c，则 a>c）；③类和量的逻辑，加法和乘法；④不管表面变化，数目、种类、长度和质量的守恒

亚阶段1，稳定的类别种类的形成

亚阶段2，不变的数量关系和数字关系的形成

时期 Ⅳ（11岁至成年期）：形式的运算思维

通过对命题的逻辑操作或"操作的操作"进行的推断。关于推理的推理。建构一切可能的关系或含义的体系。对变量的演绎性假设，以及对假设的测试

亚阶段1，对互反（reciprocal）的逆转。形成否定种类的能力（例如，所有非乌鸦的种类），把关系看作互补的（例如，由于平衡的压力之缘故，U 形管中的液体保持相等水平）

亚阶段2，处理三个或三个以上命题或关系的能力（例如，如果鲍勃比乔高，而乔比迪克矮，则乔是三人中最矮的）

亚阶段3，实际的形式思维。建构一切可能的关系组合、系统的变量分离和演绎的假设测试

资料来源：Kohlberg and Gilligan，1972。

对许多 10 岁儿童来说，最喜爱的读物要数《吉尼斯世界纪录》(*The Guinness Book of World Records*)。在该书中，儿童能够发现人们曾经烘制的最大的小甜饼重达 10 磅 ①，世界上价格最为昂贵的信笺是为一位西班牙公爵印制的 4 美元一张的信笺，等等。

几年前，有人要求我为从幼儿园到高中三年级整整 12 个年级的健康教育课程提些建议（Kegan，1978）。当然，我想知道儿童们希望了解什么——他们对自己的健康和身体究竟有哪些个人看法？在该领域，我得到了一项研究的帮助。在该研究中，有 5000 名各年龄的儿童被问及这个问题（Byler，Lewis and Totman，1969）。例如，五年级儿童的定向能力与比他们年幼或年长的同学相比有所不同。我们的前运算阶段的儿童（幼儿园的儿童以及一年级和二年级的学生）缺乏确定性：老师们发现，他们的兴趣和问题会随时间而改变，下一个思想常常与前一个思想发生冲突。如果我们问他们身体在哪里，他们会这样说：

在我身上

在你头上

一直和你在一起

我想它在你脚里面

在你身体里面

在你身体外面

身体就是我

他们心中充满了混乱的因果关系（例如，认为温度计上的高温导致

___

① 　1 磅约合 0.454 千克。——译者注

发烧），认为身体具有可变性（男孩可以变成女孩，死者可以复活）且充斥着关于出生的原始观念（例如，莫蒂的肚子里有一个婴儿，医生把拉里取了出来。我想知道他是怎么爬进她的肚子里的）。他们完全关注此时此地，以至于对自己的身体非常好奇，而且注意力集中于外表。10岁儿童的情况则相当不同。他们关注自己身体的内部，不再定向于外表（这是他们可以见到的），而是指向事物的内部模样。他们意欲了解身体的极限。例如：

你最高可以长到多少？

你身体上最脆弱的东西是什么？最有力的东西是什么？

一个人身上有多少肌肉？

一个人身上有多少块骨头？

一个12岁男孩的体内有多少个细胞？

身体里有多少加仑①的血？

一个人体内有多少根肠子？

他们也会提出这样的问题：

如果……那么将会发生什么情况？（这个问题中的“如果……”，往往是血淋淋的故事，像是肢体或器官的丧失。）

如果……医生会干些什么？

如果一个人喝了太多的酒、吃了太多的食物、吸食太多的香烟，等等，那么将会发生什么情况？

---

① 1加仑约合3.785升。——编者注

　　所有这些推论性质的问题都属于另一种概念序列，如果没有新的、具体的世界观，便不会产生。前运算阶段的儿童主要生活在现在。后来，新发现的关于世界的序列、规律性和稳定性，为儿童提供了一种能力，使他们可以用先前不可能出现的方式去掌握它。从前的掌握方式受到了意外的威胁，而提出"如果……那么将会发生什么情况"的问题，不仅是在寻求信息，更是在寻求控制。

　　如果我们将处于具体运算阶段的儿童的思维与年幼儿童的思维进行比较，并且看到前者具有更大的客观性，那么，我们也可以将处于具体运算阶段的儿童的思维与中学生的思维进行比较，从中看到，前者具有更大的主观性。当询问五年级学生想了解自己哪些方面时，他们的回答涉及具体活动、能力、限度和身体的变化，但是，中学生却常常提出一些抽象的或"心理方面的"自我问题：

　　我为什么会在这里？是为了什么目的？

　　什么是爱情——是不是将婚姻保持 40 ~ 50 年的那种？

　　为什么我有性生活是错的，而我父母有性生活就是对的？

　　我如何才能获得幸福？

　　是什么让我像日常一样行为举止？

　　具体运算阶段的儿童，是在演化停滞状态的范围内探索世界的边界的。从完成了更充分演化的视角看，我们可以说，这是在没有认识到第三维的情况下沿着一个平面进行的探索。

　　一次，在一个研究小组里，我的同事访谈了一名 9 岁的男孩。他们问那个男孩："你觉得你对这个世界有什么影响？"这个问题对男孩来说也许难了点，于是，问题被转变成："如果你不在这个世界上了，世

界将会是什么样子？"男孩轻松地回答说："那么，我的家庭就只剩 4
个人了，我的班级就只剩 27 个人了，而我的周日学校就只剩下 11 个
人了。"

皮亚杰向一名处于具体运算阶段的儿童展示了 4 只含有无色液体
的烧杯，要求他思考如何通过将一定数量的液体混合来调制一种黄色
液体。于是，这名儿童开始认真地进行实验，希望能够突然想出解决问
题的办法（Piaget，1958）。显然，这时的儿童缺乏任何"全面的计划"。
皮亚杰还向他呈示一组金属棒，它们在材料、长度、直径和横断面的形
状等方面都是不同的，然后问他，是什么导致一根金属棒比另一根金属
棒更加容易弯曲（Piaget，1958）。他进行实验，并声称长度是一个主要
因素，并用一根长而直径小的金属棒与一根短而直径大的金属棒的比较
来说明他的论点。当问起两根金属棒直径的差异时，由于他认为差异在
于长度，而且他在实验中也确实比较了不同直径的金属棒，因此他很可
能说，他之所以选择这样的答案，是为了强调不同长度的结果。那么，
这里究竟发生了什么？处于具体运算阶段的儿童缺乏全面的计划——使
用一切可能的方法将无色液体混合起来，他也不会去分离出一个单一的
变量，相反，他认为一切其他因素都是恒定的，原因在于他在建构物质
世界时屈从于或沉浸于具体事物。要形成能考虑到尚未发生的具体事件
的全面计划，需要一种了解世界的方法，在这个方法中，具体事物从主
体向注意的客体移动。如果可逆性为了演化的停滞（"具体运算"）而协
调知觉，那么，这种可逆性本身的协调将促进停滞状态的重组，皮亚杰
将后者称为**"形式运算"**（formal operations）。

于是，意义建构的背景被整合进一种新的背景。皮亚杰称之为形式
运算的抽象推理。它是我们将在本章主要阐释的深层结构的一种结果。

皮亚杰认为它出现在青春期，那么它是怎样的一种抽象推理呢？如果询问一名处于具体运算阶段的儿童，他怎样知道长而细的烧杯里的液体体积与矮而宽的烧杯里的液体体积相同，他通常会说出这样的话："你只要把它倒回到第一只烧杯里就行了。"有时，他还会这样说："这只杯中的水平面高一些，但是杯子细长一些，因此两者抵消了。"这两种回答都表明了协调知觉的具体运算能力，同时，也表明了可逆性。但是，正如皮亚杰所说，它们代表了不同种类的可逆性。第一种可逆性是这样一种能力：如果你逆转一个过程，你就回到了你原来出发的地方。如果个体具有这样的能力，便拥有第一种可逆性。皮亚杰称这种可逆性为**"否认"**（negation）或**"逆向转化"**（inversion），而且把它描述成 A+（−A）=0；正是这种知觉的协调创造了"类"或"组"的概念，创造了一一对应的概念，创造了时间上两点协调的概念。第二种可逆性是，承认各种调节可以相互抵消。或者，承认当将一样东西与另一样东西进行比较时，如果用其中一种方式进行比较会显得较多，而用另一种方式比较时则显得较少，那么这两样东西可能相等。皮亚杰把这种可逆性称为**"互易性"**（reciprocity），从而可以做出如下描述：如果 A ⩽ B 并且 B ⩽ A，那么 A=B；正是这种知觉的协调，创造了关系概念，创造了空间上两点协调的概念。当新的停滞状态得以重组时，这些可逆性运算便从主观向客观运动，而且被新的主观性协调。这种新的主观性构成了皮亚杰所谓的**"互易性的逆转"**（the inverse of the reciprocal）。这是一种思维方式，它允许可逆性本身得到思考，或者换一种说法，它允许一个人对自己的思维进行思考。

这种新的主观性能从命题、假设和推论的角度抽象地解释世界。它能够形成一个"全面的计划"，属于该计划的任何一个特定的具体事件

（例如，一些烧杯的组合），都只不过是例子而已。简单地说，这种新的平衡使得"是什么"这一表达成为"可能是什么"这一表达中的一个例子。这种新的平衡（它通常是青春期的标志）分离了具体的世界。它像舞台帷幕那样开启，使一个完整的新世界，一个不曾为人所知的世界被揭示出来，改变了之前那种"实际"即一切的认识。实际的事物成了一个例子，一个通常并不十分有趣的例子，一个具有无限"可能性"的例子。基本的心理活动发生转化，从具体转化为抽象，使新的意义建构方式得以形成，如同中学生在健康问题上与他们年幼的弟弟妹妹相比所显示的差异那样。形式思维不必再经历从实际向理论进化的过程。它可以直接从理论角度出发；它可以超越地球，"穿越空间"，像艺术家代达罗斯（Daedalus）那样（也包括斯蒂芬·代达罗斯，那个典型的青少年），从监禁他的岛屿的残酷统治中逃脱。形式思维者可以思考与事实相反的情况；为了论证而接受假设；用命题的方式提出假设，并且检验；为无穷大或无穷小留下明确的、限定的和熟悉的东西；创造意象体系；意识到自己的思维；反省自己的思维，以便提供逻辑证据。

皮亚杰的基础研究揭示了人们关于物质世界的四种思维体系（见图 1–1）。人们是在认识世界的过程中成长起来的，尽管每个人的成长速度并不相同。杰罗姆·凯根（Jerome Kagan，1972）的三段论法扼要地重述了皮亚杰的最后三个阶段之间的区分："所有的紫色蛇都有 4 条腿，我正养着一条紫色蛇，它有多少条腿？"10 岁儿童很可能对一条紫色蛇或 4 条腿的蛇这一想法存有异议。这种蛇在真实的世界里找不到，因此对它们进行推理（而不仅仅是"假装相信"）便成了问题。在这里，真实的概念，或者说"真实性"（veridicality），与观察到的现象的相应维度相联系。然而，青少年对于真实性有着完全不同的理解。他们可以超越特定的物体，看到从命题本身得出结论的可能性。但是，5 岁儿童却具有另一种对真实性的理解，这种真实性与儿童自己的自我中心和特有的经验相联系。通常，5 岁儿童不会为紫色的或有腿的蛇而操心，他看不到与这些陈述相伴随的任何东西，因此他很可能说："我的兄弟有一条蛇。"

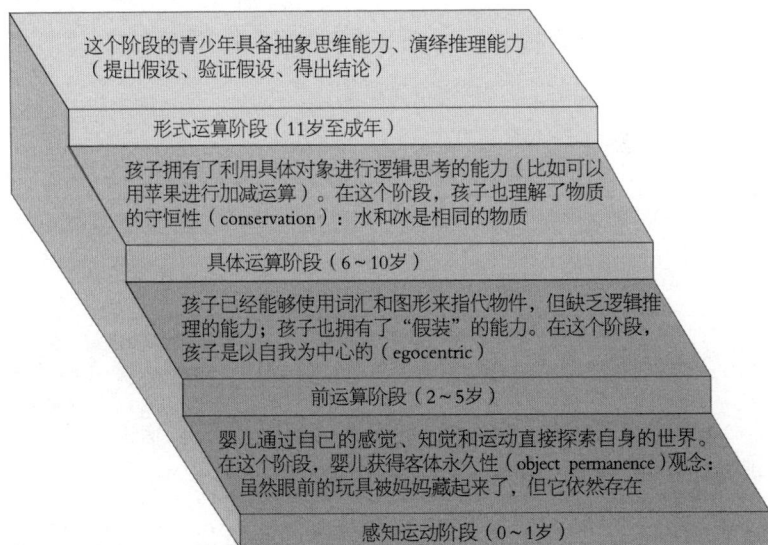

这个阶段的青少年具备抽象思维能力、演绎推理能力（提出假设、验证假设、得出结论）

形式运算阶段（11岁至成年）

孩子拥有了利用具体对象进行逻辑思考的能力（比如可以用苹果进行加减运算）。在这个阶段，孩子也理解了物质的守恒性（conservation）：水和冰是相同的物质

具体运算阶段（6～10岁）

孩子已经能够使用词汇和图形来指代物件，但缺乏逻辑推理的能力；孩子也拥有了"假装"的能力。在这个阶段，孩子是以自我为中心的（egocentric）

前运算阶段（2～5岁）

婴儿通过自己的感觉、知觉和运动直接探索自身的世界。在这个阶段，婴儿获得客体永久性（object permanence）观念：虽然眼前的玩具被妈妈藏起来了，但它依然存在

感知运动阶段（0～1岁）

图 1-1　皮亚杰的认知发展四个阶段

我试图从皮亚杰的发现中得出两个论点结论：第一，皮亚杰所论述的每个阶段有可能是一种特定的主体 - 客体平衡的结果，或者说演化的停滞状态；第二，运动过程有可能成为分化（摆脱沉浸的文化背景）和整合的演进运动（重新整合与世界相联系，而非沉浸于世界之中）。那就是说，婴儿的运动 - 感觉从主观"移向"客观的平衡导致了第一种平衡（前运算阶段），这是一种使个体的意义建构服从于协调运动 - 感觉

的知觉；使知觉从主观"移向"客观的重新平衡导致了下一个主要的平衡（具体运算阶段），这种平衡使个体的意义建构服从于协调知觉的可逆性；使可逆性（或者"具体运算"）从主观"移向"客观的重新平衡导致下一个主要的平衡（形式运算阶段），这种平衡使个体的意义建构服从于协调可逆性（或者"具体运算"）的假设性演绎（或者"可能性"）。尽管表1-2是一个略冒风险的序列，因为它无法把握过程和统一的质量，而这种过程和统一对于意义的演化概念来说是至关重要的，但它却以平衡程式表达了这些发展的特性。

表1-2　皮亚杰认知发展阶段的主体-客体平衡

阶　段	主观（"结构"）	客观（"内容"）
感觉运动	运动 - 感觉 反射	无
前运算	知觉	运动 - 感觉 反射
具体运算	可逆性 （实际的）	知觉
形式运算	假设性演绎 （可能性）	可逆性 （实际的）

在离开皮亚杰的探究领域之前，我认为提示下述的观点也许是合适的：即便在这一狭隘的意义建构领域（物质世界），自然的发生和演化的经验这两个主题（本书的中心就在于探讨这两个主题）也可能出现。让我们考虑一下特定的演化停滞情境，它是随着对经验的抗拒出现的，它既没有将这些经验同化于当前的平衡，也没有忽视它们。例如，前运算状态的一个特点是，它无法在一组物体与其组成部分之间做出区分。它无法同时容纳两个维度，无法把一组物体与另一组物体

进行比较，尽管后者是前者的组成部分。例如，处于前运算平衡中的儿童能够比较镍币和便士，但却不能比较镍币和硬币，也就是无法进行"包含分类"。

乔纳斯·兰格（Jonas Langer，1969）曾向儿童出示一组形状相同的木珠，其中大多数是黑色的，还有一些是白色的。当询问那些处于前运算平衡状态的儿童黑色木珠多还是白色木珠多时，他们能正确回答。但是，当问题变成"黑珠多还是木珠多"时，会发生什么情况？处于前运算平衡状态的儿童通常回答"黑珠多"，其根据是"黑珠的数目比白珠多"。这一情况表明，普罗克洛斯（Proclus）[①]的**建构维度**（dimension of constructs）发生了作用。处于前运算阶段的儿童是如何了解他的解题方法在逻辑上的不可能性呢？兰格要求儿童将所有的黑珠放在桌子的一边，将所有的木珠放在桌子的另一边。处于平衡状态的儿童（不论是前运算阶段还是具体运算阶段）在处理这个问题时好像都没有什么困难。前运算阶段的儿童干脆将黑色珠子和白色珠子分开，任务就此完成了。他们按照他们自己的演化观点重新建构任务，并且把任务解决了。具体运算阶段的儿童认为这样的任务要求是荒谬的，或者会对自寻烦恼的成人的智力做一些否定的评价。

但是对于进化到 6～7 岁的儿童来说，又会发生什么情况呢？由于儿童带着尚未分化的比较概念，他们深信这些珠子是可以分开的，但在这样做的时候他们能认识到其中的困难，所以他们处于一种可怕的情境之中，这种混乱状态与无法将物质世界协调一致的状态不相上下。他

---

① 普罗克洛斯（410—485），希腊哲学家，新柏拉图主义学说代表，曾主持雅典柏拉图学园，系统地整理和阐发了新柏拉图主义。——译者注

们胡乱地移动珠子，无休止地将珠子来回移动。从这种犹豫状态中我们开始认识其典型的过渡性：他们可能会变得烦恼；也可能会求助于实验者。显然，他们的这种"危机"，从本质上说是结构性的。这种危机并不体现在无法解决的问题上，而是体现在解决这一特定问题的方式上，它精确地揭示了前运算平衡的特征，即在探究世界的方式上出了问题。解决这种危机有赖于从新的视角探究这个世界。然而，儿童在抗拒这么做，在自然经验中反复遭遇各种冲突。同化是防御，但是防御也是为了完整性（甚至在文学的和生物的意义上也是如此），这样的防御使得系统成为系统。儿童在解决问题的过程中展现出某种独创性，使自己不会蒙受演化地位的丧失之苦。例如，有些儿童将所有的珠子排成一行，把白色珠子放在一边，而把木珠放在"另外一边"。这种把努力解决而不重组问题作为防御的情境，在本书的后面将会更加鲜明地重现。

处于前运算阶段的儿童最终会进化，从而建构关于物质世界的一种新结构。当他们进化时，并不是因为他们认真听从成人的教导，而是因为他们自身的活动，即演化活动——这是生物学家在讨论一个人的组织结构朝着更大的一致性运动时谈到的一种活动。罗伯特·怀特（Robert White，1959）把它称为一种"能力"（competence），而我则把它称为**"意义的演化"**（the evolution of meaning）。

50多年来，让·皮亚杰出版了一卷又一卷著作向世人公布他的研究成果。我常想，如果说我们还没有完全了解他，那么造成这一现象的主要原因究竟是什么？是因为他的作品难懂、复杂或由拉丁语写就，还是因为他对儿童心理着迷并尊重儿童心理的事实？无论如何，皮亚杰总是被人们视作专门研究智力发展、阶段和儿童的学者，但是，根据我的观点，这些都不是他关注的焦点。20年前，皮亚杰被认为是一个颇具魅力的人，他坐在瑞士湖的岸边，与儿童们谈论风向。而今天，他的研究项目被当作从出生到青少年智力发展普遍规律的指南。然而，在最近的 20 年，在为了描述生命进程的阶段而耗费大量激情之后，我们可以看到皮亚杰关于阶段或认知发展的描述方式，就好像牛顿（Newton）论述地球引力的方式，或哥伦布（Columbus）论述西印度群岛的方式，或杰斐逊（Jefferson）①论述个人要求与国家要求如何调和的方式，又或乔伊斯（Joyce）②用文学手段探究意识的方式。这些问题耗费了上述人物的精力，而他们则出色地解决了这些问题——出色到解决问题的方法成了摆在那里等待人们去揭示的"特洛伊木马"（Trojan horses）③（Perry，1970）。我们从业已建立的心灵堡垒中被诱引出来，观察这个问题，其内容使我们心动，犹如一支部队在堡垒四周散开，企图对堡垒实施占领一样。由于一种可以清晰表达的科学、地理、公民的或美学的基本原理的出现，曾经的旧有领域的眩目建筑如今成了一片新领域。哥伦布的航行改变了世界的格局。他发现了美洲，但同时，他也使世界的其他部分被重新发现。他的发现（原先属于另外一个"部分"）使人们"重新认识"部分与整体的关系。

在本章中，我们一直在以更大的发现为背景探索皮亚杰的"部分"

---

① 杰斐逊（1743—1826），美国第三任总统，"独立宣言"的主要起草人，美国民主共和党创建者。——译者注

② 乔伊斯（1882—1941），爱尔兰小说家，作品揭露西方现代社会的腐朽，多用"意识流"手法，语言隐晦，代表作为《尤利西斯》。——译者注

③ "特洛伊木马"，又称"木马计"。古希腊人围攻特洛伊城，久攻不下，后设下一空心木马，并将一批精兵埋伏其中，置于城外，佯作退兵。特洛伊人以为敌兵已撤，便将木马拖入城内。夜间伏兵跳出，打开城门，希腊兵一拥而入攻下特洛伊城。——译者注

（"认知"和"阶段"），这就是作为意义构成活动的演化过程。我本人的研究，包括临床工作和理论，是以一种有组织的方式探索皮亚杰的部分是否像精神分析（psychoanalysis）所大胆假设的那样，组成了一匹"特洛伊木马"，其中隐藏着一支军队，那支军队一旦跃出木马，会不会关注更加广阔的领域（从动力上、认知上和行为上去关注）。它是否拥有自己的跨学科的复杂性？它是否有潜力来了解和帮助痛苦中的人们？它是否拥有可以产生基本隐喻和意象的丰富储藏（通过这些隐喻和意象，我们开始体验自己的经验）？

　　无论何种框架，倘若脱离对自己生物现实的深刻认知，便无法期望它去补充关于发展中的个体的理论。精神分析提供了一种理论，从此以后，没有一种框架提供过其他可供选择的观点。对我们自己的生物现实的深刻认知，解决了我们如何被激发的问题。但这不仅仅是一种动机理论。它的基础是生命力量本身的概念，以及我们如何依据这种力量而表现出行为。无论是根据精神分析的观点、遗传生物学（genetic biology）的观点，还是更加新近的"社会生物学"观点，我们关于生物现实的意象基本上是决定论的（deterministic），并且是以身体为基础的。从生物学角度上讲，活动的舞台位于独立的、自主的系统之内（个体），该系统携带着一种遗传的密码，使个体沿着预先决定的道路或序列发展。这种将个体或独立的身体作为生命运动的基本源泉的定位，与行为主义者的概念形成鲜明的对比——他们倾向于将"活动"的源泉归于环境，即引导个体做出反应的环境。如果皮亚杰为人所知的程度远胜于为人所理解，在我看来，那是因为他的观点既不是先天论的，也不是环境论的，尽管这两种选择已经包含了各种可能性。皮亚杰曾经认为，要想做出第三种选择是困难的，因为对那些从先天论角度进行思考的人来说，他被认为是**先天论者**（maturationalist），而对那些从环境论角度进行思考的人来说，他被认为是**环境论者**（environmentalist）。

事实上，皮亚杰的观点源于一种开放系统的进化生物学模型。这种观点既不将生命的力量定位于封闭的个体，也不将生命的力量定位于封闭的环境，而是定位于历史的背景之下：它首先详细阐释个体与环境之间的区别。对于这一概念的意义和含义，我们将会逐步展开分析；它十分复杂，而且不同于我们的习惯性思考方式。但是，我们可以这样认为，它并不像把我们置于一切生物的单一的能量系统中那样将能量系统置于我们的内部。它主要关注的不是内部平衡中的转化和变化，而是关于世界的一种平衡，即在渐进的个体的自我和更广大的生命领域之间的一种平衡，包括两者的相互作用以及现实本身的建构。

皮亚杰的框架的核心是平衡，这一点是那些自诩皮亚杰学派的人所经常忽视的。无论是在对软体动物的研究中还是在对人类儿童的研究中，皮亚杰都忠诚于个体与世界之间的对话。这是一个适应的过程，它因新经验对旧经验的**同化**（assimilation）和旧经验对新经验的**顺应**（accommodation）这两者之间的张力而形成。这种永恒的对话是**泛机体的**（panorganic），它是一切生物的本质所在。皮亚杰的研究已经表明，在其他领域，许多现代生物学家的研究也已证明，这种对话不会直线增长，它是以动力的稳定性或平衡为标志的，伴随着这种动力的稳定性或平衡而来的是不稳定的时期和质量上新的平衡时期。当这些动力平衡累积到一定程度，便出现演化的停滞：进一步的同化和顺应将在机体和世界之间业已确立的关系上进行。从机体来看，这样一种停滞状态是由"客体"和"主体"组成的，这里的所谓停滞，始终存在争议，但它在过渡到新的平衡时肯定会出现重组。问题是，有机体将在多大程度上把自己从世界中分化出来，从而将自己与世界联系起来？

如果单从"生物学角度"看问题，这一过程也许相当冷酷——分化和重组、同化和顺应。这既适用于人类，也适用于原生动物、植物和大象。然而，随着本书的进展，我认为，我们将会得出一种激进的结论：这种演化运动是先前的（或基本的）人格现象；这种过程或活动，这种适应性对话，既是思维和情感的源泉，也是思维和情感的背景；这种运动是可以观察的，可以研究的，并且在主观上是可以厘清的；对它的理解，有助于我们帮助痛苦中的人们；它不像其他一些基本的现象，它不是武断的，或者说对性、阶级、文化或某一历史时期有所偏爱。它是一种我们业已共享的活动，一种我们将会共有的活动。从心理学角度看，这个过程涉及了解（knowing）的发展（每一次演化的停滞，都会造成一种主体－客体的平衡，从而形成一种了解世界的方式），但是，与此同时，我们又能够体验这种活动。正如我们将会看到的那样，经验可以成为我们情绪本身的源泉。丧失和恢复、独立和依恋、焦虑和游戏、抑郁和转化、分解和一致，所有这些都可能起源于对这种活动（也就是"情绪"这个词所指的活动）的体验。我用意义（meaning）一词来意指这种同时发生的、认识论的和本体论的（epistemological and ontological）活动；它涉及认识和存在，涉及理论的建立和自我的投入与信任（芬格莱特的模棱两可性得到了解决）。虽然这种演化过程可以用纯粹的生物学术语来描述，事实上，自我保持和自我转化之间的张力对希望（hope）本身的活动进行了描述。霍尔姆斯（Holmes，1974）将希望本身的活动称为"限度与可能的一种辩证法"。如果我们"全都限于同化"，就不会有希望；如果我们"全都可能顺应"，就没有需要了。**能量场**（energy field）对进化的生物学家来说可能涉及"适应"，它与希望的实施差不多。如果我们知道有些人的生活方式如何反映他们的希望，那么我们也许能更好地理解他们的困境。他们并非对未来抱有希望或追求希望，而是他们本身就是希望。

第二章

道德意义建构的演化

我刚大学毕业时，曾任教于一所中学，给一群七年级男生上文学课。大约有一年多的时间，我的日子过得很糟糕。那是 20 世纪 60 年代，我遵循的基本思路是"四海之内皆兄弟""善意待人"等。我不在班级中鼓励竞争，总是分配小组项目、合作任务，或者设置团队工作的情境。但是，没有一项奏效。如果我为学生设计好一切，他们会按部就班地去做，但是班级本身并不会持续这样去做。在我看来，我似乎成了这样一个人，每次都不得不强调集体精神，并从该精神中得出结论。

正如比尔·佩里（Bill Perry）所说的那样，如果你给蠢驴一个巴掌，你就会引起它的注意。一天，学生们终于让我意识到他们是什么人了，这促使我去思考为什么当时的班级会是那个样子。我给他们讲了一则故事，是默里·海耶特（Murray Heyert）撰写的"新来的孩子"（*The New Kid*）。故事以城市的街区和邻近的操场为背景，内容是棒球比赛。马蒂（Marty）总是出于礼貌最后一个挑选角色，而且每次都会被安排到外场接球的位置。他虔诚地祈祷，希望球不要飞离内场，更不要从他那儿经过。但是这种情况还是发生了，在紧要关头，球飞向马蒂，他高高举起手臂，但球还是飞了，结果他所在的一方输了球。当他步履艰难地走出球场时，遭到了队友们的谩骂。这不仅对马蒂来说是可怕的经历，而且对几乎所有的儿童来说都是不幸的，毕竟他们不是威利·梅斯（Willy Mays）。然后，有一天，一个新来的孩子出现在街区。他个子矮小，衣着十分讲究，尽管穿着运动短裤，但鞋子上的扣子看起来像童鞋上的，所有这些迹象表明，与马蒂相比，他可能更加懦弱和幼稚。他被邀到球场，双方挑选了场地。马蒂第一次没有成为最差的人。新来的孩子取代了马蒂，被安排在外场接球。他与马蒂一样，以同样方式进行祈祷，希望球不要飞向他这一边。但是，凑巧的是，新来的孩子必须处理那至关紧要的最后一击。结果，他令人失望地败下阵来——不仅没有抓住球，而且没有去追它。从球场出来，他将下巴放在膝盖上，忍受着马蒂的谩骂——这次，轮到马蒂发难了。讲完故事，我问我的学生们这则故事的寓意，他们的回答如下：

> 这则故事说的是你可能被别人鄙视，遭别人贬低，进而感到自己低贱和无用。但是，这则故事又说明情况实际上并不完全那么糟糕，因为你最终也有机会把别人推下去，将别人踩在脚下。

我突然发现，我对学生们关于"新来的孩子"的理解感到惊异①。我猜想，默里·海耶特可能也对此感到过惊异。原因在于，他们似乎都同意那便是故事的内涵，没有人提出在我看来十分明显的寓意——即便他们不相信它也罢。一开始，我认为他们是在戏弄我，或者故意说些玩

---

① 在"新来的孩子"故事中，学生们的陈述反映了他们对故事主人公马蒂的感受的一种理解，也就是对他人自我的窥视：当一个人被别人挑剔时，他会感到害怕；可是，当与己无关的其他人被别人挑剔时，他会感到高兴——被挑剔的人，也有机会去挑剔别人。——译者注

世不恭的话。然而，当我问学生："你们真的认为马蒂可以那样做吗？"
他们回答：

> 当然，这样做是正确的。

> 这是唯一的选择。

> 瞧，去年我还是六年级学生——小学里年龄最大的学生。我们把低年级的孩子推来推去。现在，我们成了小孩子，在中学里被高年级的学生推来推去。等着瞧吧，我们也会成为高年级的学生。这就是公平！

很明显，我们在这里看到的不是孩子们知道的东西的全貌，但是我们已经知道了他们如何看待事物。我开始想，如果说我们双方对这个故事的理解如此不同，那么恐怕我们并未生活在同一间教室里。

值得注意的是，无论学生的解释听起来是多么刺耳（或者，对于那个问题，他们如实地表达了自己的看法这件事有多么刻薄），但是他们的解释都是坚定而明确的道德表述。应该说，他们所采取的并非一种非道德的立场或者一种不道德的行为。他们用率直的态度表达了自己的观点。我们在这里确实接触到了一个涉及"正确"和"错误"的严肃问题。而且，正如伦理学家可能会做的那样，他们是在拥护自己所认为的正义。事实上，也正如我在前面谈到的那个分点心的小男孩那样（通过把点心一切为二而使数目增加一倍），我不想一开始就谈论其建构意义的方式及其行为的局限性。对此，我可以明确地说，在意义建构的研究背景下，我的学生们的话语能够被听到，标志着一项成就的达成。

学生对故事的分析具有一种不可否认的**互惠性**（reciprocity），尽管我们觉得这是一种奇特的、逻辑上循环的互惠性。这种互惠性似乎并不关注那些需要结合在一起的不同部分。例如，马蒂比任何人都清楚新来的孩子的感受，但他却拒绝以此为背景展开接下来的活动。这种拒绝不禁使人想起著名的格劳乔·马克斯（Groucho Marx）的观点："如果每个人都能感觉到你的行事方式，那么将会发生什么情况？"他回答，"如果我还有其他什么感觉，我就是一个傻瓜了！"格劳乔·马克斯正在有意地忽视一种他原本能够加以建构的意义。实际上，这种能力接近于一种意义结构，一种对小学儿童来说别无选择的意义结构。他们沉浸于这种意义结构，正如朱尔斯·费弗（Jules Feiffer）在他的一张卡通画中所表示的那样（见图 2-1）。

在我看来，这里存在一种不可否认的互易性，一种将两样东西结合在一起的能力（他做了些什么，相应地，我应该做些什么）——尽管它看起来是一种相当有限的循环。我之所以指出这种互易性，原因在于，尽管奇特，但它给了我一种方法去谈论这种思维方式的成功之处（当然也包括它的局限性）。另一种思考这种思维方式的复杂性和不成熟性的方法在于，观察学生们思考他人如何感受的能力。学生们透露了对马蒂如何感受的一种理解（当一个人被别人挑剔时，他会感到害怕；可是，当与己无关的其他人被别人挑剔时，他会感到高兴，并似乎松了一口气），也反映出了对于那个新来的孩子如何感受的理解（当一个人被别人挑剔时，他会感到害怕；可是，他也有机会去挑剔别人）。当然，他们无法同时考虑指向他人的每一种感受方式。但是，即便是简单的互惠性能力，或者"采择他人角色"的能力（Mead，1934；Selman，1980），也是多年来意义建构的结果。

劳伦斯·科尔伯格（Lawrence Kohlberg）对道德推理发展的研究，延伸了皮亚杰的框架。他近 20 年的研究和构思，充分展示了个体社会建构的发展，以及从青春期到成年期意义建构的发展。我在这里为你们我不能到杰米家去。

因为这次轮到杰米到我家来。

上次是我到杰米家去的。

但是，我喜欢到杰米家去。

杰米不喜欢到我家来。

如果他不到我家来，我就不能到他家去。

这就是公平嘛。

因此，我不想再见到杰米了。

男孩子，7 岁，难对付。

图 2-1　朱尔斯·费弗的卡通画

提供一份对科尔伯格关于阶段的划分的解读（见表2-1）。该表格与上文的关于皮亚杰理论的表格相似，我想指出的是，我的兴趣在于，把该理论看作对意义演化的普遍规律性的描述，而这种意义演化与特定的人格范畴（例如，一个人对正确、错误、道德、公正等的理解）有关。同时我还想表明这些部分的意义是如何成为基本运动的结果的（我曾指出这

表2-1　科尔伯格的道德阶段

水平和阶段	什么是正确的	正确的理由	社会观的发展阶段
水平 I——前习俗的			
阶段1：他律的道德	避免违反会带来惩罚的规则，为自身的利益而服从，不损害人和财物	避免惩罚，服从权威的力量	自我中心观点：不考虑他人的利益，或者未认识到这些利益与个体自身的利益不同；从身体角度来考虑活动，而不是根据他人的心理兴趣。把权威的观点与自己的观点混淆起来
阶段2：个人主义、功利性目的、交换	只有当符合某人的直接利益时才遵循规则；行为的目的是满足个人的利益和需要，对他人同样如此。公平是一种等价交换，一种交易、一种协议	为个人的需要或利益服务，在这样一个世界里，你必须承认别人也有他们自己的利益	具体的个人主义观点：意识到每个人都有自己的利益，人们既追求这些利益，也面临利益的冲突。因此，从具体的个人主义的意义上说，正确是相对的
水平 II——习俗的			
阶段3：人际期待、关系和人际遵奉	在扮演儿子、兄弟、朋友等角色时，不辜负他人的期望。"善良"是重要的，它既意味着具有良好的动机，以及对他人表示关心，也意味着保持相互关系，例如信任、忠诚、尊敬和感激	成为自己眼里和他人眼里的好人，关心他人；遵奉规则，维护那些支持传统的、良好的权威	人际关系中的个体观：意识到以个人利益为主的共享的情感、意见和期望。通过具体规则，把各种观点联系起来，使自己设身处地考虑别人。缺乏概括的系统观点

（续）

水平和阶段	什么是正确的	正确的理由	社会观的发展阶段
阶段4：社会体制和良心	履行自己的责任。坚持法律，认为公平也应体现在社会、团体或机构之中	作为社会体制的一分子而运作，"如果人人都如此"，或者良知服务于个体的责任，就可避免社会体制的崩溃	将社会观点与人际协议或动机相分化。采纳那些界定角色和规则的社会观点。按照个体在社会体制中的位置来考虑个人关系
水平 III——后习俗的或原则的			
阶段5：社会契约和个人权利	意识到人们具有各种价值观念和意见，大多数价值观念和规则与所在团体有关。这些相关的规则是社会契约，通常应当以公正的态度予以遵守。然而，有些非相关的价值观念和权利，如生活的权利和自由的权利等，必须在任何社会里都得到尊重，而不应为他人的意见所左右	一个人必须遵循社会契约，为保证民众的福利和权利而遵守法律，因此他对法律和契约负责，以此处理家庭、友谊和工作等方面的义务。法律和责任应以全面的有效性为基础，"为大多数人谋求最大的利益"	社会优先的观点。一种理性的个人观点，意识到以社会依附和契约优先的价值和权利。用协议、契约、公正和适当的过程等形式整合各种观点。考虑道德和法律观念；承认二者有时会发生冲突，发现它们有时难以整合
阶段6：普遍的道德准则	遵循自我选择的道德原则。特定的法律或社会协议通常是有效的，因为它们以这些原则为基础。当法律违背这些原则时，人们应按照原则行事。这里所谓的原则是指公正的普遍原理：人权的平等，尊重个体的尊严	作为一个理性的人，信奉普遍的道德原则的正确性，以及履行对这些道德原则的承诺	一种道德观。社会顺应以此道德观为依据。这种道德观表现在，理智的个体承认道德的本质或下列的事实：人是其自身的目的，而必须以此被对待

资料来源：Lickona，1976。

种基本运动是皮亚杰划分"阶段"的基础）。在后面的几章中，我阐释的内容主要涉及人格本身的基本运动。

不难看出，幼儿的知觉受制于他的心理活动。这种知觉不仅说明了他关于物质世界的建构，而且说明了他的意义建构的原因。在幼儿的眼中，社会客体（也就是人们）是自我中心（egocentric）的。假定那个认为盒子里的爆米花可以通过摇晃盒子而增加的男孩子有一个兄弟。那么，当我们问他是否有兄弟时，他会回答说"有"。当我们问他，他的兄弟是否也有个兄弟时，他会说"没有"。他无法跳出自我的圈子从他兄弟的视角来观察事物。如果他能做到，那么他就会看到，他的兄弟确实也有个兄弟，那就是他自己。我们通常所说"走出自我"的**意义建构活动**（meaning-constructive activity），与我所指的"从主体转向客体""不沉浸于某物"或者"分化"等是相似的。

我认为，科尔伯格的第一阶段是第一次**演化停滞**（evolutionary truce）的结果。在该演化停滞的状态中，知觉（社会的或身体的）集中于"主体"一方。皮亚杰理论中的处于前运算阶段的儿童，常常对守恒的任务（conservation tasks）给以奇特的答案，因为他们不能摆脱他们的知觉。科尔伯格理论的第一个阶段是**社会相关的**（social correlate），即无法在他人和"我"对他人的知觉之间做出区分；无法摆脱自己的知觉，站在他人的角度看待他人。

皮亚杰对处于前运算阶段和具体运算阶段的儿童讲述了一个故事（1948）：母亲告诉小男孩不要去碰那些易碎的玻璃杯，但是小男孩却有意拿起一个扔在地板上摔得粉碎。另一个小男孩没有被告知任何不要拿杯子的事情，但是为了帮助他妈妈，他设法将12只杯子放入盘中，送到他妈妈需要的地方。结果，不小心把所有的杯子都掉在地上摔成了碎片。皮亚杰问道："这两个孩子犯有同样的错误吗？"如果不一样，"那么两个孩子中哪一个更淘气，为什么？"有些儿童认为第一个孩子更淘气，有些儿童认为第二个孩子更淘气，但这些答案并不是随机的。那些不认为烧杯中装有相同体积液体的儿童，或者以其他方式表现出前运算阶段特征的儿童，倾向于认为打碎12只杯子的孩子更顽皮；处于具体运算阶段的儿童则认为第一个孩子更淘气。受制于知觉的儿童（阶段1）倾向于从结果判定，因为他们沉浸于社会的表面现象；在我看来，对于这种停滞状态进行重组的儿童却能够透过这一表面现象，从结果转向意图。一旦他们从被植入的文化中解脱出来，便能够看到液体具有它自己的特性，他们不是液体特性的决定者。同理，他们也可以看到，他们不是另一个人特性的决定者。承认他人具有他们自己的**自我创造**（self-creation），这种想法在早先的平衡中是不可能出现的。直到儿童进入新的平衡，他才不再把自己的"父母"看作"讨厌的"，不论他们的行为是否剥夺了他的自由。

正是这种演化的重组（这一重组的标志是，我们把自己从"知觉"中分化出来，就像我们用心理活动来界定我们自己一样），产生了一种简单的可逆性，也就是我们在学生们对"新来的孩子"进行解释时所看到的那种互易性。简单的互惠性与具体运算的可逆性（reversability）是相似的：采择他人的角色，把他人的行为看作由某种产生他人行为的东西所决定的（这里所谓的"某种东西"，不同于"我"的知觉）。这些能力与具体运算的能力相似，后者超越了**柏拉图的洞穴**（Plato's cave）投影——看到影子来自某种东西的投射，从而表明一个人不为知觉到的表面现象所制约。我们可以对社会解释中一些明显的互惠性进行比较，这些社会解释在谈到皮亚杰理论中的可逆性时已经看到过（见表2-2）。皮亚杰谈到了在时间上拥有两个点（逆转）和在空间上拥有两个点（互反）的能力。因此，我们可以考虑在社会时间上和社会空间上协调两种**社会知觉**（social perceptions）的能力。例如，采择他人角色的能力与创造一种社会其他成员的连续的概念的能力有关，这种社会其他成员的连续概念在不同的社会知觉中保留其特性。这有点类似皮亚杰的逆转（inverce），产生了类或组等社会的相等物。用更为简单的术语来说，它就是社会的"自我"，一种自始至终守恒的社会客体。同样，那种针锋相对的互易性与皮亚杰称之为**"交互的"**（reciprocal）可逆性的补偿形式相似；一种社会的"空间"是通过惩罚抵消攻击的方式而得以保存的。

表2-2　在身体和社会道德领域共同的意义演化

物质的意义建构 （皮亚杰）		社会道德的意义建构 （科尔伯格、塞尔曼）	
可逆性		社会可逆性	
具体运算	时间上的两个点 （类）		工具主义 （阶段2）
	逆转	角色采择	
	空间上的两个点 （关系）		
	互易性	简单的互易性 （"针锋相对"）	
	可逆性的整合	社会可逆性的整合	
早期的形式运算	交互的逆转	交互的角色采择	人际的协调 （阶段3）

　　我们还可以看到具体运算与科尔伯格的第二阶段是相对应的。它们都有局限性。当然，这要视它们沉浸于可逆性的情况而定。在皮亚杰的

理论中，这种基本的演化停滞的结果是，无法把逆转的可逆性和否定的可逆性整合起来。而根据科尔伯格的观点，它的结果无法把社会空间的互易性与社会时间的互易性整合起来。与之相似的是，正如这种停滞的重组使得皮亚杰的可逆性成为一种对可逆性的新的心理整合目的（"互易性的逆转"），同样的基本的重组也产生了角色采择和简单的互易性（"互易的角色采择"）。这种新的心理活动允许一个人同时采择马蒂和新来的孩子的观点并建立联系。正是这种不同寻常的演化性契约的重组，构成了我们称之为**相互性**（mutuality）和**人际关系说**（interpersonalism）的含义。

在我执教的七年级学生中，他们的反应并不是完全统一的。也有一些学生对故事的含义拥有不同的想法。其中，有一个名叫里奇（Richie）的学生，是一个特别幸运的年轻人，他聪明，喜好运动，而且不怕独处。他听了同学们的回答后，终于发表了不同的观点。用言语来确切地表达想法对他来说似乎有点困难，但他觉得，马蒂应该想想自己被欺负时的感受，而不是去欺负那个新来的孩子。这样的想法引起了班里其他学生的注意，或者说激怒了他们。当然，正是这种注意引发的兴趣和好奇，促进了意义的演化。年轻的里奇，他与他的同学们更同频，在我看来，他是一名更有效的"道德教育者"，因为他的意义建构和教室里其他学生的意义建构是如此接近。

那么，里奇究竟发生了什么样的意义演化？他只是没有其他人那么残忍吗？有些学生之所以选择某种方式来解释故事，是否因为他们更具敌意，或比别人更具攻击性？不同的含义或不同的心理活动，是否会使该故事实际上成为两则完全不同的故事？也许，这种强迫性选择是不公平的，但是我认为，可以说明的是，在一个人能够从事**交互的角色采择**

（reciprocally role-take）之前，在一个人能将观点定向于另一个人之前，他不可能像我们推测作者的意图那样建构故事中的意义。

交互的角色采择要求我们像待人规则（Golden Rule）那样去理解事物，即你希望别人怎样待你，你也要怎样待人。塞尔曼（Selman）关于社会推理和角色采择的研究（1976a，1976b，1980）包括向儿童提问"待人规则"——什么是"待人规则"，如何运用"待人规则"，它是不是良好的规则，为什么说它是良好的规则。他发现，处于具体运算阶段的儿童能够完美地背诵"待人规则"；但是当问他们，如果有人走到你的跟前揍你，那么你又如何看待"待人规则"，他们的回答是"揍他们。别人如何对待你，你就如何对待别人"。就这一发展水平而言，它与处于前运算阶段的儿童的反应是一致的。对处于前运算阶段的儿童来说，若以自己为参照，问他们自己的左边在哪里时，他们可以根据自己的右边指出自己的左边；但是，当你站在他们的面前，问他们你的左边是哪一边时，他们就会给你一个奇怪的答案了。在塞尔曼的被试中，有一个人做出了这样的努力，即努力去理解"待人规则"的复杂性。他的表述证明他开始从具体运算阶段分化出来，并且尽可能重新整合后进行回答：

确实，"待人规则"是最佳的规则。这是因为，如果你富裕，你也许会做梦，梦见你变得贫穷，并体验一下贫穷的感觉。然后，这个梦总是萦绕在你的心中，你会记得这个梦，你会依此来制定规则。

在福勒（Fowler）关于信念发展的研究（1976）中，我们可以看到另一个年龄相同的男孩的反应。这一反应，为我们提供了有关演化重组的观点：

（说了不好的事情会令人痛苦。）

（令人痛苦的东西有什么不好呢？）

唔，我们经常被教导说令人痛苦的东西是不好的。当然，也有些人受到不同的教导。譬如说，做了不公平的事情是不好的。你们知道，全盘接纳他人的东西是公平的，因为别人也全盘接纳了你们的东西。那是好的，那样做是正确的。正因如此，我认为，无论别人怎样对待你，都没有关系，关键是公平。

当一名儿童做出与皮亚杰的发现（1948）相似的反应时，也就是说他认为相对于复仇来说，更加可取的是宽恕，这种反应不是由于某种学校的教导，而是由于"复仇达不到任何目的"。也许，正如这个儿童所说，他接受的是一种方式的教导，而别人接受的是另外一种方式的教导。但是，研究却提供了一种证据，表明这不是文化教养的问题，确切地说，这是个体的意义建构问题。如果儿童发展并改变了他们关于什么是公平的概念，那么他们始终处于从功利性阶段（阶段 2）向人际和谐阶段（阶段 3）的单向进程。对于处于第二阶段的儿童来说，如果他们被要求去理解第三阶段儿童对一个特定冲突的解决方法，他们会更加喜欢这一方法；但是第三阶段的儿童已经理解了第二阶段儿童的解决办法，且不会再去偏爱这种办法（Rest，1973）。那就是说，这是一个他们"更了解"的问题，而不是他们被"不同地"教导的问题。这种对沙利文主义①（Sullivanians）的了解表现在把沙利文（Sullivan）描述的从合作（通过与他人合作提高自己）向"协作"（在与他人协作中考虑他人

① 沙利文主义是指精神分析社会文化学派。强调个体成熟和文化环境对心理的交互作用。——编者注

的升华）的转化看作沙利文主义的精髓，结果也就产生了发展友谊的可能性，以及发展被沙利文称为"亲密"（intimacy）的能力（1953）。

如果"交互的角色采择"是对早期停滞状态的主观性的一种演化胜利，那么认为它以自己的方式过于主观性，或者认为它是过于沉浸于人际的一种功能也是正确的。这是一种意义建构的方式，它是一种存在于人际背景的结构和利益中的意义建构方式，无法将对该背景的要求再求助于更高的或中介的权威——因为它本身就是最高的权威。不存在经营人际关系的人；与其说一个人"拥有"人际关系，不如说他本身就是人际关系。一个人对社会的意义建构，就演化的历史而言，非常易受社会环境的影响。一个生活在自由化的北方郊区的青少年，如果同龄人普遍持有人人平等的价值观，那么她很有可能也信奉这一价值观。但如果她的家庭搬迁到南方，生活在具有南方气息的学校和社区，那么她就有可能成为种族主义观点的持有者。这里，一般认为，该少年在新朋友和新环境的作用下已经发生了改变；然而如果说该少年的意义建构方式仍旧保持不变也是真实的。

在社会道德的意义建构领域，人际沉浸的核心缺陷在于无法构成调节人际关系的社会秩序。在这一点上，正如科尔伯格所说，社会秩序可被构想为"基本上由双重关系所组成，包括相互的角色采择、相互的感情、关注相互认可的事物等"（1971，p.198）。

克雷布斯和罗森沃尔德（Krebs and Rosenwald，1977）就道德判断与道德行为的关系开展过一项实验。他们预先向被试提供"持续 2 小时的两项心理测验"。第一个测验是标准的科尔伯格道德判断访谈。访谈快结束时，实验者的一名同事走进房间说，由于安排上的失误，房间必须腾出来供其他人聚会使用。

于是实验者向被试支付了酬金，不记姓名或地址，然后通知被试说，第二项测验采用笔试的形式，他们可以回家去做试卷，完成以后再送回来。当然，实验者对第二项测验不感兴趣，它只是一项任务，目的是了解被试是否会完成这项任务。结果，实验者发现，在访谈中处于第二阶段或第三阶段的被试没有归还测验试卷，而那些处于第四阶段或第五阶段的被试则归还了测验试卷。

原因何在呢？如果第三和第四阶段都处于道德发展的**"习俗水平"**（conventional），为何处于该水平的人会做出不同的行为？对此，我们一无所知。但是，我有个可能的解释。处于科尔伯格道德发展理论中第二阶段的被试未能归还测验试卷，因为他们可以这样做，并借此从中逃脱。对于那些处于科尔伯格道德发展理论中第三阶段的人来说（定向于双向的人际关系），已能从人际关系中了解应当遵守承诺。虽然他们对朋友的关心或对父母的忠诚可以在朋友或父母不在眼前时仍继续存在——表明这种关心和忠诚具有某种时间的维度。但是，这种承诺还需要另一方的实际存在，即还需要双方共享的空间。只有当一个人超越了对人际关系的沉浸，把人际关系作为目标时，他才会将双向的关系整合进社会团体和规则结构中去。受到空间制约的第三阶段被试，若要真正致力于履行他对实验者的义务，那么当他进入其他空间和场所时，可能被更深的义务（人际）承诺所阻挡。至于受到时间制约的第四阶段被试，他们对实验者的承诺较少，而更多的是信守自己的诺言，即依据空间的标准，归还测验试卷。

我们可以从下述情境中获得一种理念，它既支持了社会道德领域中意义演化的观点，又考虑到人际关系发展停滞的局限。该情境可借一个事件来说明（尽管它不是一个公开的事件）。被试是一位连任5届的纽约州州议会议员。在议会中，每年都有关于堕胎改革的法案被提出来，但是他却年复一年地投反对票。当他的孩子到达法定年龄时，他们逐渐形成一种赞成堕胎的立场，与议员的立场完全相反。面对这一情况，议员怀有一种混杂的情绪，并慢慢发现，他个人竟然开始赞成改革法案了。但是，他却继续投反对票。这是为什么呢？原因在于责任感，即代表全体选民大多数意见的责任感。

我试图向他们（他的孩子）解释我的实际情况——我的窘境。我代表的是一个选区。虽然选区只是一个县，但我的选区想要这个法案。正因如此我所在的县委员会对此事感到很棘手。

但是当其他一些重要的人际关系（例如，自己的孩子）做出了具有对抗性的反应时，他又该怎么办呢？

议长先生，我的一个儿子因为我投了反对票而称我为不道德的人。就在我本周去奥尔巴尼之前，我的儿子，议长先生，正如你所知道的，于 2 月 4 日在州议会上向我提出请求，他说："爸爸，看在老天的份上，不要让你的投票成为击败这个法案的一票。"

这个儿子，是否影响了州议会决议，历史上并无记录。但不道德的人的形象始终贯穿被试的访谈，直到它得出可怕的结论——一个男人为了得到孩子的赞许可以去做任何事，就像为了政治密友的支持一样。仅在两种不道德行为之间进行选择，是不可能得到任何解决办法的。同样，危机之所以是危机，是因为它直指一个人认知世界的方式的局限性；如果个人期望左右另一个人的决定，那么这种伦理结构就会在他的重要期望发生冲突时将他出卖。

我们以坦率的方式计划如何解决这些危机。被试曾对想要购买他在立法机构的席位的人的报价做出回应。

我正在从事这桩买卖，其实，别人也在做着同样的事情。我感到如果这是一个机会，我应当抓住它。一些与我有着密切关系的人也说，假如我不抓住这个机会，那么我就太愚蠢了。

当实际的投票开始时，该法案的倡导者感到，投票的结果将会是平局。早些时候，他们认为他们会赢得三票，但是，当他们得悉最后的比分时，他们才发现出现了三个叛徒。他们了解了被试在这个问题上的真实想法，于是，来找他。他们告诉被试，他们已经知道他那个席位的"秘密"，而且，他们明确表示，既然他不再需要他所在的县委员会的支持，那么他可以按照他的个人意愿去投票。但现在，这样的理由对他已经没有吸引力了，因为他与委员会的"联系"不再以相互交换为基础（阶段2），而以相互期望和义务为基础（"他们会对我产生怎样的想法？"）。另一方面，就这种决定的适当性而言，其本身就处于不能解决孩子的对立要求的攻击之下（"他们会把我想象成什么样的人？"）。不过，他仍然能够拖延这种不一致，以一种维持阶段性的曲解的形式暂时解决这一问题。这种曲解表现为：我们将在更加私下的场合里再次见面。他说，他可以肯定的是，投票结果不会是平局，他捎话给法案支持者，如果投票的结果确实是平局，他将改变他的投票立场。但是，当点票开始，其中一名涉嫌背叛的人改变了他的投票立场，我们的被试便被召唤到议长先生的小房间里去。议长告诉他，他想怎样投就怎样投，在票数平局的情况下不要改变投票立场。议长解释说，这时所有的焦点都在他的身上，如果后来宣布他被任命为委员

会委员，情况就不妙了。于是，他离开议长的房间，意识到改变投票
立场的后果：他可能就此毁了自己，因为他有可能失去委员会的席位，
同时失去与委员会的联系。因此，当他的名字被叫到时，他按照委员
会的意愿在堕胎问题上投了票。他相信不会因为他的一票而使法案遭
到否决。

在第二位涉嫌背叛的人对改革投了反对票以后，我们的被试的行为
表现变得非常明显。尽管他一点也回忆不起来，但别人告诉他：他开始
坐立不安，一会儿站起，一会儿坐下。终于，他走到第三个涉嫌背叛的
人那里，使劲地恳求这个人不要改变他的投票立场。他的这种行为似乎
是在说：请不要创造一个使我最终不可避免地达到我的认识能力极限的
局面，不要使我失去理智。

但是，当第三个投票者也投出反对票时，当生活的模仿艺术出现分
裂时，他不得不亲手打破自己所设计的世界。

我想在那个时候，我就快崩溃了。我不知道该怎么做。真的，我不
知道怎么办。我很难抉择，因为剩下的时间不多了，而我的房间里挤满
了人。摄影记者和州议会的一些议员现在犹如法官一样，他们从纽约赶
来观看这一事件。这些人我都认识，但我不知道该做些什么。终于，我
有点按捺不住了，我记得接下来发生的事情。它像一场噩梦。我站在那
里讲话，事后很后悔自己说了那些。我记得我这样说："议长先生，我
曾经读过一本书，名叫《勇气档案》（*Profiles in Courage*）。我不知道
我为什么要这样说。我想，我想说的是我展现的更多的是形象而不是
勇气。"

他表达的大多数内容都由一名记者记录了下来。这位记者从他颤抖

的声音和紧张的表情中意识到某种异乎寻常的事情即将发生。

议长先生，就在几天前，我得知您正在认真考虑让我担任州政府的一个非常重要的职位。因此，议长先生，如果我没有遵守曾经向你做出的承诺，我想你也是可以理解的。当然，我也充分意识到这样一个事实，在我的选区里，许多人可能会谴责我的决定，而且很有可能，我的律师事务所也会因此受到牵连。但是，议长先生，我坦率地对你说，我以十分激动的态度对你们所有人说："如果你不能真正代表什么，那么被选上或者被器重又有什么用？"议长先生，因为我投票反对这一法案，我的一个儿子把我称为不道德的人。就在我本周前往奥尔巴尼之前，我的儿子——议长先生，你还记得他在 2 月 4 日向大会致辞时说："爸爸，不要让你的投票成为击败这个法案的一票。"我曾希望该法案被否决。但是，如果我想过太平日子，女士们、先生们，那么我就不能回到家里，告诉他们说我否决了这项法案。我完全理解这是我政治生涯的终结。我怀着复杂的心情站在这里，我并不想阻挠本院明显的多数——那些我深爱的成员，我对他们有很深的感情。我可能再也不会回到这里与你们分享这些事情了。但是，议长先生，我必须在我的家庭中获得一些安宁。因此，议长先生，我请求您将我的反对票改为赞成票。

这里存在比投票更多的东西，赞成或反对的也不只是一项法案。在说完这些话后，议员坐在椅子上，双手抱头，啜泣着，然后一遍又一遍地唠叨："我干了些什么啊？我干了些什么啊？"他讲的最后一句话表明，他真的不确定自己做了什么。我们听到了从他的家庭期望角度的辩解；又在下一刻，听到了从权力组织利益出发的观点，当一个人面临两难之事时，情况往往如上所述（Turiel，1969，1972）。一年后，他再次接受采访时，人们发现他已处于科尔伯格道德发展理论的第四阶段。这一阶段的视角把我关于人际隶属的说法归入对团体的需要。这里，我所谓的"一个团体"是指已知的团体，它具有团体的标准、规则和作用，不受时间所限，涉及所有特定的人际关系，能够解决我们的被试遭遇的这种冲突。在他经历这一切的前一刻，他一直在乞求一个人来阻止它；现在，在他看来，尽管事实上他的政治生涯已经结束，但他却把上述抉择看作"我生活的巅峰"。中国人用两个汉字来描绘"crisis"一词："危机"，一个字的意思是"危险"，另一个字的意思是"机会"。正如T. S. 艾略特（T. S. Eliot）描述的那样，认为他"再也回不去了"，"了解了我所不知道的东西"，发现空气如此"稀薄而干燥"，以至于他的翅膀"不再是飞翔的翅膀，而只是打击空气的双翼"，他从"机会"的角度回过头来看危机，这就是他生活的巅峰。

随着科尔伯格道德发展理论的第四阶段的演变，人们也许会无意识地提出一个问题，这个问题几百年来一直吸引着政治哲学家的兴趣：个人的要求和国家的要求如何调和？面对这个问题，科尔伯格用他的阶段4，阶段 $4^{1/2}$（一个过渡阶段）和阶段5证明了三种演化运动。在这三个阶段中，第一个阶段（即阶段4）是以牺牲个人为代价来服从团体（正如我们即将看到的那样，这可能是一个人只要团体而缺乏"个体"的意义结构的缘故）；第二个阶段（即阶段 $4^{1/2}$）是以损害团体利益为代价做出对个人有利的决定（这可能是由于只顾着与社会的分化，而没有将它进行整合，或将它认作"他人"）；第三个阶段（即阶段5）则代表着个体与团体的整合。

当一个人摆脱沉浸于人际关系的状态时，或者说当其从以恣意的情感和共情为基础建构其道德的主观性中解放时，新阶段仍服从于它自己的任意性（arbitrariness）。在协调人际关系的建构过程中，它同样沉浸于社会秩序或社会团体。每一种新的演化停滞使世界具有一种更加独特的同一性（identity），而在科尔伯格的阶段4中，世界的社会性客体（即人），除了与社会秩序保持同一性，本身并不具有独特性。科尔伯格的阶段4基本上是一种心理学意义上的思维的诞生，它是一种意义系统——首先是团体性的（Mannheim，1936），也就是说，它实际上是对一个团体、阶层、部落、民族、代际、性别、行业或利益团体而言的。这种思想可以是含蓄的和隐喻的，也可以是明确的和公开的。无论在何种情况下，它都是以下述特征为标志的，即它维护和坚持本团体的最终价值基础。正因如此，"正确"是以团体利益界定的，而不是由团体正确与否来界定的。它可以通过下列方式鉴别：它倾向于在人类社会中将社会成员归类。这种归类是根据特定的团体准则进行的，从而创造了埃里克森（Erikson，1972）所谓的"假物种"（pseudo-species）。这种建构的局限的典型景象可以从"法律和秩序"的哲学（law-and-order philosophy）中看到。其中，正确与否由法律界定，而不是把法律看作一种不完善的、有组织的、内部加工的、为正确性服务的尝试。

这样一种社会道德的建构无法将生活方式与道德区分开来，即无法将习俗、传统等与伦理区分开来。就其积极的意义而言，它可以被看作对习俗（例如，着装、称呼）的一种道德投入。可是，就其消极意义而言，当一个人被认为违反了团体利益而遭到盲目的排斥时，它无法保护其免受这种排斥。这可以在定期开展的民意调查中看到。这些调查表明，大多数公民都否认他们尚未知晓的一些权利，实际上，这些权利是由《人权法案》（Bill of Rights）保障的（Yankelovich，1969）。

　　在肯塔基州的警方案例中也可看到，"保卫和平的警官们"为了维持和平，在一次总统集会上，从示威者手中没收了反政府的标语牌。示威者因此提出诉讼，而最高法院支持他们。上述案例提出了这样一个问题：那些"保卫和平的警官们"是否具有充分的同一性（也许，"保卫权力的警官们"将更具有这种同一性）。这种情况也可以在一位美国前总统对电视台记者的访谈中看到。他告诉记者说："所谓合法就是总统的所作所为必须合法。如果他守法，那么他就不会违反法律。"我们还可以在纽约的罗彻斯特旗帜案（Rochester，New York，flag case）中看到这种情况。在该案例中，整座城市的学校行政人员进行了若干年激烈和成功的斗争，把一名年轻的优秀教师拒斥于他们的中学大门之外，原因在于她每天早晨开始教学时拒绝宣读"效忠誓言"（Pledge of Allegiance）（Lang，1973）。兰格在写到其中一名把社会神圣化的行政人员时这样说道："他把一种几乎是神化的性质赋予了该誓言，并把它与教堂里的读经相比较。"那位女教师名叫拉索（Russo），她对自己和其他人能够把诸如"社区"（community）这样一个词运用得如此纯熟和如此矛盾感到十分糊涂——尤其是当这个词涉及同一团体的人时。

　　面对这一折磨，拉索进行了谨慎而又努力的思考，她认识到奉献、诚挚或承诺本身都不是使她与其他人有所区别的实质。兰格写道："拉索沉默了一会儿。当她重新讲话时，她脸上显露出愤怒的神情。"她费力地讲道："我认为唐洛克林（Don Loughlin）与我一样热爱这个国家。"她不需要一名"意义演化者"（meaning-evolutionist）去告诉她，是爱的形式把他们区分开来，而不是爱的力量把他们区分开来，虽然她可能想知道（正如意义演化的研究教导她的那样）那些结构多么的不同；或者，对于她的对手来说，要了解她是多么的困难；或者，她的对抗多么深刻地将她置于她自己的个人历史意义之中。而且，当她因被剥夺权益而感到困惑时，她可能想知道，她如何表达置于两种世界观之间的问题：什么时候一个人可以在认识社会和尊重社会的基础上站在社会之外看社会，而不被作为一名异己分子呢？什么时候一个人可以被剥夺公民权，什么时候一个人不该被剥夺公民权呢？

然而，我们不该由此做出这样的推导，即在建构阶段 4 的平衡状态时，我们变得胆小如鼠，成为一个屈从于他人的人。我们屈从于一个我们创造的系统。具有这种世界观的父母，可能对孩子的不愿顺从的行为进行贬抑，但这不是缺乏勇气，也不意味着投降。父母只有根据他们自己的标准才能理解孩子的活动，或者说，父母只有根据他们曾经拒绝过的标准才能理解孩子的活动；无论以上哪种情况，父母并不把孩子的活动看作勇敢的或善良的，而是看作胆小的或感情用事的。正像他们就是正在进行思考的其他人一样，父母有他们自己的一套理论。他们不受他人想法的控制，不过，当这一做法导致一个人拒绝自己的孩子时，这就成了一件困难的事情，但也是我们了解他的那种勇气的本质的一种方法。被植入社会的父母是从社会角度看问题的，用社会的力量来对他们的子女施加影响。当子女还年少时，这样做对他们的发展是有益的，但是，当这种做法被用于那些对其发展来说需要一定张力的人时，处于阶段 4 这一文化中的父母与那些吃掉自己的幼仔的物种多少有点相似。

绝对论（absolutism）把那些处于社会团体之外的人从人类社会中排斥出去。当意义演化超越对社会的沉浸时，这种情况便可能结束。人们开始从社会中分化出来，开始从主体"移向"客体；而且，这种情况不再是终极的。由于社会是相对的，因此把社会作为唯一标准的判断方式受到了批判。随着一个人开始从另外一个系统的视角看待当前的系统，他可以发现这种判断方式是随意的或武断的，同样的情境可以用相当不同的方式加以评价。随着社会的分化，一个人学会了容忍（tolerance），一种先前不可能出现的容忍。把一个人自己的价值观归因于另一种文化，或者归因于另外一个人，已不合宜。对这种新的道德结构的共识，可以用下面的话来表述："人们有权表达自己的观点，有权拥有自己的观念，有权按照他们认为最佳的方式来生活。如果这种态度是真诚的，如果这是他们真正的想法，那么，这对于他们来说，就是正确的。我有什么权力去教导别人什么是正确呢？你又是谁？你可能认为某事是错误的，这种想法表明你陷入了你自己文化背景的陷阱。你认为这就是真理，但这仅仅是其中一个真理而已。还有许多其他的真理，我们甚至从未听过。一个人告诉另一个人说他是正确的或是错误的，这种做法就像古老的英国人类学家的一种描述，他们把其他文化称为'原始文化'，并且完全根据自己的框架来观察这些文化，而丝毫意识不到自己框架的局限性。如果存在一种真理，那么它就在个体身上，在每个个体身上。你不能用某个个体的真理来评判另一个个体。"

正如我已经提示过的那样，这样一种立场是很值得羡慕的。由于评价系统是自我建构的，所以它能够容忍差异，并开始意识到个人的权利。然而，这是一种处于十分危险状态的立场，因为它充满了内在的自我矛盾。例如，我们不难看到，贯穿这种**非判断主义**（non-judgmentalism）的是一种与那些做出判断的人们相对立的判断。发言者本人是否会用自己的真理去"评判"他人呢？当发言者看到肯塔基州的警察剥夺他人通过和平方式表达他们自己意志的权利时，或者学校董事会因教师拒绝以其喜欢的方式表达自己对美国国旗的看法而对其进行惩罚时，他可能会说："警方和校方正在将他们关于权利和正确的概念强加于他人，他们不应该那样做。""他们不应该那样做吗？"这就是他正在做出的一种判断吗？并不是。"我武断地意识到他们不应该这样做，但是从他们的角度来讲，控制人们的表达是正确的，因此，我想没有人会说它是错误的。"

事实上，从社会分化中赢得的宽容并不是建构道德世界的平衡立场（你怎么能容忍不宽容的人？），因为它并不代表一种新的演化平衡。这是一种没有重组的分化，它虽与社会分离，却发现没有将它的要求整合成一个新的系统的方法。科尔伯格的阶段 4 解决了个人和团体之间的历史冲突，方法是做出完全有利于团体的决定，而不考虑如何建构个人；这是我们在这里正在探寻的一种立场，即科尔伯格的 $4^{1/2}$ 阶段，它是一个过渡时期，以做出个人的决定为标志（也许因为，如果它也必须考虑团体，它就无法继续在团体之外建构一个个体）。这种立场属于文化的或道德的相对论，深信对任何事物的判断都是以个人的理解为基础的，结果有可能混合两种观念。它将一种观念与另一种观念混合起来，前者指人们有权接纳他们愿意接纳的任何一种信仰，后者指任何判断都是以个人理解为基础的，这样才能开展对这些信仰的比较。第二种观念并不必然地产生自第一种观念，从发展的角度上讲，这两种观念恰好在该阶段发生融合。表示这种混合的另外一种方法是承认价值系统是自我建构的（存在一种不可避免的评价的"主观性"），承认这一点并不必然导致无法比较价值系统。

道德相对论的自我矛盾性质能使一个人产生这样的思考：是否存在做出判断的基础使这些判断的有效性不受个体自身的制约，也不是一种绝对论的形式。发展不只是一个分化的问题，还是一个重组的问题。当然，在科尔伯格的阐释中，最为激动人心的地方（如果他的观点正确，这可以说是他的重要贡献之一）就是仔细研究人们的道德意义建构的发展，从而引导人们解决两千多年来个人与群体之间关系的难题。

这种解决办法（也就是科尔伯格称之为建构普遍原理的办法）可能是一种演化的结果。这种演化不仅与社会相分化，而且将其重新整合到一个更广泛的意义系统中，对其进行反思和规范。其结果是，人们开始将道德价值与容纳这些价值的群体的权威区分开来。这些价值并不决定法律或维持团体的终极目标而是指向一个过程——通过该过程，法律得以产生，而且，为了同样保护双方的尊严和机会，它们也可以被修改。

这种新演化的一个基本特征是创造了两种迄今为止尚未出现过的现实：权利，即我称之为"个人与个人之间"（interindividuality）的东西。权利相当于对一个人的保护或保障，这些保护或保障凭借的不是特异的感情或对一个共同团体或信仰的忠诚，而是因为这个人是人类社会的一员，被赋予了个人的地位，虽然个性的概念作为一种高度演化的产物，可能使人们联想到典型的**过度尊重**（over-esteem）的西方形象，如独立的、非背景化的、自主的和不为他人所左右的形象，但是了解这里所说的个性含义仍是十分重要的，它相当于承认并关心人们之间确实存在的、最基本的联结。不论人们对特定个体的了解多么不同，个性结构仍旧为他们的了解提供了一种方法。这种了解人的方法从本质上说创造了一个类别（即"个性"）所有人都被看作适合于该类别。它将一种权力赋予该类别，人们需要这些权力不仅为了他们自己，也愿意别人拥有这样的权力；它也赋予该类别以一种责任，人们不仅要求别人负有这样的责任，也愿意让自己负有这样的责任。这样，"个性"的结构实际上成了"个人间的"；它既不是指任何一个个体，也不是指一个尚未个性化的团体，而是指一种相互渗透的类别。

尽管科尔伯格的演化观被有些人看作一首对高度抽象的"独立沉思者"的颂歌，而这位"独立沉思者"由于某种脱离现实的概括化原理而无视人类的基本特征（Gilligan and Murphy，1979）。但是，我认为下面这种说法也许更为正确，即科尔伯格在他的被试中发现的东西是一种超越终极方向的能力。所谓终极的方向是指为了更加包容的联结而定向于排他的、唯一的联结。我想说的是，这种转化是意义演化的结果，它不只是一个不断增长的分化问题，还是一个不断增长的与世界联系的问题。这些"增长"是质的增长，它们首先涉及对从"我"（me）那里分离出来的东西有一个较好的认识，以便我（I）可以与其联系起来，而不是与其融合起来。

我想举三个简单的例子，它们可以说明是什么东西决定了原理或**后习俗**（post-conventional）的演化。我还想对每一个例子提出这样一个问题，即它是否表明了不断增加的独立，或者一种更具扩展性的联结形式。

第一个例子取自一篇古老的文本——《哈加达》（*the Haggadah*），它汇集了希伯来的故事和祷文，记载着犹太人出埃及的事情。在这则故事中，有两个性质不同的时刻。当人们重新提及降临到法老的子民头上的十大灾难（ten plagues）时，每提到一个可怕的灾难，便从自己的杯子里泼出几滴酒来，这是一种传统。为什么？这种形式表示一种不同的感受。犹太人被教导说，在对列举的灾难做出反应时，要降低自己的索求，减弱自己的欢乐，认识到他人甚至敌人的苦难，因为这些苦难是大家共同的苦难；不论犹太人和埃及人之间多么分裂，相对于他们在人类社会中的共同性而言，这种分裂不足挂齿。在埃及士兵逼近红海而被大批淹死之后，一种相似的情况出现了。犹太人欢欣鼓舞，但是天堂里的诸神们却在哭泣："那些淹死的人难道不是上帝的子女吗？"

习俗水平的观点和后习俗水平的观点之间形成对照的例子，我们可以列举美国北方城市为了消除种族隔离而用校车接送学童所引起的争议，即围绕学校为平衡欧洲裔和非洲裔学童比例而用校车接送外区儿童上学所引起的讨论。我不认为人们可以根据一个人是否支持或反对校车而得出关于他的道德意义建构的结论；正如我们已说过的那样，问题在于一个人如何构建这种情境。在波士顿的这场危机中，我发现，一个十分有趣的对抗发生在一名爱尔兰裔美国男性法官和一名爱尔兰学校委员会欧洲裔美国女性委员之间。男性法官发布了用校车接送学童的命令，而那名女性委员则反对这项命令。她的理由是，在一个爱尔兰人聚居的街道里，大部分居民反对这种强迫性的命令，因为它可能会在少数民族聚居区里引起混乱。法官仔细地研究了学校的情况，然后得出结论：在这样一所学校里，非洲裔儿童得不到平等接受教育的机会，而且学校管理委员会不愿意改变这种情况。在女性委员出庭为一系列诉讼作证时（这些诉讼均由上述争议引起），她做了这样的陈述："消除种族隔离的命令是由一个不想成为爱尔兰人的爱尔兰人强加于我们头上的。"这一陈述原本不是为了某些其他的团体，而是为了更大的群体（与一切特殊的利益团体相对），但却未能理解反对一个特殊的利益团体的可能性。

最后一个例子让我们回到了中东地区，那里的群体之间的紧张关系在出埃及记的三千年后依然存在。几年前，罗伯塔·斯坦伯格（Roberta Steinberg）和我进行了一项研究，内容涉及士兵对待他们的敌人的态度（Steinberg and Kegan，1978）。斯坦伯格对士兵进行了科尔伯格道德判断访谈，在毫无拘束的氛围中，交换了他们的看法。大多数士兵的道德发展是习俗水平的，许多人划分人类社会的界线非常机械而坚定：敌人简直不被看作和这些士兵一样的人类。有些士兵在道德判断的访谈中是有原则的，然而在实际生活情境中，他们却持有截然不同的态度。虽然他们有着背水一战的意识，但他们仍保持着自己的群体只是大集体中一个组成部分的感觉。这不仅是一个思辨的和概念层面的问题，也是一个实际问题。我们对军医进行了访谈，询问他们如何对待敌军伤员。结果发现，许多人并不采取救护措施，或极少采取救护措施，有一名军医甚至暗示说，他更倾向于害死伤员，以避免他们有机会杀死更多的敌人。其中有一个名叫阿舍（Asher）的军医，他对待这种情境的方式颇为不同：

> 像上次战争那样，我在这次战争中负责照管敌军的伤员。现在，正如你所理解的那样，我对待敌军伤员的方式与护理自己的伤员的方式一样——当然，如果你想问的是医疗问题，我采取的就是这种态度。但是，如果你想问的是精神方面的问题，我的态度就不一样。要是某个敌军伤员不得不接受某种治疗，他理应得到这样的治疗，就像其他每个士兵一样，这是没有任何问题的。但是，在护理士兵时，我始终抱有一种意愿，一种同情，一种尽力做好每件事的意愿，目的是让他得救。至于对待敌人，我会做出同样的行动，但是，我这样做并非出于爱，而是出于某种责任，我感到我对那个人具有责任。

我认为，这是动人的和可信的陈述。在我看来，他的一番话正是对分化和整合的描述，这种分化和整合超越了与团体相关的阶段4的道德性。他说，他在治疗敌人和治疗自己人时，感觉有所不同，面对属于自己的团体、自己的国家或自己的意识形态的成员，往往会产生一种独特的情感，但是，他也认为（以一种对他来说似乎有点奇怪的方式）这种团体情感不是终极的；这种情感挥之不去，但他也不会受此摆布。无论如何，有一种趋向其他某种东西的情感随之产生，某种朝向人类社会，朝向一切人的东西。对此，这个人甚至感到有一种明显的强制感。

我想说的是，这也许是科尔伯格的后习俗水平正在运作的一个例子。或者说，它是长期演化的一个结果（见表 2–3）。人们可以这样认为，在这个人以这种方式把自己与世界联系起来之前，他像一个年幼的儿童那样生活，沉浸于自己的社会知觉（以这种知觉为依托，他可能也会认为，那个具有较好意向，但却打碎了更多的杯子的男孩是一个更淘气的孩子）；他也可能摆脱这种停滞。使其知觉服务于简单的角色扮演和可逆性的目的（在这种情境里，对马蒂来说，把他所得到的待遇留给新来的孩子是正确的）；发展的平衡始于相互性或互易性的角色扮演；当他从这种植入的文化中摆脱，从"成为"人际的发展到"具有"人际的发展时，社会团体得以形成，它是由规则和法律来加以调节的机构，而不是由特殊的情感来加以调节的集体（这时，他可能感到他负有"责任"的那批人是由国界来界定的）；最终，他超越了所植入的社会文化，开始以普遍的人类社会为依托。他以行动来向世界表明其独特的完整性，减少自己与世界的融合，从而创造一个越来越广阔的社会，一个能使自己参与其中并与之进行联结的，决定他关注的方向的社会。这些活动中的每一种活动，或者说科尔伯格的每一个阶段都像皮亚杰的每一个阶段一样，都可能是潜在演化过程的一个结果。这种演化不只体现在身体的发展成熟中，而且表现在生活环境之中；这种演化不断地重建有机体与其环境的关系；这种演化更多地表现为心理的发展而不是大脑的发展。在考虑了关于身体认知和社会认知的演化结果以后，我们将转向一个更大的自我领域，即它的结构。

表2-3　科尔伯格道德发展阶段的主体–客体平衡

阶段	主观（"结构"）	客观（"内容"）
（1）惩罚的和服从的定向	社会知觉	反射、感觉、运动
（2）功利性定向	简单的角色扮演、可逆性	社会知觉
（3）人际协调的定向	相互性、互易性的角色扮演	简单的角色扮演、可逆性
（4）社会定向	社会团体、机构性社团	相互性、互易性的角色扮演
（5/6）普遍原理的定向	完整的、享有权利的、个人间的社会	社会团体、机构性团体

第三章

自我的结构

黛安娜（Diane）今年 20 岁，颇有魅力，但她极度忧郁。她服了 42 颗药丸后说："那不是为了死，而是要让他看看他多么严重地伤害了我。"她与男友同居了近一年，现在他又喜欢上另外一个女人。她对"专属关系"的希望破灭了。她对他很生气，但她担心如果她将不满表达出来，就会完全失去他。她没有其他可以分享不快的人，因为在她与他同居后，她逐渐停止了与其他朋友交往。随着焦虑和忧郁的不断加剧，她开始经常做一些可怕的梦，梦中反复出现死亡的景象。她对男友给她带来的若干令人气愤的事件感到愤懑。她给自己画了一幅肖像，画面上有一张大嘴，她背对画面坐在这张大嘴上。她有几次突然醒来的经历，都和男友有关，"就像他是我的父亲，而我大约是 4 岁"，然后她会重新入睡，醒来时对这些事没有记忆，当她准备与男友分手，她开始变得极度烦躁并大量服药。她说，这种事情以前也发生过。自她遇到男友以来，她发现自己越来越依赖他；他最终也觉得这种关系是种负担，因而搬离了住处，与她变得疏远。面对现状，她感到"我不能和他一起生活，但是，没有他我也活不下去"。她曾两度尝试自杀。现在，她又一次试图自杀。这次，她挣扎着来到当地一家医院的精神病科。结果会发生什么呢？这是她和我都想知道的。

在前面两章，我们阐释了身体认知和社会道德建构中**意义演化**（meaning-evolution）的结果。我们关注的不是皮亚杰和科尔伯格的研究，也就是说，我们不想探讨这两位心理学家所发现的共同的阶段起源。我认为，基本的演化运动（被有机体构建为自我和他人的东西）可能在其所涉的领域内引起阶段般的规律性，并体现其从一个阶段到另一个阶段的运动过程。我的上述推测表明了现象的多样性，而且似乎为现象的多样性提供了更加完整的解释。在本章中，我谋求进一步拓展该现象领域，因此可能涉及**心理活动**（psychologics）的序列和过程。为了阐释**心理自我**（psychological self）的基本结构，我考虑了每一种演化停滞的含义，这是针对客体关系的一种终生发展方法，描述一系列情绪的、动机的和心理动力的结构，以及我们业已熟悉的认知的和社会道德的结构（cognitive and sociomoral organizations）。

在黛安娜住进医院的那个星期，特里（Terry）也进了病房。虽然这类病房是为"自愿者"开放的，但是今年 15 岁的特里却不是自愿的。特里是在其父母束手无策的情况下由母亲送进医院的。这样的决定出自下述原因：一天，母亲去学校拜访老师，发现她的女儿已经擅自离校。傍晚，特里按照正常的放学时间回到家，母亲将情况告知了她，特里勃然大怒，认为母亲侵犯了她，并要求母亲将银行存折给她，她要离家出走。母亲断然拒绝了特里的要求，于是特里便从母亲的钱包里拿了 20 美元回到自己的房间。当母亲强行进入特里的房间时，特里选择跳窗而逃。母亲紧追不舍。在医院里，特里的母亲把自己的女儿描绘成以自我为中心的（egocentric）、自恋的（narcissistic）和好动的，而特里则把自己的母亲说成是苛刻的、僵化的和顽固的。

在医院里（团体疗法①以及参与病房社区的生活是治疗的主要手段），特里度过了一段可怕的时光。人们可以在团体聚会上看到她的身影，她挣扎着要求发言，却只能用医院工作人员认可的方式谈论她自己。当她以不同的方式说"我的问题不是精神的，这些问题与我的家庭有关"时，院方总是转弯抹角地表示对这些阐述的不满意，并把它视作特里不愿意正确对待自己，正确表达自己的感情和正确承担自己的责任的表现。院方发现，当她说她所表达的是真正的思想时，她实际上采取的是一种模仿的手法，而不是真正地表达她自己的思想；他们将此作为一种闪烁其词或不够诚实的表现。他们对她的不满与日俱增——当人们发现她对病房外面的人讲了关于病房里面的人的情况时（这严重违反了病人-病人之间的约定），当人们发现她还在周末服用"没有开据处方的药品"时（这严重违反了病人-医院的约定），院方终于把她抛弃了。他们认为，她的行为是有敌意的和出格的。他们的依据是，她"从来不做在病房里该做的事"，她"喜好争辩""制造混乱""煽动其他病人"，而且"是一个分裂分子"。总之，这家以业务精湛而闻名的医院，在帮助特里（甚至与她共处）方面失败了，至少与特里的父母相比是这样的。可是为什么院方和团体疗法未获成功？这便是他们和我都想了解的内容。

---

① 团体治疗最早始于监狱，即利用犯人的集体作用使犯人相互影响，以矫正不良行为。团体治疗一般由 1～2 名治疗师主持，治疗对象可由 8～15 名具有相同或不同问题的成员组成。治疗以聚会方式出现，次数视参与者的具体问题和具体情况而定。治疗期间，团体成员就大家共同关心的问题进行讨论，观察和分析有关自己和他人的心理与行为反应，以及情感体验和人际关系，从而使自己的行为得以改善。——译者注

不论关于特里或黛安娜的评价如何，她们共同关注的一个核心问题是个人的界限；她们的关于"自我"是什么和"他人"是什么的意识是模糊的，或者说是不稳定的。这类困难，尤其是无法在自我和他人之间做出分化的困难，现在被广泛看作对个体早期生活变迁的反映，也就是婴儿对出生时未分化状态的分离和个性化（Mahler，1975）。从这个角度来看，婴儿期的现象成为贯穿我们一生的对客观关系进行更深入思考的必要背景。贯穿一生的分化和整合问题可以被视作个体早期生活的结果，或者是个体早期生活的反映或产物。对这一关键时期，甚至是对恋母情结之前的时期（Oedipal years）的认识，使我们有必要重申弗洛伊德的格言：婴儿是人生之父。

这种建构－发展的研究方法并非源于精神分析的传统，而是源于皮亚杰的传统。它对婴儿期和儿童期的现象都采取了某种不同的看法。它的观点是独特的——既考虑婴儿期现象，又考虑"特里或黛安娜们"后来的生活。它讨论的核心问题实际上是特征和基础的转化。在它看来，与其说是以婴儿期为背景理解分化和整合问题，倒不如说是，若以心理的演化意义为背景，能够更好地理解婴儿期现象。所谓心理的演化意义，主要是指被视作自我和他人的东西，终生经历着的对"什么是自我"和"什么是他人"的分化和整合的活动。这样做的结果是，不仅产生了一种不同的婴儿期概念，也产生了理解特里和黛安娜的可能性——以其他方式不可能获得的可能性，因为特里和黛安娜毕竟不再是 18 个月大的孩子。

你们也许都听说过这样一个故事：一个男子正在街灯下寻找某件东西。"你在这里丢了东西吗？"路人问道。"不，在那边。"他指着一段距离以外的一个黑暗的角落说道。"那你为什么在这里寻找呢？"路人又问道。男子回答："因为这里是灯光照得到的地方。"我希望研究客体关系的建构－发展方法能够照亮这些黑暗的角落,这样我们就不会被迫以转化的方式理解一切演化现象。

什么是**客体**(object)?人们常常觉得**客体关系**(object relations)这个术语有点奇怪,或者说不合口味。他们认为,我们主要谈论的是他人,遗憾的是,我们却把人类视作事物。然而,"客体"这个词还有一种含义,对此含义我们不该忽视,而且也没有其他的词可以代替这种含义。我们可以从它的词源中寻找该词的含义。词根"ject"首先是指一种运动、一种活动,而不是一种事物,更加特定地说,是指一种投掷。加上前缀"ob",这个词意味着一种运动或某物被投掷到别处的一种结果。所以"object"是指某种运动已使某物远离或相分离的对象,或者说,它意指运动本身。依据这样的推断,"object relations"(客体关系)可被理解为我们与远离我们的某种运动的关系,即我们与已被投掷出去的某个物体的关系,或者说是这种投掷本身的经验。现在,我也知道这种初步的界定听起来十分奇特,但它要比一个拉丁词源更易为人接受。这就是我们在新皮亚杰学派理论中发现的有关客体关系的基本概念。

该理论的核心是把运动理解为人格先前(prior)的背景。简单地说,这是一种**演化的运动**(the motion of evolution);复杂一点说,它是一种**意义－建构活动**(meaning-constitutive activity)的演化。作为一种人格先前的背景(当然,我指的是哲学意义上的"先前"而不是时间意义上的"先前"),它不仅意味着"统一"(unifying),而且意味着"发生"(generating)。这一背景包括两个方面:①思维和情感(后面将更多地涉及这些领域);②主体与客体,或者说自我与他人(现在我们将更多地涉及这些领域)演化活动既涉及客体的创造(一种分化过程),也涉及我们与客体的关系（一种整合过程）。通过这样一种概念，客体关系（实际上是主体－客体关系）不再是在无世界的个体和无个体的世界之间的"空间"上进行的某种东西；更加确切地说，它们首先形成了独特之处。主体－客体关系体现于终生的发展过程：自我与世界的连续的质的分化，每次分化都会创造一种在质量上更加广泛的客体，并与自我形成联系；这是一种在质量上保证世界独特性的自然史；它标志着"与某物的关系"，而不是"沉浸于某物"（embeddedness in）。通过这样一种概念，"客体关系"成了一个可以接受的术语，甚至是一个受欢迎的术语。这是因为，如果我们予以正确的理解，这个术语并未把人与物联系起来，而是创造了一个更加一般的范畴（category）。这个术语承认，任何一个特定的个体都可能不同于我们，这种不同不仅因为他与其他人不同，还因为我们以不同的方式来对其他人进行感知，正是这些不同，使我们把自己与其他人区分开来。

精神分析的客体关系理论关注生命最初几年的事件，并将此作为基本的课题和类目。虽然从新皮亚杰主义的观点来看，婴儿早期具有很强的重要性，但就其最基本的方面而言，它与生命期的任何其他时刻都没有质的区别。在这里所谓最基本的方面，是指意义建构的演化活动。事实上，婴儿期标志着这一活动史的开始。婴儿期开创了波及一生的课题，决定了一个人从事演化活动的倾向。此外，生命的最初几年具有显著的特点，这些特点是可以被把握和理解的。事实上，婴儿期的与众不同的特点可以根据后来波及其一生的同样的演化活动来理解。这些与众不同的特点在后来的发展中会以新的形式重新出现，但不应视其为婴儿期问题的后来表现，而应该将其视作后来生活的意义建构的当下表现，就像婴儿期的问题是婴儿期意义建构的当下表现一样。以意义建构为背景来观察婴儿期的心理现象，而不是以婴儿期为背景来观察意义建构，这究竟意味着什么？

皮亚杰的心理学和精神分析的心理学中都有涉及新生儿状态的概念。两种心理学都认为新生儿生活在**无客体**（objectless）的世界中。在这个世界里，每一种被感知的事物，在婴儿看来都是自己身体的延伸，若事物位于婴儿看不到的地方（也包括位于触觉、味觉、听觉和嗅觉范围以外的地方），对婴儿来说就意味着不存在。弗洛伊德认为，**心理功能**（mental functioning）最终会处于**快乐原则**（the pleasure principle）和**现实原则**（the reality principle）的支配下，但是，在新生儿身上，其只受快乐原则的支配（1911）。皮亚杰认为，"心理功能"最终会处于**同化**（assimilation）和**顺应**（accommodation）的支配下（前者指一个人的经验与一个人当前建构现实的方法相符合，后者指一个人重新组织自己建构意义的方式，以便解释经验），但是，在新生儿身上，其只受同化作用的支配（1936）。一般来讲，弗洛伊德的"口唇期"（orality）概念与皮亚杰的"全同化的新生儿"概念相一致。弗洛伊德和皮亚杰都将无客体世界的结束和客体关系的开始看作 18 个月大的婴儿的心理成就。

根据精神分析的观点，婴儿的能量能从自身被引向他人或者他人的某个部分。婴儿的自恋（narcissism）或自我专注（self-absorption）随着他们逐渐摆脱对自身的依附，代之以在他自身以外进行新的"客体选择"并逐渐结束。作为一种能量的重新指向或者一种客体选择，客体关系的概念可以与新皮亚杰主义的客体创造（object creation）概念相对照。通过这一解释我们可以知道，客体世界的开始是有机体逐渐"摆脱植入的文化"（emergence from embeddedness）的结果（Schachtel, 1959）。随着有机体与世界的分化，以及世界与有机体的分化，有机体形成了独立于其感觉和运动的东西。正如皮亚杰所说，这样一种理解使得早期的自恋只有在下述的特定意义上才能成立："人们不能把它描述成情绪对活动本身的影响，也不能把它描述成是自我对自我的沉思，这是因为自我尚未得到发展。自恋只能是情绪与自我和非自我之间的未分化的联结，也即鲍德温（Baldwin）的奉承阶段（the adulatory stage），沃伦（Wallon）的情绪共生现象（emotional symbiosis）。实际上，婴儿期的初级自恋是没有那喀索斯（Narcissus）式的自恋的。"[①]（1964，p.35）

根据新皮亚杰主义的观点，生命中最初18个月的转化（由此产生了客体关系）是基本的演化活动的唯一首例。这种基本的演化活动被视作人格发展的基础。婴儿的"运动和感觉"（moving and sensing），作为个体组织或反射的基本结构，获得了"投射"（thrown from）；它们成为注意的目标，成为一种新的演化结构的"内容"（content）。与其说这是我的反射（reflexes），倒不如说我现在拥有了反射，"我"成了某种其他的东西。"我"是协调或调节反射的东西，即我们用"冲动"（impulses）和"知觉"（perceptions）来意指的东西。这便是所谓的主观性（subjectivity）。它创造了一个与我相分离的世界。它是历史上第一次质变，它保证了世界独特的完整性，同时使个体与世界产生联系，而不是沉浸于世界之中。但是，这种质变并不是经过一个周末就会发生的，也不是毫无代价的，恰恰相反，有机体必须在这个过程中忍受丧失自身的痛苦。转化的渐进性和个体代价可以在探讨这一时期的两个重要现象中得到佐证，即客体永久性的建构，以及婴儿在与最初的哺育者相分离

---

① 那喀索斯是希腊神话中因爱恋自己在水中的影子而憔悴致死的美少年，死后化为水仙花。——译者注

时所表现出的抗议。根据新皮亚杰主义的观点，这两种现象都很容易被误解。

在一部描述客体永久性的电影中，乌兹古里斯和亨特（Uzguris and Hunt，1968）向我们展示了同一个婴儿从出生前几个月到 2 岁的发展情况。实验者使一个婴儿对几件小东西发生兴趣，然后，在该婴儿的眼皮底下，以某种方式将东西藏起来。例如，用一块小毯子把一串项链盖起来或者把一只皮球滚到椅子底下，等等。在东西被藏匿起来之前，四五个月大的婴儿能使自己与该玩具联系起来，用眼和手对玩具进行追踪，把它握住或把它放在嘴里；但是，当该物体被藏匿起来之后，婴儿与它的一切联系便停止了。不能将这种情况归因于婴儿对玩具丧失了兴趣，因为只要实验者掀起遮盖物，婴儿便会两眼发光，发出叫声，并再次将手伸向该物体。对婴儿来说，被遮盖的物体已经不存在了。到了 8 ~ 10 个月时，他们会做出某些尝试性的努力，以便重新取回被遮盖的物体，除非物体被多块屏幕或隔板挡住或者被从一块遮盖物移向另一块遮盖物，婴儿的探索才会较早地中止。到了 2 岁时，他们已能毫无困难地重新取回被隐藏的物体，不管实验者如何多次进行转移，他们总能取回。

这些实验对你们来说虽不陌生，但你们未必都能理解其中的含义。当我让研究生第一次观看乌兹古里斯和亨特拍摄的电影时，他们常常看到一半便开始不耐烦了。很显然，在他们看来，儿童的行为"本该如此"，随着儿童年龄的增长，他们"自然就会更容易找到被遮盖的东西"，所有这些都不足为奇。这样的想法早已存在，电影中展现的婴儿行为的可预见性使研究生对该电影心生厌倦。然而，我发现，一旦研究生理解了他们正在观看的东西，他们就会不厌其烦地一遍又一遍地观看那部电影，而且，我发现自己对重复观看该电影并不感到厌倦。此外，该电影还用慢转速拍摄和普通转速放映的形式来反映那个最困难的问题，即关系的演化。用电影来反映这一演化过程，并不像用慢镜头拍摄一朵玫瑰花的开放或一名儿童的身体发育那么简单。确切地说，该电影是对有机体和环境之间的关系进行慢速拍摄后再用普通转速放映的。如果人们关注这部电影，他们可以看到，儿童是如何从被植入的文化中"孵化出来的"（运用马勒的术语，1975）。

然而，对人们来说，除非事先得到告诫，否则任何人都难以拒绝这样一种感性认识：那串项链或那只皮球在电影中始终保持不变，变化的只是婴儿；那长达2年的戏剧包含了两个角色，即一名婴儿和一个物体，他们的**实体性**（entitivity）保持不变。该电影向我们展现了一种新生活，因为人们可以看到一个有生气的、能动的有机体（"孩子 – 皮球"）逐步经历转化的过程。9 ～ 21 个月时，这一有机体不再像一个单一的实体，但是还没有构成两个截然不同的实体，尽管这时的孩子不会立即放弃隐藏起来的物体，但对物体的追求还是很容易中止的。他们所表现的分化意识如此脆弱和具有尝试性，以致可以十分轻易地重新合为一体。甚至，当实验者将玩具从婴儿手中取出时，也会成为一幅迷人的图景，它表明一位科学家正在研究一个样本在其演化的关键时刻所表现出的整合性。在实验者将玩具交给孩子并激起他对该玩具的兴趣以后，实验者按照惯例将玩具轻轻地拿走并把它遮盖起来。10 个月以下的婴儿在此情境中会放弃玩具而不提出任何抗议。很明显，从玩具作为某种身外之物但又多少与他有点关系的意义上说，他并没有拥有它。随着婴儿逐渐长大，不仅身体方面的掌握能力得到强化（例如，出现精细的运动协调），还出现了一种心理方面的掌握能力。总之，这部电影正在捕捉一种运动，一种创造客体的分化运动，一种创造客体关系的整合运动。

但是，能够找到的东西也可能丢失。分化过程既创造了整合的可能性，也形成了在此之前不可能存在的有关"找到和丢失"（finding and losing）的终生课题。例如，婴儿面对与最初的抚育者的分离情境会表示抗议，许多研究者都倾向于赞成以下观点，即这种抗议反应首先出现在 10 个月左右的孩子身上，到了 12 个月时达到高峰，并在大约 21 个月时停止（Kagan，1971）。

根据新皮亚杰主义的观点，这些同时产生的现象 ① 都是更为基本的现象的**认知和情感维度**（cognitive and affective dimensions），即从一种未分化的状态向最初的平衡状态的演化性过渡。在把演化活动视作人格基础的讨论中，建构 – 发展理论并不认为发展的主体只能在"情感"或"认知"之间二选一，这样的选择限制了经典的弗洛伊德理论，也限制了皮亚杰理论；相反，它提出另外一个因素作为考虑的基础，这个因素先于认知和情感，并且产生认知和情感。当我们按照正在进行的任何一种特定的主体 – 客体分化来观察这种演化活动时，我们所考虑的是"理解"（knowing）的含义。婴儿在 18 个月大时，客体出现，演化活动在主体（或自我）和客体（或他人）之间达到平衡。我曾经说过，人类的发展涉及一系列新的平衡，或者说"生物的"平衡，这些平衡以完全不同的方式组织个体的经验。从这个意义上说，演化活动就其本质而言是一种认知活动，但它同样富有情感；我们既是这种活动本身，同时又体验着这种活动。从本质上讲，情感属于现象学，即对一种运动的感觉到经验（这里，运动的英文为"motion"，经验的英文为"experience"，emotion 便由此而来）。在把演化活动视作人格的基础方面，我想说的

---

① 逐渐发展的定向于客体的能力（即使物体不在眼前时也能进行定向的能力），以及对于分离提出抗议的可见过程。——译者注

是，我们的情绪之源乃是对演化的现象学体验，即对于防御、放弃和中心重建的现象学体验。处于 9～21 个月大的婴儿的焦虑，按照我的理解，是一种与分离相伴随的苦恼——从正在发展的有机体的视角，这种分离相当于失去了有机体本身的结构。

按照这种说法，**分离性焦虑**（separation anxiety）并不应被理解为一种失去客体或他人的焦虑，也不应被理解为失去抚育者或抚育者提供的安慰的焦虑。可以作如下想象，从婴儿的角度看（当我们试图了解一个婴儿的焦虑时，这是唯一可以成立的观点），这种苦恼并非失去一个客体的苦恼，因为此时对婴儿来说客体尚未完整地存在，而当客体完整存在时（大约在婴儿 21 个月大时），也正是焦虑行为结束之时。对质变，或者说去中心化的体验（从现象学上讲，它是指以我为中心的丧失）属于丧失的情绪体验，表现为焦虑和抑郁。婴儿的苦恼可被理解为对一种演化性质变的体验——摆脱植入的文化，与其说是与客体相分离，不如说是与自己相分离，与正在逐步变成旧我（old me）的东西相分离（从这个"旧我"中，"我"还没有充分分化、整合为"新我"）。婴儿对与主要抚育者的长期分离会表现出异常的脆弱性。按照斯皮茨（Spitz）和其他一些人的观点，这种脆弱性只出现在婴儿 6 个月至 2 岁（Spitz，1946，1950；Bowlby，1973）。之所以会出现这种异常的脆弱性，主要是因为原来属于"我"的那部分东西消失了，与此同时，"我"开始从心理生物学层面上把自己与我的那个部分相分离。

焦虑和抑郁可能是在痛苦的分化活动的最初阶段的情感体验，但是这种自我（就是"我"）的平衡迟早会转移，而旧的平衡能从新的平衡中得到反映。这种把旧的平衡作为新的平衡的"客体"的经验引发整合，而且，从情感角度而言，其通常涉及愤怒和否定（anger and repudiation）。根据新皮亚杰主义的观点，与其说从抑郁到愤怒的熟悉序列是把情绪从自我转向他人——从一个目标转向另一个目标，不如说是把愤怒本身的目标从自我移向他人的。摆脱植入的文化涉及一种否定，一种演化的**再认知**（recognition），即以前的我现在成了"非我"（not-me）。我们也可以将这种情况看作生命最初几年的一个普遍基础。充满强烈的抗拒性以及"不"的宣告的"可怕的 2 岁"，更像是一种与旧的自我的沟通，旧的自我正在逐渐取代被激怒了的父母而成为客体，后者感到他们被视为截然不同的人而遭到公然违抗。当新的平衡变得更为稳定时，婴儿将不再需要"过度抗议"，父母将成为"他人"，而不是"非我"了。

我一开始就讨论过"客体创造"（object creating）是如何意味着"主体丧失"（subject losing）的；现在，我想回过头来说明"主体丧失"是如何导致"客体发现"（object finding）的。这是人格潜在运动的核心节律（rhythm）。在特里和黛安娜所遭遇的困难时期发现的这种节律与其说是对婴儿期节律的重新体验，不如说它是一种起始于婴儿期的终生活动。

让我归纳一下本节的若干含义。很显然，我的概念既不像传统的皮亚杰学派倾向于做的那样将情感归入认知领域（Schaefer and Emerson，1964），也不像精神分析倾向于将理智生活变成情感的奴仆。鉴于这样的观点，"思维"不像经典的精神分析建议的那样，需要等待"主过程"（primary process）的不足被发现。从个体出生开始，思维以其自己的形式出现，它借助的工具是运动着的手和看东西的眼，新生儿的身体就是他的思维。正如皮亚杰说过的那样（尽管他自己的工作尚未充分实现这一点）："不存在两种发展，即所谓认知的发展和情感的发展，不存在两种分离的精神作用，也不存在两种客体，所有的客体都既是认知的又是情感的。"（1964，p.39）这是因为，所有的客体就其本身而言，都是对一种既是认知的又是情感的活动的阐释。

同样很明显的是，这样一种模型涉及现代精神分析理论家的雄心壮志，他们想认识的是（而非仅仅去假定）有关客体关系的内在动机（Fairbarim，1952；Winnicott，1965；Guntrip，1968；Sandler and Sandler，1978）。尽管我们现在看到一个人从出生起就"进行思考"，但并非"思维"促进其成长。尽管一个人从出生起便"进行感觉"，但并非"感觉"或驱力状态（drive states）或动能（energetics）促进其成长。精神分析理论认为，个体主要由欲望激发，以便减弱或消除不愉快的情感。由此推理，个体离开他自己而转向客体（不论它是客体的代表，如在主要过程中那样，还是真实的客体世界，如在次级的"认知"中那样），因为他本人回避有害经验的系统已经崩溃。客体关系就这样形成了，但是，以此方式形成客体关系似乎太辛苦了一些。弗洛伊德把自我的形成和现实的定位描述为心理系统必须走的一条不可避免的"弯路"，以确保个体获得一种安全感，这种安全感是他从一开始就渴望的，而且在子宫内便有效地获得了。虽然我也认为是新生儿无法满足自己才导致了客体关系的产生，但这种看法是在人类动机的概念中提出的，而这种动机并不只是与情感相关联。它的结构的一致性，表明它是一切生物共有的超机体的动机（White，1959）。一种听起来更具认知意味的动机解释是，有机体被激发的目的是获得意义或解决差异（不一致）；但是，这种说法与下列说法没有什么不同，即有机体被激发的目的是维护和加强自身的完整性。

不论在何种情况下，新皮亚杰主义同意以下观点：正因为婴儿无法满足自己，才引起发展。但是，该学派对于为什么无法满足会引起发展，却提出了相当不同的理由。在子宫里的状态代表一种无忧无虑的境界。其中，一个显著的特点是胎儿的需要完全可以得到满足；寄主（host organism）为胎儿提供营养，胎儿通过寄主的血液进行呼吸，等等。根据新皮亚杰主义的观点，生长可被理解为从植入的文化中摆脱出来的过程，而出生本身的经验可被视作从最初的演化位置中产生过渡的开始。这样的说法是很有吸引力的。对婴儿来说，这个新世界最富戏剧性的东西莫过于原本和谐的生活状态宣告结束。与生俱来的反射能力可使眼睛在亮光面前自动关闭，但是，由饥饿引起的胃部收缩并不能使食物进入消化系统。这些不同的经验是需要有机体去解决的（新皮亚杰主义的观点总是这样认为：不是为了恢复到胎儿的体内平衡状态中去，而是为了使其结构重新获得一致，以便处理他所面临的更大的复杂性；注意，不是回到旧的现实中去，而是为他目前的现实确立一种意义，或者说，面对目前的现实，弄懂它的意思），甚至在婴儿1岁时就这样了。

对现实的意义进一步阐述，会引起性质上全新的客体关系，它既不是为了重新创造胎儿的状态，也不是一种不可避免的弯路。根据新皮亚杰主义的观点，客体关系定向于现实，并且为它们自身的内在价值而存在。虽然成长不是一种愉快的旅行，但是每一次质变也不会被看作更大的失败或者进一步的负债，因为每一次质变都促使有机体采取更加复杂的方式以免系统受到刺激的支配。更确切地说，每一次质变都是来之不易的，它是机体对世界复杂性所做的反应，一种在深入认识世界和我有何不同方面所做的反应。

表3-1揭示了6种不同的主体－客体关系，它们涉及人的一生，已有若干发展理论对此进行了阐释。表3-1所示的各种理论均有其基本的结构，但它试图阐释的是主体－客体关系，而非理论之间的比较。

表3-1　作为若干发展理论的共同基础的主体-客体平衡

阶段	阶段0：一体化的平衡	阶段1：冲动的平衡	阶段2：唯我的平衡	阶段3：人际的平衡	阶段4：法规的平衡	阶段5：个人间的平衡
基本结构（主体对客体）	主体-反射（感觉、运动）客体-无	主体-冲动、知觉 客体-反射（感觉、运动）	主体-需要、兴趣、愿望 客体-冲动、知觉	主体-人际的、相互的 客体-需要、兴趣、欲望	主体-权威、同一性、心理的管理、思想 客体-人际的、相互的	主体-个人间的、自我系统的相互渗透性 客体-权威、同一性、心理的管理、思想
皮亚杰	感觉运动	前运算的	具体运算的	早期的形式运算	充分的形式运算	后形式运算（辩证的？）[b]
科尔伯格	—	惩罚和服从的定向	功利性定向	人际关系协调的定向	社会的定向	原则的定向
卢文格	前社会的	冲动的	机会主义的	遵奉主义者	良心的	自主的
马斯洛	生理生存的定向	生理满足的定向	安全定向	爱、情感、亲密的定向	尊重和自尊的定向	自我实现
麦克利兰/默里	—	—	权力定向	附属定向	成就定向	亲密关系的定向？[b]
埃里克森	—	主动 vs 内疚	勤奋 vs 自卑	从属 vs 任性[a]	同一性 vs 同一性混乱	

[a] 我认为埃里克森的理论在"勤奋"和"同一性"之间遗漏了一个阶段。他的同一性阶段（具有对唯我的定向，"我是谁"、时间、成就、理想、自我确定性等）捕捉到了有关青春晚期或成年早期的某种东西，但是他的同一性阶段并没有真正提出联结的时期、包容的时期以及高度投入的相互性时期，而高度投入的相互性时期是在更为独立定向的潜伏期和成年早期的同一性形成之间来到的。

[b] 皮亚杰并没有假设过后形式阶段（post formal stage），麦克利兰和默里的类型学（typology）也没有假设过亲密关系的定向。这些都是我对他们理论模型的推导。如果读者想了解有关"辩证运算"的概念说明和经验主义说明，可参阅巴塞奇斯（Basseches，1980）的著述。如果读者想了解有关亲密关系的发展，并将此作为成就定向之后的一种定向，可参阅理查森（Richardson，1981）的著述。至于"亲密关系"和"辩证运算"之间的关系，我将在第八章予以讨论。

冲动的平衡（阶段1）

我们在上一节探讨的是婴儿期从**一体化阶段**（incorporative stage）向**冲动阶段**（impulsive stage）的过渡。这种转化是通过一个过程完成的，这个过程是反复发生的。它被人们称为"去中心化"的过程（Piaget，1937）、"摆脱植入的文化"的过程（Schachtel，1959）或者"战胜自我中心主义"的过程（Elkind，1974）。它也曾被人们作为这样一种过程来描述，即旧整体成了一个新整体的组成部分（Perry，1970）；在这个过程中，原来的结构变成了代表新结构的内容（Piaget，1968）；在这个过程中，原有的终极的东西成了一种新的终极的开端（Kegan，1980）；或者说，直接获得的东西被一种新的直接性（immediacy）所中介（Kegan，1981）。上述所有的描述，阐释的是同一个过程，这个过程本质上属于适应过程，它与属于我的个体结构的主体性相分化，并且，为了产生能对该结构进行协调的一种新的主体性，成了新结构的客体。用马勒的话说，我们正在被"孵化出来"（hatched out），一次又一次地被孵化出来。正如我们将在接下来几章看到的那样，对于每次出现的（从性质上讲）新的**分离焦虑**（separation anxiety），我们总是脆弱的。

在摆脱自身反射的过程中，2 岁的儿童开始拥有反射而不再是反射本身，新的自我沉浸于对反射的协调之中，即沉浸于"知觉"和"冲动"之中。学前儿童在认知和情绪方面具有显而易见的不稳定性，据说正是因为这种新植入的文化现象。儿童能够认识与其相分离的物体，但是那些物体服从于儿童对它们的知觉（这是皮亚杰前运算阶段的基本结构）。如果儿童对物体的知觉发生了变化（物体本身发生了变化），例如，儿童无法接纳这一现实，即一个宽矮容器中的液体与一个细长容器中的液体体积相等，也许是因为她无法将自己与她的知觉相分离。同样的情况也适用于结构上相等的心理类别——冲动。已有证据表明，学前儿童的冲动控制力较差，这不是因为他缺乏某种抗拒的力量，而是因为他的"生物性活动"（他所处的生物逻辑）是以不同性质的方式组成的。冲动的控制需要中介（mediation），但是这些冲动对于这种主体 - 客体的平衡来说是直接的。当我受制于我自己的冲动时，这些冲动的非表达性（nonexpression）对"我是谁"的问题产生了一种终极的威胁。与此相类似，学前儿童无法同时容纳两种知觉（这就导致了对客观世界的具体理解——皮亚杰），这种情况与学前儿童无法同时容纳由单一事物引发的两种情感是相似的。

这里所谓的两种情感，既可以指在不同时间对同一事物具有同样的情感，即所谓的"持续倾向"（enduring disposition）（我将这种心理结构称为"需要、兴趣、欲望"，参见表 3-1），也可以指同时产生两种对立的情感。后面这种情况也说明了为什么学前儿童缺乏矛盾心理的能力，而且把发脾气（学前儿童在这个时期对恼怒的典型表示）理解为一个系统被内部冲突压倒的例子，因为还没有一种自我能够充当背景（在这个背景中，相互竞争的冲动可以充分"表演"一番）；相反，冲动本身成了"自我"，它们就是背景。

在 5 ~ 7 岁出现的一种基本转化表明了极其不同的现象（White，1970；Gardner，1978）。当我们看到这种基本转化是客体关系中的下一个过渡，也就是从冲动的平衡过渡到唯我的平衡时，儿童找到了一种统一的背景。于是，出现了下列结果：

（1）在从 5 岁向 7 岁过渡的早期阶段，儿童似乎需要奖励，这种奖励是可以相当直接地被感觉到的，而且属于交流性的表扬；处于这一过渡后期阶段的儿童，似乎更需要这样的奖励，相当于为他提供他的行为是正确的信息。

（2）在 5 ～ 7 岁过渡阶段结束之前，残疾的儿童（失去一只手或脚），并不具有幻肢感（被截肢者感到被截肢体依然存在的幻觉）；可是，在 5 ～ 7 岁过渡阶段后期，儿童却具有这种幻肢感。儿童把他的冲动和知觉作为其意义建构的一个客体，这一能力不仅使早期的主体－客体关系的不稳定性宣告结束，而且形成了一种新的主体－客体关系，这种新的关系创造了一个更加持续的自我，一种能够实施自我表扬的自我，前提是他需要获得他的行为是正确的信息；这种自我能够贮存记忆、情感和知觉（而非记忆、情感和知觉本身），以便正在感觉的手臂能以某种方式继续运动着。我认为，这些例子清楚地表明，正在演化的背景超越了认知或情感。

唯我的平衡（阶段 2）

新的主体－客体关系，即**唯我的平衡**（the imperial balance）这一阶段，其特征之一是**角色的建构**（the construction of the role）。无论我们正在谈论的是对他人角色的社会认知能力，还是在家庭的冲动生活中情感分化，它都容许"我"扮演一个"孩子"的角色来与"父母"的角色相联系，而不是与他人建立我的冲动生活。这种新的主体－客体关系的一个突出特点是，儿童仿佛"封闭"（seal up）^①在某种意识之中；一种先前并不存在的自制力出现了；成人发现他已很难参与儿童的交谈；儿童不再以这样的意识生活，即父母能够觉察他的个人情感。现在，儿童有了一个隐私世界，这是他以前从未有过的。

被保存的不仅仅是物质世界，还有内部经验。这种持续倾向的构成（也就是我所谓的"需要"，但是，很显然，我并未把需要作为一种内容来加以讨论）导致了一种自我概念的出现，一种或多或少与"我"相一致的概念，也就是"我是什么"（what I am）。它既与早期的自我意识，即"那是我"（that I am）相反，也与后来的自我意识，即"我是谁"（who I am）相反。

与驾驭自己冲动的能力（拥有冲动，而非就是冲动本身）相伴随的是一种新的关于自由、力量和独立的意识，即能量（agency）的意识。事物是否发生不再以肉眼所见为标准；随着"我"具有透过现象看本质的能力，随着"我"具有运用经验数据的能力，现在的"我"对发生的事情有某种处理方法了。在科尔伯格第一个道德阶段结束后（在该阶段，权威具有权威性，所以权威是有力量的和正确的），紧接着出现的也许是一个人自己的权威性的建构。让我们回顾一下特里这个 15 岁离家出走者。在一次访谈中，当医生问起"母女关系中最重要的事情是什么？"她回答道：

---

① 唯我阶段的儿童仿佛"封闭"了冲动的空洞，一种先前并不存在的自制力出现了，那就是儿童有了一个隐私世界，这个世界可以把喜怒哀乐的情感内隐起来。例如，面对父母为琐事争吵，孩子不再以惊吓、哭喊来应对，而是把自己的情感体验"藏起来"。——译者注

很多的爱和理解。但很多时候，这种理解被放错了位置，过度保护取代了它。我猜想，做母亲的也许不知道何时中断这种联系。当孩子出生后，直到5岁为止，他们确实是依赖母亲的。接着，他们就想稍稍挣脱这种依赖关系，但是母亲对此却一无所知。她已经听惯了孩子的这种呼唤："妈妈，妈妈，妈妈，我可以做这件事情吗？妈妈，帮我做那件事吧。"一方面，孩子出现了完全的依赖性；另一方面，母亲又不想去打破这种情况，因为她顺从这种关系已长达5年之久，因而难以中断。难以中断完全是由于习惯使然。母亲有了孩子这个附属物，然而孩子正在变得越来越成熟，因此问题就出现了。

正如每一种新发展会带来其负面效应一样，新的解放（挣脱旧的依赖关系）也会带来新的风险和脆弱性。如果现在我与世界上发生的事情有了某种关系，那么，事情的发展是好是坏，对我来说便是一个事在人为的问题了。如果儿童接近一个新的系统的标志是新近赢得的稳定性、控制和自由，那么这种接近便是对旧的不稳定性的威胁，也是对失去控制的威胁，以及对旧的来自外部征服的威胁。当我们成为这种意义建构的客体时，我们该经历多少控制和操纵，才能使自己免遭旧世界无法控制的冲动生活的威胁呢？

每一种新的平衡都是对过去演化停滞的各种限制因素的胜利，但是，与此停滞有关的一种局限性可能随之发生。那么，第二阶段即唯我的自我的局限性是什么呢？如果"我"辜负了一种信任，原因是这样做能满足"我"的需要，这时，"我"的体验与一个人考虑自己的冲动和他人的冲动如何协调时产生的体验是不同的（人们把这种现象称为"内疚"①）。我可能产生的体验是考虑我辜负的那些人是否会发现，以及他们发现的后果是什么。可以肯定的是，我对我的行为使被辜负者产生不满情绪是有所准备的，因为我能够看到，他们像我一样，也有需要和利益。我能够理解他们被背叛时的感觉，但是，他们会如何感觉，并非我的感觉或意义建构的源泉。若要使两者一致起来，我就必须将我的需要观（needs-perspective）与他的需要观整合起来，这种整合不仅是一种加法，而且需要我建构一种质变的平衡结构。这样一种重建，不仅需要一种新的社会观，而且需要一种新的组织，一种涉及内部生活的新经验。当我的需要和他人的需要并未整合时，我便无法在想象上容纳他人，因而也就必须以其他方式来容纳他。这是因为，由于无法在想象上容纳他人，我就不得不等待或期望他人的实际行动或事件的发生，以便使我的世界保持一致。

内疚的出现或者说良心（conscience）的发展，对有些人来说似乎是一种可怕的负担或损失。当然，从某种意义上讲，它是这样的；但是，它也是相当解放的，因为它使一个人摆脱了对一个不可了解的世界试图实施的控制。它也使我摆脱了对一个与我相分离的世界的不信任。如果在一个人的自我建构中不能把他人的声音内化，那么他如何感觉便会成为他人如何反应的问题，致使保持个体完整性的努力被他人感知为实施控制或操纵的努力。当你成为我的第二阶段平衡的客体时，你就要服从于我对你的投射，即服从于我的需要。我是通过下述

---

① 内隐的世界为"内疚"提供了仓库，当我的需要和对方的需要未能达成整合时，我要么控制对方，要么控制自己，后者导致了"内疚"。这种包含自我考量或自我评价的"内疚"是后来成人世界建构人际关系必不可少的能力。——译者注

方式决定是否对你进行建构的，这些方式包括：满足自己的需要，实现自己的愿望，追求自己的利益；或者不能满足自己的需要，无法实现自己的愿望，难以追求自己的利益；等等。我不是看到自己的需要，而是通过自己的需要看见。你可能把这种现象体验为操纵或者体验为唯我的，因为对我而言，为了"保持我的平衡"，实际上我不得不控制或至少预测人们的行为。然而，那是不可能的，因为他们有着与我不同的属于他们自己的议事日程，除非我能够实施这样的控制，即我能够测量或评价"现实"。所谓测量或评价"现实"，其实质是我必须了解我自己的行为结果。使这种平衡成为唯我的原因在于：我们缺乏一种分享现实的意识。所以，缺乏一种分享现实的意识，成了第二阶段建构过程的主要局限。

　　当特里还在医院里时，曾谈及她对科尔伯格**两难问题**（dilemmas）的理解。医生告诉她，有一个女孩名叫朱迪（Judy），朱迪的母亲同意她去看一场特别的摇滚音乐会，条件是她自己付钱。于是，朱迪开始为音乐会门票攒钱，她不仅攒够了门票钱，还剩下了 3 美元，这些钱是朱迪通过替人家照看孩子挣来的。可是，就在这时朱迪的母亲改变了主意，她告诉朱迪说，朱迪应该把钱花在上学穿的新衣服上。朱迪为此感到十分沮丧，但仍决定去参加音乐会，她告诉母亲说自己只攒了 3 美元。那个星期六，她偷偷去了音乐会，却告诉母亲说，她整天和一个朋友待在一起。一个星期过去了，朱迪的母亲仍未发现事实的真相。不过，朱迪却把实情告诉了姐姐，并说她向母亲撒了一个谎。对此，姐姐犹豫不决，不知道是否要将朱迪的所作所为告诉母亲。姐姐应该怎样做？

访谈者：姐姐应该告诉她们的母亲，朱迪在钱的问题上撒了谎，还是应该保持沉默？

特里：如果她将实情告诉母亲，她将成为一名告密者。参加音乐会对孩子来说十分重要。朱迪想参加音乐会，为此攒够了钱，并且还剩了3美元。所以，姐姐什么都不应该说，而且，她也清楚，一旦这样做了，妹妹会遭遇麻烦。这是一个孩子的观点。

访谈者：那么，是否有其他观点呢？

特里：朱迪不该撒谎。母亲说这些钱要用来购买上学穿的新衣服。朱迪真的花了好长时间去攒钱吗？

访谈者：很长很长。

特里：她还剩下3美元，我不知道。我不知道。

访谈者：这里的问题是什么？你看到的冲突是什么？

特里：朱迪的年龄介于成人和儿童之间，她想参加音乐会，为此花了好长时间攒钱。当然，母亲的决定让她感到沮丧。就母亲的权利而言，这样对待朱迪是不公正的。在朱迪为出席音乐会而长时间地攒钱后，母亲还要说"不"，这有点不通情理。我认为那位母亲应当做出让步。

访谈者：你正在采择双方的观点，母亲的观点和朱迪的观点？

特里：对呀，正中要害，那就是为什么我感到存在问题，确实如此。

访谈者：朱迪的姐姐若守口如瓶，其最充分的理由是什么？

特里：因为妹妹也会在某个时候告发她。这样，她的体验会更糟糕。如果她真的向母亲告密了，那么，从一个姐姐的立场来说，这是不正确的；因此，最好不要告发。你若告发我，我也会告发你。这就是孩子们的相处方式。此外，我认为在那个家庭中还有许多问题，最好不要去碰这些问题；这样，就不会有人受到伤害。朱迪做了错事，即背着母亲去参加音乐会，也不会被发觉了。当然，如果她不去参加音乐会，还是会有许多问题，她和母亲之间会彼此埋怨，因为她毕竟为音乐会而攒了一段时间的钱。这就像一个"球门"，母亲会朝"球门"踢球。可是，朱迪拥有的不只是5美元，她有8美元，因此她还剩下3美元。我相信，如果她像以前一样继续帮人照看孩子，她可以挣到更多的钱。我可以肯定，如果没有新衣服，她也过得去，因为她有衣服穿，只不过是旧衣服而已。如果做某件事能一举两得，而且不被人家发觉，那就做吧。

访谈者：这样做对不对呢？

特里：不，我并不这样认为。对姐姐来说，说出真相是不对的。

访谈者：怎么会呢？

特里：结果会发生许多争论，许多对抗，真的。

访谈者：那么，那个做姐姐的该怎么办呢？一方面，正如你所说，她为使这种信任感发展下去，必须与妹妹保持一种关系；但是，另一方面，她也与自己的母亲保持了一种关系。因此，如果她告发了妹妹，她便会中断与妹妹的关系。如果她不告发妹妹，她便与母亲处于一种不诚实的关系之中。

特里：从某种意义上讲，是的，如果姐姐确实有内疚感。可是，我却不会有内疚的心情。我不可能有。

访谈者：你不认为这样会破坏你与母亲之间的信任感吗？

特里：当然，你所担心的正是被母亲发现。最好不要让她发现事情的真相。如果她确实发现了，不会的（这件事已经过去很久了），时过境迁了。

访谈者：朱迪这样做对不对？

特里：她为了听音乐会而付出了劳动，从这个意义上讲，她是正确的。不过，她将因此提心吊胆，如果妈妈弄清了事情的真相，朱迪又该怎么办？从这个意义上讲，朱迪是错的。她将不得不为此而经常担心，这种感觉可不好受。

访谈者：此事错在哪里？

特里：很难说，双方都有原因。你想说它是对的，它就是对的。同样，你想说它是错的，它就是错的。

访谈者：错误的原因是什么？怎么会是错误的？

特里：因为她在没有得到母亲的允许下去了音乐会。在她母亲看来，她把钱用错了地方；当然，在她看来，她没有用错。

访谈者：那么，你又怎样认为呢？

特里：我也会去音乐会的，因为这是一件我为之付出努力的事情。对我来说，它是重要的。

从访谈一开始，我们就看到，特里自己把这个困境定格在孩子的需要和大人的需要上。这是一种关系到母女之间有着不同需要和愿望的建构，但是，它不是一种将这些不同需要和愿望整合起来的解释。她并未指向一种"关系"，例如，指向一种许诺的本质，指向维持一种共同关系的代价，或者指向母亲（或女儿）在违反两人之间约定时所产生的影响。对特里来说，两人之间并不存在共有的背景，与其说人与人之间的交往是一种背景，不如说它是一种权宜交换的途径，那么这种指向又如何产生呢？姐姐不应当告发朱迪，"因为妹妹也会在将来某个时候告发她"。

特里的行为表明，她尚未意识到姐姐正陷于这样一种冲突之中，也就是在她对自己妹妹所负的人际责任和她对自己母亲所负的人际责任之间发生的冲突，这种冲突必然会给姐姐的人际平衡带来严重的问题。其中的一个问题是，正如特里回答的那样，"如果她为内疚感所折磨"，她就会为这种人际冲突所制约。在这次访谈中，我们开始看到所谓的"内疚"从现象上看究竟是什么样子。内疚显然是一种令人饱受折磨的情感——根据特里的敏锐的观察。但是，她却缺乏对它的个人体验。她不会产生内疚感，她说"我不可能内疚"。

相反，她具有的只是一种"担心"，也就是担心她的母亲是否会发现事情的真相。如果她没有发现，便不会产生问题，但事情的客观存在仍会继续令人担心。朱迪究竟该不该去参加音乐会？"从她为此而付出劳动的意义上说，她去参加音乐会是对的。但是，从此她会经常担心，如果妈妈发现事情的真相该怎么办。从这一意义上说，她去参加音乐会是不对的。"这里，需要注意的是正确和错误这两个概念来自同样的背景——此事对其中一方（即她本人是否有利）。内疚与谎言本身有关，在此情形中，母亲成为内部生活的一个组成部分。担心则与谎言可能被发现有关，在此情形中母亲又被排斥在内部生活之外。尽管处于第二阶段的人有时会用"内疚"这个术语意指他们自身的体验，但是，当我们观察这些体验意指什么时，发现它们涉及一种急切的期待，即对他人反应的期待。同样他们最喜欢的无愧于心的表达方式"他们不知道的事不会伤害他们"，实际上是指"他们不知道的事不会伤害我"。电影《薄荷苏打水》（*Peppermint Soda*），探讨了 17 岁和 14 岁的两姐妹的生活。有一天，两姐妹和母亲一起散步，妹妹从手推车上偷了一个苹果，母亲感到很尴尬。那天晚上姐妹两在卧室聊天，姐姐问："你怎么可以对妈妈做出这种事？"妹妹回答说："我没想到会被抓住。"这是一次有着不同目的的对话，正是因为它跨越了两种不同的演化平衡。姐姐指向的是偷窃的想法，以及它对她和她母亲之间的"内在化"联系的侵犯。妹妹则指向行为的结果，以及母亲是否会发觉的问题。原因在于，从妹妹的角度来说，母亲位于内部生活之外，而从姐姐的角度来说，母亲则位于内部生活之中。

随着一个人从需要的沉浸中摆脱出来，一种新的演化停滞逐渐出现。"我"不再是我的需要（不再是那唯我的"我"）；更确切地说，我"拥有"这些需要。由于拥有这些需要，我现在可以把一种需要系统与另一种需要系统进行协调或整合，在这样做的时候，我产生了那种调解需要的现实（need-mediating reality），这种现实是在我谈到相互关系时曾提及的。

本书提出的理论实际上是一种有关重建人际关系和内部心理的理论。意义演化的背景被认为是先于人际关系的背景和内在心理的，或者说由它产生了两者。将需要的结构从主体移向客体的人际结果是，一个人在协调需要的过程中能够做到**互惠和共情**（mutual and empathic），而且指向交互的责任。但是，在这一过渡期间，旧的平衡可能把这种变化视作对个人的控制，视作能动这个独立的要求对旧的平衡的一种不受欢迎的入侵。将需要的结构从主体移向客体的内在心理结果是，一个人能在自身内部协调其观点，从而产生主观性的经验、一种内部状态的感觉，以及谈论情感的能力；这些情感现在被体验为情感，而不是社会妥协。但是，在这个过渡时期，此类变化有可能再次被感知为关于个体内在经验的一种令人困惑的复杂性，最为普遍的表现形式便是青少年的情感易变性。

人际的平衡（阶段 3）

在人际关系的平衡方面，由自我引起的情感是共享的；他人一开始就已存在。这样，自我便变得可以交流了。如果说自我位于人际关系的发源地，那么可以这样认为：自我包含了众多的声音。它的力量在于它有能力进行交流，使自己摆脱先前的平衡，以便发现对方的声音是什么。但是，它也具有一定的局限性。其局限性表现为它无法就共享的现实与自己进行磋商，或向自己进行咨询。它之所以无法做到这一点，原因在于它就是该共享的现实（shared reality）。

我的阶段 3，即矛盾的或个人的冲突，实际上并非指我所希望的东西和他人所希望的东西之间发生的冲突。当观察这些冲突时，我们可以发现，它们通常表现为这样一些冲突，即"这种"共享的现实中的我所希望做的事情和"那种"共享的现实中的我所希望做的事情之间发生的冲突。要求处于这种演化平衡中的人通过把两个共同的现实置于自己面前来解决这样的冲突，恰恰揭示了这种意义建构方式的局限性。"把共享的现实置于自己面前"并不是指屈从于这种现实，而是指能够把它作为一种客体，但这正是这种平衡所无法做到的。

当我作为一个成人生活在这一平衡中时，我是一名自信的训练师（assertiveness trainer）。我会不断告诉自己，我需要学会如何支持自己，变得更加"自私"（selfish），较少顺从，等等，仿佛这些东西都是一些技能，而对此技能，不论我是谁均能使用。大众文学把"我"作为一个缺乏自尊（self-esteem）的人加以谈论，或者一个易被控制的人，因为"我"希望其他人喜欢。但是，它并没有帮助"我"摆脱困境，或者达成"我"的"希望"。更重要的是，没有一种自我可以摆脱"他人喜爱"的背景。一种高度缺乏尊重的自我，要想与支持自己摆脱人际背景的那种自我属于同样的自我，是不可能的；它是一种完全不同的自我，一种以不同的方式来建构的自我。这种不同不只是情感方面的。例如，我多么喜欢自己，我拥有多少自信，等等。这种不同在于根本性的基础，即意义的演化。该基础本身是情感和思维的源泉。由于它无法协调它所共享的心理空间，而是以各种互惠性"拼凑而成"，因此这种平衡缺乏跨越空间的自我一致性（self-coherence），而正是这种自我一致性，被视作**同一性**（identity）的标志。根据这一观点，这种更为公开的一致性就是自我（ego）本身所意指的东西。但是，在我看来，认为阶段 3 缺乏自我的说法是错误的，认为在阶段 3 存在一个较弱的自我的说法同样是错误的。阶段 3 存在的只是一个质上不同的自我，而不是数量上不同的自我，一种使自我（self）保持一致的不同方式。①

这种平衡是"人际的"，但却不是"亲密的"，这是因为这里所谓亲密的东西是自我的"源泉"，而不是自我的目的。不存在一种自我与他人进行共享；相反，他人被要求为自我服务。虽有融合（fusion），但不是亲密的。如果一个人感到他被唯我的平衡操纵，那么他也会感到被人际的平衡所吞没。

处于阶段 3 的人不善于发怒，事实上，在任何可能会使一个人发怒

---

① 人际阶段的自我具有两个显著特征：一是互惠性；二是矛盾性。处于这个阶段的人以人际关系是否具有互惠行为来判断双方的性质（社会生活中所谓的"义气"，就基于这种人际互惠性）。但是，这个阶段的自我又是十分矛盾的：一方面"我"变得自私，不愿意屈从；另一方面，"我"又摆脱不了希望得到他人的认可、欣赏和喜爱的愿望。——译者注

的情况下，他都可能不发怒。拥有并表达愤怒，对人际关系而言是一种风险，因为关系对人际关系平衡来说是神圣的。倘若我表达愤怒，这就意味着我具有一种使自我从关系背景中分离出来的意识，也就是说，我也存在着，我也是一个人，我有我自己的情感，等等。对于这些东西，即使脱离这种关系，我仍将继续拥有。同时，它也宣称，你是一个独立的人，你能经受我的愤怒，而且，对你来说，这并非一个终极问题。如果我的意义建构不允许我以这种方式来了解自己，那么它也将不会允许我向你保证这种独特性。为什么当人们感到愤怒时却难以把愤怒表示出来，个中原因众多。但是一个主要原因在于，处于这种平衡状态中的人似乎都有过这样一些体验，例如被人家利用或者受骗上当。这些体验不会使他们发怒，因为他们无法脱离人际背景来了解自己；反之，他们更有可能感到悲哀，认为自己尚不完善。

由此可见，如果人际平衡把交谈对方置于自身的内部（这是唯我的平衡不得不在外部世界听取的），那么这种平衡便会让人听不到外在的声音。它无法给自己带来责任、期望、满足、目标或人际关系的影响；它们无法被回顾、被反映、被调解，它们实际上成了主宰。

黛安娜也讨论了科尔伯格的著名的两难问题。医生对她讲了海因茨（Heinz）偷药的故事。海因茨急需一种药物去拯救他濒临死亡的妻子。虽然药剂师发明了这种药，但是药价高得令人咋舌，海因茨无论如何也负担不起。

黛安娜：按理说，他发明这种药是用来帮助别人的，但是他却想通过该药谋利。我认为那样做是错误的。他的目的不在于帮助人们，而是炫耀自己，使自己富裕起来。这样，他便建立起完全自私的主体。我认为那样的自私是错误的。

访谈者：让我们回到海因茨的故事上来，如果他对妻子缺乏感情，那么他有没有这种责任呢？也就是说，无论在何种情况下，他都会去偷药吗？你说过，这样做是正确的。

黛安娜：不，我并不认为这样做是一种责任。我认为，如果他真的关心妻子，他就不应该去冒险。

访谈者：但是，如果他不这样做，他也是错误的。如果他不去冒险，这就表明他不再关心自己的妻子。你认为，他该做些什么来表明他是正确的呢？

黛安娜：我认为，他应当到他的妻子那里去，让她知道他的感觉，他是如何想的，以及他准备如何帮助她。他们已经共同生活了几年，这种共同生活为他们打下良好的基础，因此，他应当帮助妻子了解有什么方法可以得到药品。如果他感到没有办法，如果他为了妻子而自找麻烦……

访谈者：我试图找到思路。我理解你的意思是，在你看来，尝试拯救那个女人的生命比尊重药剂师的权利更重要。

黛安娜：对呀！我并不认为马路上的任何一个人都可以因为某种责任而去偷东西。

访谈者：因此，当你认为为拯救妻子的生命而行窃属于正确的行为时，你的意思是说做丈夫的有义务这样做吗？

黛安娜：不。

访谈者：如果他不再爱她，如果他不再考虑她的利益，这样做也正确吗？

黛安娜：我认为这也是正确的。在我看来，他之所以做出那种事情，说明他确实在关心妻子，如果他不再关心，我认为他是不会那样做的。但是我仍然认为，如果他不关心，那也是正确的。如果他决定要做这件事情，也许是因为他觉得自己对她有所亏欠。但是我仍认为，如果他认为他需要做这件事情，并且如果是面对别人他也会做，那也是正确的。

访谈者：为什么你认为这不是一种义务呢？或者说，这不是一种责任呢？你认为做妻子的有权期望他为她做这件事情吗？

黛安娜：不，我不这样想。

访谈者：为什么？

黛安娜：因为我认为你不应该为了自己的利益而将他人置于危难的境地，即便他对此并不计较。为这个女人做出这样的事情，表明他显然对这个女人关怀有加，但是，我并不认为，她可以期望从一个不关心她的人那里得到这些东西。

访谈者：是因为不关心她的人不会那样做呢，还是因为期望别人这样做是不对的？

黛安娜：如果她在别人身上没有任何投入，那么我想，她也无法期望得到任何回报。

访谈者：假设海因茨这样做不是为了某个人，而是为了他宠爱的一条狗，那么，对他来说，偷药救狗是否正确呢？

黛安娜：救狗的命——我想，如果是一条狗，我会把那种事情看作有点极端和不合情理的举措。而且，人类的生命应该被置于动物的生命之上，两者是不同的。但是，我也可以回到同一个论点上来，即海因茨也在狗的身上有所投入，我猜想，我确实有点感情倾向，也就是说，就权利而言，动物不同于人类，况且我也不认为狗在人的身上投入了些什么。海因茨也许会为狗偷药，但我不清楚这样做的目的是什么，也不认为这样做是正确的。

访谈者：你认为如果他做了这件事，他就错了。你会说这样做是错的吗？还是你不想用错或对来评价这件事？

黛安娜：我想你可以谈论它的正确或者错误，但是我在这样的事情上无法做出结论。

访谈者：你希望以是否是人类为判断的基础，那个人应该关注的是人类的生命，而不是一条狗的。

黛安娜：对，有这个意思。一般来说，狗的寿命比人短，因此你可以不为它去做那种事情。在人类之间存在一种互动，这种互动比动物和人之间的相互作用更为强烈。考虑到这种差异，我想我会说那样做是错误的。

黛安娜显然陷入了两难困境，这种两难困境是将情感"投入"用于他人还是用于以下两个方面：一方面是谋利（人们可以从"投入"的对象身上谋取某种有利的"东西"）；另一方面，是利己，从阶段3的角度看阶段2的表现，即"自私"还是关怀他人。海因茨偷窃行为的正确性完全根植于期望、需求、满意度，以及互惠的人际关系的影响。正是由于人们对生命的投入，生命才有价值；正是由于人们对他人生命的投入，他人的生命才有价值（而不是由于生命给了我利益，正如早期平衡所表现的那样）。但是，偷窃无法由超越人际关系的社会或法律系统自行审判（从某种程度上说，它也受制于人际关系），而是需要某种"回答"。药剂师权利的从属地位最终得以确立，这是因为与**利他主义**（altruism）相比，自私更低级（按理，他发明这种药应对人们有所帮助，但是，他却因为考虑自己的金钱收益而想通过该药谋利。我认为那样做是错误的。他的目的不在于帮助人们，而是炫耀自己，使自己富裕起来。这样，他便建立了完全自私的主体，我认为那样的自私是错误的）。由此可见，这样的访谈暗示着"自我 – 他人"的平衡。在此平衡中，世界服从于人际关系，自我是人际关系的建设性因素，而"他人"的重要问题是按照它是否承认互惠原则和是否贯彻互惠原则来设计的。这就为我们提供了某种思路，即当黛安娜与其男友的关系宣告破裂时，她究竟损失了些什么。而且，它还提示，如果她能够在医院外生活得更幸福，那么她还要再失去些什么。

每一种新的平衡都更充分地把你（客体）看作你；以一种性质完全不同的全新的方式保证了你的独特的完整性。换言之，每一种新的平衡都纠正了你的过于主观的看法；从这个意义上讲，每一种新的平衡都代表了某种东西的减弱，心理学上称之为**"投射性矛盾心理"**（projected ambivalence）的减弱。在唯我的平衡（阶段 2）中，你只是一种**工具**（instrument），通过这种工具，来满足我的需要，实现我的意志。根据接下来的平衡，你只是满足我的投射性矛盾心理的另外一半。在向阶段 3 新的演化原理发展的过程中，我需要这种矛盾心理的两面，从而在内部变得"人际化"。但是，阶段 3 也引起一种新的"投射性矛盾心理"。你只是我用来完善我自己的另一个人；我需要你这个他人来创造背景，借此背景，我界定和了解我自己与世界的关系。在阶段 4 中，我也承认这一点，需要矛盾心理的两面，并把它们继续带向自我。那么，这样做对我的内部生活来说究竟意味着什么呢？

法规的平衡（阶段 4 ）

意义演化在与人际关系的背景相分离的过程中，创造了一个自我，该自我保持着超越共享的心理空间的一致性，从而达到一种同一性。这种权威——自我意识、自我依赖、自我拥有——是它的标志。在从"我就是关系"向"我拥有关系"转化的过程中，出现了一个"新我"（new I ）。这个新我协调或反映相互关系，形成一种**心理法规**（psychic institution ）。这里，法规（institution ）意指法律（law ）和规则（regulation ）。

正如阶段 3 在占有他人的过程中给自己的内部世界带来对话的另一半一样（这是阶段 2 不得不在外部世界中聆听的），阶段 4 的广泛占有给内部带来了共享空间之间的冲突。这些冲突先前是外化的（externalized ）。这给阶段 4 的情绪生活带来了如下问题，即同时容纳一种情感的两个方面；对此问题，阶段 3 倾向于体验矛盾心理，一次体验一个方面。但是，从人际到法规，更为核心的内部变化是后者对情感的调节方式。在从主体向客体转化的共享背景中，产生自人际关系的情感并不反映我的平衡认识的结构，而实际上为这种结构所反映。情感（它们的起源和更新依赖于相互关系）继续保持其重要性，但被背景作为相对物来处理——该背景是终极的，即角色、标准、自我概念、自主调节等的心理建构，它们维持着心理法规。这种自我平衡的社会道德含义是法律、社会和标准系统的建构。但是，我想说的是，这些社会结构反映了一种更为深层的结构，即把自我本身作为一种系统来建构，从而保持了它的完整性。

超越人际关系（transcending the interpersonal ）这一说法常使人们感

到不安，人们想表达的是，这是正确的，他人在我们的整个一生中具有举足轻重的地位。他人不会因为我们从人际关系的植入文化中摆脱出来而失去其地位（相反，从某种意义上讲，他们会被重新发现）。问题是"他人"如何被认识。心理法规的平衡并没有要求一个人放弃人际关系，而是使这些人际关系适用于新的背景，即在维持一个人的自我系统中明确人际关系的位置。

这方面的一个优势在于，一个人有了保持独立的新能力，即拥有自己的能力，而不是让自己的所有部分被各种共享环境所有，拥有产生自一个人共享空间的同情（sympathies）不再是"自我"的决定因素，而是成为自我的一种准备条件，并由自我系统来调节。但这一力量也有其局限性。"自我"相当于它试图平稳运转的组织结构；它就是这种结构。从狭义上讲，阶段 4 的"自我"是一个执行者，他的意义取自结构，而不是从意义、原理、目的、现实中派生的结构。在结构的操作限制（operational constraints）出现前，阶段 4 没有"自我"，没有"源泉"，没有"真实性"，因为它的"自我"，它的"源泉"，它的"真实性"被包含在操作限制中。从这个意义上讲，阶段 4 的自我无疑是意识形态方面的（正如埃里克森于 1968 年所说，它是同一性形成的一个例子），它是在帮派、班级、团体中达到的某种共识。而且，它也许需要一个团体的承认（或者作为团体的代表人物的个人的承认），方能形成。

法规平衡阶段的情感生活更受内部的控制。人际关系感觉的直接性被调节人际关系的中介性取代。调节（而非相互关系本身）现在成为首选的任务。对于阶段 3 来说，正是那些使共享背景（该共享背景动员了"自我的"防御运作）的完整性面临危险的事件激发了"自我的"防御运作；对于阶段 4 来说，是那些对心理政权构成威胁的事件激发了"自我的"防御运作。与阶段 3 相比，阶段 4 的问题不再是"你还喜欢我吗"，而是"我的心理政权还能巩固吗"。各种各样的情感，尤其是情欲或依恋感，以及围绕行为和义务的疑虑之情，都被看成潜在的"持不同政见者"，它们必须服从于心理上的公民政治。阶段 4 的平衡在于，它把"自我"从共享的现实中拯救出来。但是，在不具有"自我"的情况下，它可能带来该法规的要求，产生过度控制的风险。如果不能在更广阔的背景下证明其合理性，对任何一种法规来说，这种过度控制都有可能出现。

丽贝卡（Rebecca）正当而立之年。丽贝卡对黛安娜住院时迫切需要的自我满足感早已十分熟悉。但是，由于现在的"问题"是丽贝卡应该如何表现出镇定自若，因此她感到有点疲惫不堪。我们将在后面更加详细地谈论丽贝卡。从她的话中，人们可以听到：①简短地回顾早就被超越的人际平衡；②个人的权威和法规化自我的完整性；③在体验它的局限性时出现的勇气和疲惫。

我知道我有非常明确的界限，我非常小心地保护它们。我不会放弃丝毫的控制权。在任何关系中，我决定谁可以接纳，谁必须疏远，以及何时接纳或疏远。

我在害怕什么？我曾经认为我害怕人们会发现我的真实身份，然后不喜欢我。但我认为这种情况不会再出现了。我现在的感觉："这就是我。这是我的，这是我的成就。"也许，这是我消极的一面，但也是我积极的一面。有很多这样的东西。它是我，它是我的自我——如果我让人们进入我的自我，也许他们会接受，也许他们会利用它，而我就完蛋了。

对我来说，尊重是最重要的事情。你不一定要喜欢我。你甚至无须关心我，但你必须尊重我。

这个"自我"，如果我必须描述它，我想到了两样东西：一个是一根能穿透一切的钢钎，另一个是赛场中央的皮球，决定着赛事，如果不是这二者那你便一击即溃。

我并不总是采用这样的方式。我曾经有两套衣服，一套穿给我丈夫看，一套穿给经常来看我的母亲看。两这套衣服没有一套是我自己的，现在我穿上了自己的衣服。有些衣服虽然迎合目前的要求，但已经完全不同的。把这些东西放在一起变得多么累人。甚至直到最近，我都没有意识到我在做这件事。

个人间的平衡（阶段 5）

重新平衡是阶段 5 的自我特征，它将自我与法规相分离，从而创造了"个性"，即一种反映**心理管理**（psychic administration）法规和目的的自我，或者说，把这种心理管理的法规和目的作为客体，而它在先前是一个人注意的主体①。在心理法规的平衡中，从主体向客体的"转化"，将自我从**价值的移置**（displacement of value）中摆脱出来，从而使法规的维持本身成为目的；现在，有一种自我经营着该组织，而以前也有一种自我，但它是组织本身；现在，有一种源泉，它指引着心理法规。而在这之前，心理法规本身就是源泉。

如果我们运用另一种方式去谈论从主体向客体的转化，或者使结构

① 个人间阶段的自我创造了超越社会观点的"个性"，它不再受制于法规，不再屈从于社会，因为法律、社会标准等法规都是基于某些原则。是这些原则产生了法律、社会标准等法规。例如，"公正""平等"就是其中的一些原则。——译者注

成为内容，那么我们可以说，每一种自我的平衡相当于前一阶段的一种"理论"。阶段 2 是一种冲动的"理论"；冲动由需要、愿望或兴趣组织起来，或者受制于需要、愿望或兴趣。阶段 3 是一种需要的"理论"；它们受制于比需要更为重要的人际关系。阶段 4 是一种人际的理论；这些人际关系扎根于心理法规，并借心理法规来加以推断。阶段 5 是一种心理法规理论；这种法规受制于比法规本身更为重要的新的自我（new self）。科尔伯格的道德阶段 5 提出一种**超越社会的观点**（prior-to-society perspective）。所谓"超越社会的观点"，意指一种**移位**（dislodging）。通过这种移位，自我不再屈从于社会；这种移位是在他的阶段 4 和阶段 5 之间的过渡性不平衡中完成的。在科尔伯格的框架中，一个处于阶段 5 的人除了这种超越社会的观点，还必须具有一种使法则扎根于某些原则的理论，因为这些原则产生了法律，法则的冲突可以从这些原则中得到解决，而且，通过这些原则，法律保护的权利能被层次化。这种超越由阶段 4 平衡所产生的不平衡过渡的东西，就是一种重新平衡。通过这种重新平衡，法规得以恢复，或者作为一种新的平衡中的客体得以再现。"公正"（the just）不再源于法律，而源于更加广义的公正概念。而且，重新平衡不再是过去那种与自己脱离关系的平衡（例如，"'应该'不再出现在我的词汇中"）。每一种重新平衡的标志是，往事在过渡时期被批判，但并非被最终拒绝，而是被重新占有。

但是，在道德范畴内，之所以把阶段 5 称为一种法律理论，目的在于表达一种深层结构，即把自我作为法规。构成理论的东西，即新的主体性，就是接下来的自我平衡。

那么，在自我意识的阶段 5，一个人的社会建构发生了哪些变化？协调法规的能力允许一个人以一种新的方式与他人结合，既不是把他们作为**功利主义者的伙伴**（fellow instrumentalists）（自我的阶段 2），也不是把他们作为融合的搭档（自我的阶段 3），同样也不是把他们作为忠臣（自我的阶段 4），而是作为有个性的个体——人们能否最终被认识，与他们实际或潜在地认识自己和认识他人密切相关。

这里所谓的认识是指把自己和他人都看作能够产生价值的、生成系统的和创造历史的个体。社会首次成为"普遍的"社会，生活在社会中的人，之所以成为人，是因为他们都具有社会成员的资格，而且都可以成为合格的成员。团体作为"自我的"团体，不再是一种听命于他人的团体，而是一种听命于自己的团体。一个人的自我不再局限于人际关系的调解和控制（把自我作为一种法规），而是得到拓展，调解自己的法规和他人的法规。如果说作为一种法规的自我建构把人际关系"带入"自我，那么新的建构却把自我"带回到"人际关系。阶段 5 与阶段 3 之间的主要差异是，现在有一种可以带给他人的自我，而不是从他人那里派生出来的自我；自我的阶段 3 是人际的（一种融合起来的混合），而自我的阶段 5 则是个人间的（以保证独特的同一性为前提的混合）。在弗洛伊德关注的"爱"和"工作"领域中，自我的这种新定位（并不存在于我的心理法规的结构之中，而是存在于法规的协调之中）产生了革命。如果一个人不再是一个人的法规，那么他也不再是法规所引起的责任、成就、工作角色和经历等的主宰。

这种自我的新定位，不是在我的心理结构中，而是在机构的协调中，带来了弗洛伊德最喜欢的"爱"和"工作"领域的革命。如果一个人不再是自己的机构，他也不再是机构性所产生的职责、表演、工作角色和职业。人们都有经历；人们不再是经历本身。自我面对失败所引发的羞辱不再那么脆弱，因为成就不再是最主要的。组织的功能本身不再是目的，个体对服务于新自我的目标的方式感兴趣。这种新的自我超越特定的组织。现在，自我似乎能够"倾听"关于它的活动的消极报道；在这之前，它就是那些活动，因为那些报道使自我"发怒"（每种平衡的易怒性同时也证明了它的成长能力和自我保护的倾向）。每一种新的平衡代表了一种能力，即一个人能够倾听先前会使他发怒的东西，以及先前他根本听不到的东西。

但是对阶段5的平衡来说，听到信息和找到信息的能力（这些信息有可能使自我改变行为，或者带来对该行为的否定判断），只是各种转化的一个部分，这些转化使得阶段5能够实现亲密行为（这是先前的任何一种平衡都做不到的）。在自我的阶段4，一个人的情感通常被看作管理问题，犹如行政人员必须解决的任务，成功的**自我管理者**（ego-administrator）在不损害组织的平稳运转的前提下解决问题。当自我不再定位于法规，而定位于法规的协调时，内部生活开始得以"释放"，并且与他人相结合；这种新的动力或新的作用来自新的自我在其心理系统之间来回运动的能力。情绪冲突对"自我"来说，既可以被识别也可以被容忍。在自我的阶段3，情绪冲突尚未被自我认识；一个人可能会由于不同人际空间的要求的差异而备受折磨，但冲突被看作"身外之事"；冲突虽是基础，但我则是站于其上的人物。在自我的阶段4，这种冲突进入内部。**"自我作为一种自我"**（self-as-a-self），或者说法规的自我渐露端倪，它把自我作为冲突的基础，而冲突的双方成了站于其上的人物。情绪冲突能被认识但不能被容忍；也就是说，它对自我来说代价昂贵。在自我的阶段4，自我正是为解决这类冲突而形成的，但它无法最终解决这类冲突，从而危害了它的平衡。自我的阶段5认识到，在自我中存在大量的法规自我，因此作为一种内部交流，它可以向情绪冲突放开。

于是，自我的阶段 5 的亲密能力，从它与自我本身建立亲密关系向冲破前一平衡的法规实现了飞跃。现在，自我本身定位于心理法规的协调，自我为了相互依存而放弃它的反依存的独立性。拥有这样一个自我，是阶段 5 比阶段 4 进步的标志：现在，自我是可以共享的。在亲密水平方面，这种自我的共享允许情感和冲动位于系统的交叉点上，允许情感和冲动在一种自我系统与另一种自我系统之间获得"重新解决"。这一阶段的"个性"并不企盼自己和他人的接近与调节，而是允许一个人把"自己呈现给"他人，使自己处于埃里克森所谓的**"同一性的对偶"**（counter-pointing of identities）状态之中。这种状态有助于分享体验，保证自己与他人的独特性，并且允许（让我们再次运用埃里克森的话）"彼此调节工作、产出和再创造的周期"（Erikson，1968）。每一次再平衡都是对孤立的质变。

特里、黛安娜和丽贝卡这三个人的故事尚未结束。在后面几章，当我们再度遇见这几位女士时，故事还将继续。但是，迄今为止对她们的描述将有助于我为这种演化停滞的历史勾勒一幅包含各个发展阶段的图像。尽管我说过，特里、黛安娜和丽贝卡都具有一些边界（boundary）问题，但它们之间仍存在差异。其中一个主要的区别是，特里和丽贝卡（分别是三人中最年轻的和最年长的）在维护自己的边界的同时，是可以做出让步的，她们以此为原则来表达她们的关注。另外，黛安娜根据"边界不容缺失，让步绝不可能"的原则来表达她的关注。特里和丽贝卡似乎正在捍卫一种宝贵的分化意识或分离意识，而黛安娜仿佛正在捍卫一种同样宝贵的包容意识或联结意识。

我认为这两个方向表达了人类经验中两种最大的渴望。我们到处都能看到这些渴望的表达，既反映在我们自己身上，也反映在我们认识的人身上，既反映在小孩子身上，也反映在成熟的成年人身上，既反映在东方文化中，也反映在西方文化中，既反映在现代文化中，也反映在传统文化中。在我们经历的众多希望和渴望中，这两种渴望似乎超越了其他。其中之一可以被称为容纳的渴望，即成为彼此的组成部分，接近、结合、被接纳、被允许、被陪伴等。另外一种可以被称为独立或自主的渴望，即体验个体的独特性，自我选择个人的方向，实现个体完整性等。

戴维·巴肯（David Bakan）把上述两种渴望称作"人类经验的二重性"，即对"交流"（communion）和"能量"（agency）的渴望（1966）。可以肯定，在我作为一名治疗师的经验中（像"渴望"和"恳求"，"向往"和"哀悼"这些老掉牙的话都有重大的意义），我经常听到这种渴望或那种渴望：听到人们诉说他们如何害怕失去一种十分珍贵的被容纳的感觉，从而感到孤独；或者听到与此截然相反的内容——害怕被接纳，害怕被吞没，害怕被管辖；或者听到另一种表达，即害怕完全分离，害怕完全孤独，害怕完全被遗弃，害怕关系疏远等。

但是，面对这两种伟大的人类渴望最引人注目的是，它们似乎是相互冲突的，事实上，它们之间的关系——这种紧张的关系——目前对我来说比任何一种渴望本身更令人感兴趣。我认为，这是一种波及一生的张力。我们对这种基本的矛盾心理的经验可能是我们对生命本身的统一的、无休止的和创造性运动的体验。生物学家把进化及其适应期（关于生命组织的适应期）称为一种分化和整合之间的平衡。这些话多少有点晦涩和抽象。我认为，它们是我们对自主和容纳的渴望的生物学表达方式。

我说过，每一个发展阶段都是一种演化停滞。它涉及如下一些基本问题，即有机体如何与其环境相分化，以及如何沉浸于环境。如果我们说，每一种演化停滞，即本章中我勾勒出的每一个阶段或平衡都是对渴望容纳和渴望分离之间的终生张力的一种暂时解决办法，那么这种说法是正确的。每一种平衡解决张力的方式是不同的。我追溯的生活史涉及一种连续的来回运动，即在一个阶段里，以稍稍有利于自主的方式解决张力，在下一个阶段里，则以稍稍有利于容纳的方式解决张力。我们从过度包容、沉浸于幻想的冲动性平衡向过度自信和封闭的唯我性平衡移动；从过度分化的唯我性平衡向过度包容的人际关系平衡移动；从人际关系平衡向自主的、自我调节的法规性平衡移动；从法规性平衡向个人间这种新的开放形式移动。这样的发展可以用螺旋方式而不是用一根直线加以描述，如图 3–1 所示[①]。

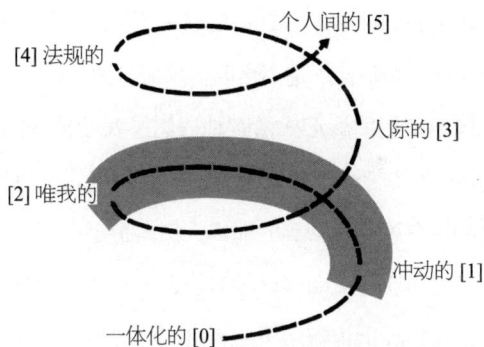

图 3–1 演化停滞的螺旋式发展

虽然任何一种发展的"图景"都有其局限性，但螺旋形的描绘却有许多优点。我们在与终生张力的斗争中来回运动，致使我们的平衡变得

---

① 用螺旋方式来描绘发展，这一想法应归功于我与威廉·佩里的一次谈话。自那时起，我发现乔治·瓦利恩特（George Vaillant）也具有类似的想法，这个想法是他在重建埃里克森的模型时产生的。

有点失衡。实际上，由于这些失衡，每一种平衡都只是暂时的；每一种自我都会受到这种不平衡的影响。这个模型提示了我们在每个水平上易受影响的本质。

这个模型也承认每一种渴望的尊严，在这方面，它为所有的发展框架提供了一种矫正措施，这些发展框架按照分化、分离、日益增长的自主等单维度界定成长，却对下列事实视而不见，即适应也包含整合、依恋和容纳。这种目光短浅造成的结果是，正如强调男女平等的心理学家现在正在指出的那样（Gilligan，1978；Low，1978），分化（以人类中最具矛盾心理的例子为例，便是对男性做出定型化的过分强调）是用来描述成长和发展的语言，而整合（对女性做出定型化的过分强调）则是用来描述依赖和不成熟性的语言。凡是追求演化的心理意义和经验的模型（本质上涉及分化和整合）是不会向这种偏见倾斜的。

最后，上述模型用图解形式清楚地表达了我们重访旧问题的方式，只不过我们是在一个全新的复杂水平上进行重访而已。黛安娜的过度容纳性，正如我们将在第七章看到的那样，使人想起在恋母情结的岁月中所表现出来的过度包容性，而当该模型承认冲动性平衡与人际关系平衡具有相关性时，它实际上也暗示了两者之间的区别。丽贝卡的过度分化的防御性反应，使人想起特里的过度分化的防御性反应，对此，该模型也暗示了为什么会出现这种情况。该模型也具有一种识别下列差异的方法，例如，控制他人的行为和控制自己的心理界限之间的差异。

这个螺旋式图解可以充当后面几章的指南，因为我们现在开始要转向对其经验的探索。当我们的演化停滞必须重组时，我们特别需要考虑生命中的那些时期。演化停滞的条件是自我。它们的重组则是一种自然的需要。

▶ 第二部分 自我的自然"危机"

TWO

第四章

一体化自我的消长

在前面几章，我一直试着描述一件相当简单的事情：如果你想了解一个人的一些基本情况，你必须首先知道他处于哪一个演化阶段。我不断地强调，演化或适应贯穿人的一生，是人格中的主要运动，而且发展理论中的一些现象，似乎是该运动的结果。我一直尝试描述适应过程中的一些稳定状态（plateaus）。我用**"适应"**（adaptation）这个词，并不是在意指"应对"（coping）或"顺应存在之物"，而是在意指自我（self）与环境发生相互作用的活动过程。随着自我与环境的不断分化，以及对环境的不断整合（integration），这种相互作用被组织得越来越好。

为什么一个人的演化对于人们了解他的情况有着如此重要的意义呢？这是因为，一个人对什么是"自我"和什么是"他人"的问题的界定，本质上定义了这个人的意义的内在逻辑（或心理逻辑）。在了解他人的过程中，我们最想知道的不是他人的经历，而是他的经历意味着什么。所以，我们的首要目标是把握他人是如何形成他的个人现实的。我们需要了解一个人的**第一真理**（first truth），就是一个人是怎样**建构真理**（construct the truth）的。什么是自我和什么是他人的问题可能是一个人的"生物学"问题，但它同样是一个人的"哲学"问题：一个人在世界上之所以成为一个人，其主体－客体关系是什么？

此问题令人想起两件事，这两件事至今尚未引起我们的注意。第一，主体－客体关系的形成：它们不是静止的，对它们的研究实际上是对一种运动的研究。第二，主体－客体的关系存在于世界之中：它们不仅是抽象的观念，而且是在真正的人类关系和社会背景（social contexts）下形成的。

如果人们可以永驻于某一个**演化的停滞状态**（evolutionary truces），那么了解一个人可能只需把握他的基本的心理活动。但是，自我－他人的分化实际上是在不稳定的状态中进行的。我说过："它们是平衡的（balance），但它们也会失衡（tip over）。"我还说过："它们是停滞的，但混乱正从四周袭来。"我一直提请大家注意，我们是在研究人格的主要活动，但在前面一章，我们并没有看到。

在本书的第二部分，我们不再对各个阶段进行分别讨论，因为它们均属于整个发展过程的里程碑。它们标志着在毕生演化过程中那些相对平衡的时期。现在，我们来描述整个生命过程。我说过，本书的第一部分告诉我们：要了解一个人，我们必须知道他建构意义的基本的心理活动。像所有的科学一样，本书的第二部分试图从分类学（taxonomy）进展到个体发生（ontogeny）。人不是静态的。这些"心理活动"处于不断的变化之中。了人类创造世界的方式与了解世界创造人类的方式一样重要。当考虑一个人处于哪一个演化平衡状态时，我们不但在观察他的意义是如何形成的，还在观察他的失衡（losing this balance）的可能性。在每个平衡中，我们要观察什么是一个阶段的根本，以及人们在一个阶段所遭遇的危机是什么。在每个平衡中，我们要观察新的易损性（new vulnerability）。每个平衡均暗示一个人是怎样逐渐成为一个人的，同时也暗示着一个人处理失衡的新方式。在本书的这部分里，我们要观察整个生命历程中维护平衡和放弃平衡的过程。

第三章阐述了一系列自我－他人的平衡，并提出，平衡自我－他人是一个人无法回避的任务，或者是一个人"在他的内部"或"在他自己头脑里"要做的事情。例如，5～7岁的孩子，把冲动理解为从"自我"移至"他人"。"我"能够把自己与冲动相分化，将它们整合入一个新的控制冲动的自我，而不被冲动控制。读者也许会说："不错，但是，我认为我们正在谈论的是自我和他人，是有机体和环境。人们都说孩子最初沉浸于环境，后来才与环境相分离。然而，什么是环境——冲动吗？新的植入或沉浸据说是一种'持续的倾向'或'需要'。需要是环境吗？如果像'冲动'和'需要'那样的范畴（categories）是环境的背景，在演化时人们由其中分化而出，那么这种环境充其量是内部的心理环境；它似乎并不涉及人的真正世界和社会安排。"

如果说本书的这一部分不再研究主体－客体的关系转而研究毕生运动和经验，那么这也就等于研究世界上真实的关系。事实上这种研究取向的最显著的特征之一，是它能够把心理学的理论从去背景化（decontextualized）的个体研究中解放出来。个体和社会之间的区分不是绝对的，发展在本质上是关于这种区分的解决和重建，建构－发展心理学因此重新调整了个体与社会之间的关系。我说过，婴儿沉浸于他的感知和活动之中，但是他的生活环境是一种真实的人类环境，这种环境与他的感知和活动混合在一起。温尼科特说过，并不存在"只有一个婴儿"的情况。他的意思是说，婴儿期的内在图像是抚育者，从婴儿的角度来看，抚育者不只是一个与婴儿成长有关的"他人"，他提供的恰恰是发展得以实现的环境。从新生儿的角度来看，他是婴儿自我的一个组成部分。他提供了真正的社会心理环境：他既是心理的又是社会的，这取决于我们采择谁的观点。他在婴儿身上表现出的过渡是，"心理方面"逐渐减少，而"社会方面"逐渐增多。这个过渡体现了婴儿自我发展的内在意义。这一心理社会环境，或温尼科特所谓的"抱持性环境"，是当下，在他所处的演化状态下，他沉浸于其中的世界。这种环境是一个人赖以成长的背景，因此我将它看作被植入的文化。"文化"在这里既意味着累积的历史和神话，也意味着能够滋养某种东西的媒介。

温尼科特关于**"抱持性环境"**（holding environment）的观点，涉及婴儿期的内在的观念。我认为，它是一种涉及演化的内在观念。在生命的早期，并不存在某个抱持性环境，而是一系列抱持性环境，也就是婴儿植入其中的文化生活史。它们实际上是滋养我们（我们与之融合）又放我们离开（我们与之分化）的心理社会环境。学前儿童沉浸于他的冲动之中，但这种冲动采取的是家庭的三角动力呈现出的生动形式；学龄儿童沉浸于我所谓的"需要"（needs）的心理结构之中，这种困惑在学校、同伴以及作为权力机构的家庭等组成的角色识别文化中产生。温尼科特所说的关于婴儿的情况，对我们来说是真实的，甚至对此时此刻的你来说也是真实的。从来不存在"单独的个体"，这句话仅指个体的一个方面，也就是分化的一面。当然，也存在另一方面，那就是沉浸的一面；从这个意义上讲，人不只是个体。当我们说到"个体"时，它仅指目前的演化状况，即一个阶段，一种维持的平衡或受到保护的分化；"人"涉及演化本身的基本运动，他既有对生活环境沉浸的一面，也有摆脱沉浸而独立存在的一面。人既是一个个体，又是一个沉浸者。你不可能只表现一面而不表现另一面；你既快活又不快活，你既完整又不完整，之所以如此，主要由于你沉浸于抚育你的环境，或者说它们是沉浸的结果。在本书的这一部分中，每一节均考虑了人的演化中不同的抱持性环境及其作用（所有这些都被呈现在表4—1中）。

　　考虑到发展的个体所植入的文化，包括作用和机会，我们开始对埃里克森的预言进行探索。这是他在论述一系列可以预期的环境时说到的：

> 人类婴儿的一种前适应（preadaptness）特征，也就是为后来的心理社会危机所做的准备，不仅需要一种基本的环境，而且需要一系列"可以预期（expectable）的环境"，因为随着儿童适应了当前阶段，他对下一个"可以预期的环境"是有所要求的。换言之，人类环境作为一个整体，必须允许和保护一系列或多或少非连续的但在文化和心理上却保持一致的发展，每一环境都沿着扩展的生命任务的半径进一步延伸。所有这些使得所谓的生物适应成为一个在个人的不断改变的历史中发展的生命循环（1968，p.222）。

　　我曾提及，弗洛伊德派和皮亚杰派（Freudian and Piagetian）的心理学也同样把第一次人类发展描述成趋向分化的活动。不论他们的基本认识和基本隐喻多么不同，我们在埃里克森和弗洛伊德的理论中都看到"客体"的出现。皮亚杰在解释婴儿发现客体永久性时，也有相似的说法。弗洛伊德谈到过从口唇期向肛门期（from orality to anality）的发展，从对世界的一体化和同化定向转化到驱逐定向（也可能是便秘、固执、拒绝放手）。这第二种定向属于分离观念，即原先并不存在的我与客体的分离。

　　我们能够看到埃里克森关于这一转化时期的相同描述，即从希望和安全的问题发展到意志和自律的问题，或者说，发展到羞耻与怀疑的问题。埃里克森认为，婴儿在第一年里面临的问题是趋向生存的一般倾

表4-1 植入的文化的形式和功能

演化的平衡和心理的沉浸	植入的文化	功能1:确认（控制）	功能2:矛盾（放手）	功能3:连续体（等待重新整合）	某些"主体-客体"的自然过渡（桥梁）
（0）一体化植入手：反射、感觉和运动	抚育者或最初的照育者，抚育的文化	实实在在的抚育；亲密的身体接触；安逸与保护；目光交流，认识婴儿；自我依靠和自我结合	认识和促进学步小孩从沉浸中摆脱出来；不让孩子的每种需要得到满足，中止哺乳，减少怀抱，承认独立的表现和固执的拒绝	允许自己成为更大文化（也即家庭）中的一个组成部分。最大的危机，在过渡时期（6个月至2岁）与婴儿长期分离	介于0～1之间的过渡：精神空虚的少年，不良顽童等。出现一种温柔、安适、主观尚未分化的抚育表征，开始"客体化"
（1）冲动的植入手：冲动和知觉	家庭的三角关系，父母的文化	承认和接受幻想，强烈的依恋和抗衡	认识和促进儿童从幻想和冲动等自我中心的沉浸中摆脱出来，要求儿童对他或她的情感负责，摆脱婚姻，父母的"温床"，在上学期间摆脱家庭。承认儿童的自我满足和那些能够证明自己的"其他满足"	父母认识到自己是更大文化中的一个组成部分，包括学校和同伴关系。最大的危机在于：在过渡时期（大约5～7岁），出现婚姻破裂或家庭解体	介于1～2之间的过渡：假想的朋友，冲动开始被汇藏，它以前等于我，最终，它将成为我的一个组成部分。存在这种可能性，只有我才能得到它，但它不是我

（续）

演化的平衡和心理的沉浸	植入的文化	功能1：确认（控制）	功能2：矛盾（放手）	功能3：连续体（等待重新整合）	某些"主体－客体"的自然过渡（桥梁）
（2）唯我的植入人：持续倾向、关系、需要、兴趣和愿望	角色认识的文化，作为权威机构和家庭学校和家庭以及角色分化，要求采择的同伴群体	承认和接受自我表现以及角色分化	认识和促进前青年期（或青少年时期）从沉浸状态中摆脱出来自我满足的表现。否认只考虑自己的表现。否认的合法性，要求相互利益的关系，并开始维护这种关系。期望值得信赖的东西	家庭和学校在成为分享内在经验的关系中降为次要地位。最大的危机（大约青年早期12～16岁），家庭出现重新安置	介于2～3之间的过渡：好朋友。他人与我完全相同，而且真实。他们的需要和自我系统曾像我先前的需要，成为我的组成部分，处于两者之间
（3）人际的植入人：相互、相互关系，人际协调	相互的、互惠的、一对一的关系，相互关系的文化	承认和接受在相互关系中合作的自我牺牲能力。定向于内部状态，分享主观经验，"情感"和心境	认识和促进后青年期或成年期从沉浸于人际关系的状态中摆脱出来的自我。人或背景都不再被破混合，但联结关系仍在被探索和关心。要求一个人对自己的进取精神和选择机会负责。维护他人的独立	把人际关系中的伙伴关系视作相对的，或置于自我在思想上和心理上和界定的更大背景之中。最大的危机在于：人际关系中的伙伴在短时候沉浸的那个时候脱离开（对关系保留下来，以待从短时	介于3～4之间的过渡：进入大学，获得临时工作，服兵役。有机会获得暂时的同一性，将先前的人际关系和后续人际关系保留下来，以待从短时活中复原（对不易提供年龄标准。参与具有特定规则的生活中复原（例如，大学4年，部队人服役期）

（续）

演化的平衡和心理的沉漫	植入的文化	功能 1：确认（控制）	功能 2：矛盾（放手）	功能 3：连续体（等待重新整合）	某些"主体－客体"的自然过渡（桥梁）
（4）法规的植入：个人的自主，自我系统的同一性	同一性或自我创造的文化（在恋爱工作中。典型的是，提高个人价值、实现雄心或成就的能力，群体与职业生涯有关，个体进入公众角逐舞台	承认和接受独立，自我界定，履行职责，提高个人价值，实现雄心或成就的能力。典型的是，"事业"大于"工作"，"生活伙伴"大于"帮手"	认识和促进成年期从沉浸于独立的自我界定状态口摆脱出来的表现。不妥协，不过于亲密，不接受从属形式的关系	为了形式之间的适用，思维形式成为相对的。最大的危机在于：思想、意识支撑形式的内容在与沉浸相分离时消失（例如失业）（对比，不易提供年龄标准）	介于 4～5 之间的过渡：意识形态的自我政治中的）、教上的或政治中的屈从（宗教上的或政治中的）；相爱的两方不会把对方有无爱情作为衡量爱情的标准，在维护形式的同时相连的身份
（5）个人间的植入：系统的相互渗透	亲密关系的文化（在爱情和工作领域）；典型的是，真正的成人恋爱关系	承认和接受互相依赖，自我放牵，亲密关系，互相独立的自我界定等能力	—	—	—

制作此表的过程中，我感激莫里西娅·阿尔瓦雷斯（Mauricia Alvarez）的见解。

向。埃里克森提示的现象学表明，在"我"的生活和他人的生活之间没有区别，在发源于"我"的忧伤或安逸与发源于他人的（或"我"以外的世界的）忧伤或安逸之间也没有什么区别。在埃里克森看来，一个婴儿的身体需要在子宫里就已被完全满足（食物与氧气由管道输入，温度和压力由"舱内"控制），可是，随着他来到人间，他发现自己将要忍受长时间的紧张和不安。生命以满足为基础，这种满足又被各种时期的不安暂时打断，这种不安之后被缓解，进而产生一种信任和充满希望的感觉。或者，生命本质上是"一件该死的事接着一件该死的事"，其中穿插着短暂的平静，但它并不能带来真正的满足，因为生活的不安是一个基本事实，它将会随时重现。这里，基本的问题是，在舒适与紧张的动荡关系中，哪一个是对象，哪一个是背景？从婴儿的角度来看，这不是一个与他自己的能力或世界的可信赖性有关的问题，因为不存在这样的区别。不论是舒适还是紧张，都未定位于内部或外部。这个问题与生活本身有关。埃里克森的现象学第二阶段是完全不同的。自主、羞愧、怀疑和意志等问题都意指（事实上，都需要）他人的存在：有一个与我相处得很好，并且值得信赖的他人，这属于自主（autonomy）；有一个人可以看到我，而我无法时刻看到自己，这让我很容易遭受来自背后的攻击，这属于羞愧（shame），即我不能看到我的"背后"，除非有个他人，因为他人能够看到我的背后；我在他人面前进行表演、显示我自己，从而产生一种自我意识，这属于怀疑（doubt）；我反抗他人，他人也反抗我，这属于意志（will）。埃里克森描绘的生命第二年的各个方面，实际上包含了这样的分化。根据我们的基本的演化运动观点，他正在描述的是从一体化的平衡（incorporative balance）向冲动的平衡（impulsive balance）的过渡（从阶段 0 到阶段 1）。

因此，婴儿的第一次意义演化涉及他从完全沉浸于生命力量的状态中分化出来。但是，他并不依靠自己的力量，他并不单独经历此事。他会得到一点帮助，这帮助来自其他一些实体。从某种意义上讲，他所得到的帮助属于他的组成部分。从演化的角度而言，存在这样一种感觉，即婴儿（以及整个生命周期中的人）好似从心理的羊水环境中爬了出来。婴儿所沉浸的世界的某些部分滋养了他，并且协助着把他带入一个新的演化平衡。我称这个部分为**植入的文化**（embeddedness culture），即那最具亲密性的背景。我们就是从这些关系里被反复地重新创造出来的，我认为，它至少具有三种功能：第一，"控制"的功能；第二，"放手"的功能；第三，能在控制和放手之间随意转换的功能，这样它才能重新被整合。

确认（控制）

当温尼科特说，不可能只有一个婴儿时，他不仅指人们必须关注和照料这个小生命，还包括，如果是一个苗壮的婴儿，他/她就会"依附"另一个人。对新生婴儿的生存来说，问题不过是，"有人来照料他吗""怎样才能做到牢固的依附"。倘若继续这个隐喻，我们将会发现，不依附的孩子得不到母亲血液所提供的营养和氧气，并开始受苦受难。不论在心理上还是在物质上，他的生命都将受到威胁。

在母亲－婴儿的成功依恋中，人们可以看到婴儿具有不少天赋（首先，是反射，有机体继承的物种的遗传）。这种天赋吸引着母亲（婴儿抓住母亲的衣服，望向母亲的眼睛），母亲能够注意到这个令她十分高兴的行为，因此也就被婴儿争取了过去。在没有发生依恋的地方，这种倾向的一方或双方可能受损。婴儿可能缺乏正常的"传递力量"或"引人上钩"的本领。或者，母亲可能无法对婴儿做出反应；她可能感到沮丧，受到干扰，由于她陷入自己的朝不保夕的演化平衡状态，她不能成为一个"足够好"的演化掌控人。

玛格丽特·马勒（Margaret Mahler）[①]在1968年引证了一个案例。一个20岁的母亲，她生活贫穷，长期得不到适当的孕期营养，以至于无法为孩子提供最初的文化沉浸功能。她几乎难以照料自己那个名叫维奥莱特（Violet）的婴儿，以便让维奥莱特依恋她。维奥莱特的母亲在其一生中，始终缺乏深刻的社会依恋。她被双亲抛弃，由严厉的祖母养大。当她怀了维奥莱特时，她希望这个孩子能够给她带来一种全新的生活，并把这个孩子与她自己的父亲在她3岁时送她洋娃娃联系在一起。在维奥莱特出生后几周，她深感沮丧。于是，除了喂奶，她与维奥莱特再也没有任何关系。在她看来，唯有喂奶这种事情是回避不了的。因此，她与维奥莱特的关系主要由紧张的亲密和长期的分离所组成。虽然维奥莱特尽力建立植入文化（这些文化是她自己的健康发展所需要的——包括哭喊、眼神交流、微笑、大叫等），但维奥莱特的母亲却无动于衷。15个月大的婴儿通常处于分化阶段，维奥莱特却仍旧不能建立植入的背景，看来似乎放弃了："当我们第一次见到维奥莱特时（那时她约2岁），她像一个哑巴，面部表情显出绝对的茫然且毫无生气。她的注意力无法集中于任何人和物。她不说话……她对人们毫无反应，像没有听到他们的声音似的……她的神经系统没有任何问题。"（p.152）

[①] 玛格丽特·马勒，匈牙利病理心理学家，精神分析师，心理学动力学派中客体关系理论的主要奠基人。——译者注

在某些方面，维奥莱特的表现与一个尚未分化的新生婴儿无异，她处于一种**标准的"孤独症"**（normal autism）状态。她的状态由婴儿时期的遭遇累积而成；在有些方面，她的基本演化结构像一个新生儿。另一方面，她不像 2 岁的孩子，看起来倒像 2 个月大。在这些不能令人满意的植入文化中究竟发生了什么，需要通过更多的研究来了解。从某种程度上来说，促进生长的确认和矛盾（confirmation and contradiction）应该出现在几乎所有情境里，但是，当下的条件如此匮乏，有机体好像在几乎无法起保护作用的羊水环境中生长，这里快乐少而冷淡多，营养少而饥饿多，心理上的氧气少而生存的威胁多。

从不存在只有一个婴儿的情况，即使对维奥莱特来说，她也有她的抱持性环境。她为生存而竞争，在这一刻，生存好像是指如何在供应不足的情况下存活下来。她尚未做好准备来应付下一阶段的生活议题，即由矛盾的感觉（完善反应的宫内环境和不完善反应的宫外环境之间的矛盾）来促进的分化，从而使她对向她传递的任何一种信息充满抵抗。信息来源于相互作用，面对信息，她似乎总觉得自己将处于危险之中。这就是维奥莱特的"孤独症"与正常的未分化婴儿之间最为显著的不同之处。发展滞留的情景——主要表现为试图阻止生命的运动，即演化的运动。例如，一个 2 岁的孩子不愿讲话，一个 5 岁的孩子不想上学，一个青少年茶饭不思，这些运动尽管在某种程度上趋于减弱，但在极端贫困的环境中仍在进行着。维奥莱特与一个"健康的孤独症的孩子"（即一个新生婴儿）最为显著的不同之处在于，她生活在痛苦之中，她的痛苦可以被理解为一种对生命运动的抗拒，一种对人生发展计划的抗拒，她目前的心理状态是试图驱逐这种痛苦的反应，正如对痛苦的原因进行反应一样。看来及时干预十分重要，这是因为在痛苦的原因和对痛苦的反应（这痛苦反过来成为痛苦的原因）之间存在使痛苦不断递增的可能性。我们看到的维奥莱特的生活环境显然是一种不适当的植入文化，即一种不适当的养育的环境。因此，从这种环境中培养出来的维奥莱特，难以应付以后的人生时光。正如每一个所谓的精神病患者的情况一样，她积极地、毫不妥协地对抗着她自己的人生运动。

当然，这不是维奥莱特的结局。她获得了成功的治疗，在第九章中，她的治疗情况将是我们讨论的焦点，我们不但要回过头来谈论维奥莱特，还要提及成功的植入文化的自然治疗作用。在那时，我们将考虑是否存在一种天生的智慧来指导专业治疗和咨询的"非自然"的治疗实践。

植入文化的第一功能——控制功能，所要考虑的不仅包括婴儿是否被抚育的基本问题，还包括婴儿怎样被抚育的问题。缺少依恋会对第一功能形成主要损害，这是对儿童的发展来说最为严重的一个问题，它常常在儿童生活的后来几年表现出来。同样，儿童如何被抚育不仅关系他是否继续发挥功能的问题，还关系他怎样发挥功能的问题。在这些问题中，即在本章开头讨论的问题中，一个最重要的问题是，儿童怎样体验焦虑？

我们怎样体验我们的情感，对我们的生活经验来说是至关重要的。在咨询顾问和治疗医师看来，我们情绪体验中最具价值的东西，即我们情感中最为普遍的东西，是关于我们的消极情感，即关于我们自身的情感，因为我们常常会因此而感到失败、失去控制、忧虑、混乱。我们对我们的情感所采取的态度（我们怎样体验我们的情感，我们怎样处理这些情感），基本上是从社会中习得的，这一点受到建构－发展观点的支持和重建。我们从别人安慰我们的方法中习得如何安慰自己。如果我们认真对待植入文化的概念，即演化性抚育的概念，那么问题不再是演化的源泉究竟是个体还是环境，而是我们如何被那些令我们感到困惑的、被我们视作自己组成部分的、既是有机体又是环境的东西安慰。或者，更加具体地说：母亲是怎样对婴儿的焦虑做出反应的？

读者如果回忆一下当他面对一个焦虑的人时所做出的反应，（例如，面对一个啼哭的孩子或一个踌躇不安的成人）那么他就能够以更具经验性的态度来研究这样一个问题：当我们回应一个焦虑的人时，我们在做什么呢？我们试图做些什么？我们打算消除他的不良情绪吗？我们是否在尝试使他回到先前的情感状态，并回到他从前在做的工作中呢？我们的反应主要针对焦虑还是针对感到焦虑的人？这里存在细微但关键的区别。对不良情绪的通常反应是试图去消除这些情绪。这是一个充满好意及人道主义精神且可以理解的反应，尤其是当苦恼者是我们身边的人，是我们一刻也不愿看到他受苦受难的人时，情况更是如此。然而，它也是一个极端有问题的反应，尤其是当它来自一个人的抱持性环境时，情况更是如此。

当一个母亲带着消除焦虑的目的去面对焦虑时，她将植入文化变成了某一种对抗、一种某种特定的演化状态（平衡状态）与另一种状态（失衡状态）之间的对抗。她会指向个体（当前的演化结构）而不是一个人（演化本身的运动）。她会对如何维护业已建构的意义（made-meaning）做出反应，而不是对正在进行的意义建构（meaning-making）的经验做出反应。她强化了一种感受，即焦虑是"非我"（not-me）或异己的经验，事实上焦虑只是一种"我不是曾经的我"（not-the-me-I-have-been）的感受。这是以牺牲"我正在变成我"（me-I-am-becoming）来证实"我是曾经的我"（me-I-have-been）。从这些经验中，哪些是婴儿最有可能习得的关于失衡状态的经验？这些经验包括：那不是我；对非我的经验应予以修正；不平衡状态是错误的和不好的，婴儿不是他自己；等等。

我们如何回应一个焦虑的人，的确是一个基本问题，因为它引出了以下问题，即我们相信他是谁的问题：从本质上讲，他是谁？当我们不是对问题做出反应而是对某个正在经历问题的人做出反应时，我们承认了这个人首先是一种运动，一种我们和他都不能轻易否定的运动，一种包括平衡经验和失衡经验的运动。每一种运动对生命来说都是固有的，每一种运动都是我们整体的组成部分，每一种运动都值得拥有尊严和自尊（self-respect）。当我们对一个处于痛苦经验中的人做出反应而不是试图消除这一痛苦时，我们实际上是在检验我们对演化运动的价值信念，检验我们对生命本身的价值信念。同时，为了提高植入文化的"良好抱持"质量，在经验中提供关注、认识、证实和陪伴，我们并不会刻意创造对抚育的依赖来实现控制，借此解决和处理不平衡的经验。当我们的反应是为了缓解痛苦时，我们往往会传递一种缺乏信赖的信息，导致从抚育婴儿倒向控制婴儿，而这会成为分离过程中的一个障碍。

当一个人焦虑时能保持在场，识别并接受他的焦虑，保证自己不会过于焦虑或试图立即去消除这种焦虑等，长期以来被认为是专业心理帮助的一个特征。我们需要关注的是这种自然的支持性治疗的背景（植入文化）以便了解为什么会出现这种情况。当专业人员对一个能够借助语言进行互动的人讲话时，围绕焦虑，他应该关注的是讲些什么，以及怎样传递这些讲话内容。采用自然疗法的母亲该如何传达这些信息呢？我认为，婴儿能够通过母亲的动作、声音，特别是身体姿势的变化等，来了解母亲对他的焦虑的反应。以此方式，我们能够实事求是地谈论婴儿期的主题。这一主题波及人生的其余时期——失去和找到客体的议题、平衡和不平衡的议题、看到和没有看到的议题。在这里，"抱持性环境"实际上是一个养育和照料的问题。尽管言语是一种极为微妙的接触形式，但是对采用自然疗法的母亲来说，用身体上的接触、怀抱、凝视等来对她的孩子"说话"，影响更大。当婴儿焦虑时，母亲以毫无焦虑的神态对待孩子，就是为孩子提供一份特别的礼物。与此同时，她热忱地抚育，也是为了帮助孩子面对与自己的分离。

矛盾（放手）

植入文化的第二个矛盾功能是必须"放手"。就其积极意义而言，它有助于及时分化。分化，逐渐使婴儿性的成分减少，而与儿童有关的成分增加。我曾经提示过植入文化起着一些看上去彼此矛盾的作用，既有益于抚育，也有益于放手，它们彼此之间并非真正的对抗。健康的控制在遇见、承认和接受它的客体时，也为分离做了阶段性安排。从沉浸转向分化，在一定程度上，对主体和客体来说都是困难的。有些东西必须放弃，让其消失。正如我们如何对焦虑做出反应的问题一样，婴儿努力分化也会引发问题，即我们究竟是将注意力投向孩子的发展现状（个性），还是投向发展中的孩子的运动（个人）。

在一些案例中，植入文化在放手时严重受阻，放弃抚育功能的情况会出现，抚育者似乎有着失落的体验。在这些情境里，演化的主体接近客体，好像客体在为主体提供植入文化。主体从客体那里获取某种支持，正如在"非自然"疗法中那样。这种情况在自然疗法中并不适用，而且有可能危及来访者或客体的发展。

婴儿的分化（显著地呈现为他启动自己的新能力，即他站起和行走的能力）检验着主体是否具有真正成为他人或对方的能力。埃里克森颇具说服力地论证了这一主题。他在论及儿童的自主和父母对自主的反应时，对此主题有过许多评说。他说："父母为他们的孩子提供的自主的类型和程度，取决于他们根据自己的生活获得的有关个体独立性的意识和尊严。"（1968，p.113）

如果在孩子面临成长中的自然"危机"时，父母不能帮助孩子，父母就会过分地依赖抚育形式，过分地压迫分离。后者会造成一种矛盾情况，从而使发展中的儿童与他所植入的人类背景之间的纠缠更加复杂。

一个缺乏营养的母亲会在抚育体验方面过分紧张。她可能发现，给孩子断奶像失去了自己的一部分一样难以容忍，由此形成的某些部分转化为对孩子的控制，在某种程度上，她会不知不觉地为了自己的生存而干扰孩子的生活计划。这时，母亲和婴儿双方都需要支持，而且，也只有第三方才能有意地提供支持。

在后来的生活中，所谓**边缘型人格**（borderline personality）①常可归咎于植入文化的第二功能（童年早期）受到损害。虽然我的感觉是，成人的"精神障碍"既与当前的演化情境有关（包括一个人当前植入文化时的行为），也与过去的经验有关，但是童年早期情境对边缘型特征的影响这一事实，却成了我们描述第二功能中存在问题的一个生动的事例。可以肯定的是，它对儿童的发展不会起到积极的支持作用。马斯特森（Masterson，1976）提出了如下一种动力机制：母亲鼓励孩子的依

---

① 边缘型人格是一种人格障碍，其特点是情绪不稳定，因生活小事而愤怒，遇事常冲动，缺乏理性思考，故而经常与人发生摩擦。——译者注

赖，阻止他走向独立的步伐；她利用孩子以避开她自己的"沮丧"；孩子强烈地体验到，若想获得满足，必须保持融合，分离意味着不安全和不满足，自主是满足的终止。当孩子处于分离之际，当孩子的一些活动忠实于发展计划之时，上述经验会使孩子表示妥协。他必须以整合为代价来换得他的分化，他开始体验到亲密和高度矛盾的关怀，它们既是他最倾心的愿望，也是他最惧怕的噩梦。

在生命的最初几年形成的这些经验，确实会对成年时期的边缘型特征产生影响。在生命最初几年形成的这些经验，也与童年时期接踵而至的一些问题有关。这些问题既可能在成年期被解决，也可能无法解决。而且，成年期的边缘型情况更有可能与成年期的植入文化的损害有关，从发展的角度看，成年期的植入文化发展更高级。我想在第七章进一步讨论此事，即主要考虑从沉浸于人际关系的状态中摆脱出来的情况。

等待重新整合

植入文化的第三个功能是保持，即在转化和重新平衡时期，儿童保持在某一位置上，以便"我"的某一组成部分以及正在逐渐变成"非我"的东西，能成功地重新整合为"我"的新平衡中的一个客体或他人。成长本身并不单单是一个分离和扬弃的问题，即不是简单地否认过去。它是一个过渡的问题。成长涉及对先前被混合的东西予以协调、恢复和再认。这是一种意义的演化，一种具有包容性的意义的演化，既包括我们自己，也包括与我们一起生活的他人。但是，在"成为客体"的早期阶段，植入文化有可能使人产生一种被"投掷"出去（thrown over）的感觉，或者说被抛弃的感觉，我们说过，这就是"客体"（object）一词的含义。对青少年的父母来说，需要独特的智慧来理解：由于孩子处于过渡阶段，他们有可能忽视家庭，甚至拒绝家庭，因此家庭需要提供更为重要的东西，以一种新的方法密切地关注孩子的发展。这种独特的智慧是许多家庭所固有的。它不来自心理学家，而是来自父母本身的天性。那些被"可怕的两岁"困扰的父母，在某种程度上，也许并不清楚，他们孩子的否定态度不完全是针对他们的，有时是针对孩子自己的。新分化的孩子不得不反对植入文化，以保护他那脆弱的分离，防止重新整合。

这是因为，被"抛弃"的植入文化，既涉及"旧我"，也涉及"非我"，它必须留在原地，让孩子重新确定与它的关系。如果这种文化恰恰是在孩子经历自身丢失的时候消失，留给孩子的是一种无法挽回的损失，一种对人生计划最坏的怀疑的证实。我们可以称它为"不健全的"或"不正常的"，因为这是非自然的。也就是说，正常的演化经验涉及的是可以复原的损失，我们可以重新找到我们曾经分离的东西。在过渡的关键期间，出生后的 9 ～ 12 个月，植入文化"消失"是非自然的。不管是由于一种心理上的退行，还是由于身体上真正失去了抚育者。

有一篇著名的文献谈到了童年早期与母亲分离的风险（Bowlby，1973），特别是与住院治疗的效果有关的（Spitz，1946；Robertson，1958），以及战时孤儿的情况（Burlingham and Freud，1942）、特殊时期收养孩子的风险（Offerd，1969）。然而，对孩子发展困难的了解，通常是根据依恋关系（attachment relationship）来表达的。但有关证据似乎表明，婴儿要到约 6 个月大时，暂时的分离才可能会带来很大的危险。根据我们的观点，婴儿分离的危险与依恋的问题没有多大关系，正如分离的危险与独立的问题没有多大关系一样，特别是与植入于文化时出现的异常的独立无关（婴儿在从植入的文化中摆脱出来，以寻求自己的正常独立时，有可能出现这种异常独立的混乱）。由此造成的后果似乎是一种无法复原的丧失感，即一种把忧郁（或沮丧）与哀痛（或悲伤）区别开来的体验。在一篇论文中，弗洛伊德指出，尽管哀痛与忧郁十分相似（1971），但其中一个显著的不同在于：忧郁的责备似乎指向个体本身。人们认为，沮丧的基础是丧失；从建构－发展的观点来看，它与一个人失去演化平衡的复杂情况有关。我们丢失的不是一个客体，而是我们自己的一些组成部分，我们开始将这些东西视作客体。

当植入文化在我们开始摆脱它的时候消失时，我们似乎觉得分离演化运动不只是一个我们被"抛弃"的问题、我们被拒绝的问题、我们成为客体的问题。演变的效价能够逆转，表现为客体的习惯性抛弃被更加紊乱和更加扰人的主体的放弃替代。与两岁孩子的否定态度和任性相处也许是困难的，但是这些都属于正常成长的困难。孩子对父母说"不"，主要是宣告他新发现了自己与他们的区别，并且有助于避免重新一体化。这是他向成为客体的"旧我"发出的一个信号。当新的平衡更加稳固时，孩子便不再一味抗议。我们能以更加复杂的形式不断地看到与他人分离的孩子的形象，以及他可能引发的困难，其中，最主要的是演化的形象及其经验。它的最为显著的特征在于，成长不只涉及自我与他人之间的新关系，还涉及自我与他人的新结构，涉及重新确定边界（即我的权限范围和你的权限范围）。这种重新确定最终包括为你提供新保证，保证你与我有所不同（与此同时，在建立关系时，甚至可以允许你的权限范围大于我的权限范围）。

当儿童否定的不是过去的自我正在形成的自我时，我们不可期待"你的权限大于我的权限"的人际关系。埃里克森的"珍妮惨案"（1963）

是一个很好的例子。当埃里克森遇见珍妮时，她才 6 岁。大多数她的同龄人正处于另一种"自然的危机"中（这种危机我们将在下一章讨论）。珍妮虽然已有 6 岁，但她的意义演化却接近于婴儿期的转化，不仅如此，她本身似乎背离了这种转化。因为母亲患肺病，治疗后正处于康复时期，她在 9 个月大时与母亲分离。在后来的 5 个月里，珍妮是在没有母亲的照顾下生活的。虽然我们尚不知道这个损失在多大程度上造成了珍妮今后无力在世界上茁壮成长，但是我们确实知道，她失去母亲时恰恰处在可以期望她开始离开母亲文化的时候。我们知道，这个发展（从完全的植入中摆脱出来）"创造"了客体世界，而且大多数儿童都会追求和关注这些新近形成的他物与他人。而珍妮对人和物表示害怕，好像这些演化带来的东西与她的意愿是相悖的。我们知道，客体的创造需要一种保持表象、采取象征和发展语言的内部能力。我们还知道，正如埃里克森的报告指出的那样，珍妮"反对言语"，也就是说，像大部分受到严重干扰的孩子一样，她关闭了自己的感官，把它们视作敌对的和身外的东西（p.198）。再者，好像在第一年发展的某一时候，她失去了对生命运动的控制，将自己变成了它的客体。于是，出现了这样一个问题：这是否因为她丢失了自己（把母亲与自己混同起来）。我们知道，在每一个发展转化的正常过程中，从植入文化中摆脱涉及抛弃我曾经沉浸过的东西，"客体"一词指的就是抛弃。但是，珍妮感到自己被抛弃了，她"直言不讳这是一种自我惩罚"，甚至毫不夸张地屡次要求被抛弃。

在奥维德最具开创性的一个故事中，丢卡利翁（Deucalion）和皮拉（Pyrrha）是洪水之后幸存于地球上的两个人。世界重新开始，他们面临开发世界的任务。众神告诫他们："把你们母亲的遗骸抛在脑后。"虽然这话乍一听好似一个可怖的亵渎，但他们终于得到较为合理的解释。他们断定，众神所指的是地球，地球是他们的母亲，地球抚育了他们，他们就住在这个地球上。他们捡起地上的石块向背后扔去，慢慢地这些石块成了一个个独立的活体，成了像他们自己一样的人，与他们一起迈向世界。

　　婴儿从羊水里走了出来，生活在一个没有他人的世界上。他响应众神的规劝，走向一个不断发展的世界。像丢卡利翁和皮拉一样，健壮的婴儿把母亲的遗骸掷向脑后，在世界上既发展自己也创造他人，并且与之建立关系。在这个过程中，他对与母亲的短暂分离所产生的"大地颤抖"特别敏感，因为这些危及他的平衡。但是，如果在这个时候，他的母亲真的离开了，像珍妮的遭遇一样，则孩子的生活看起来会岌岌可危，孩子可能感到是他而不是母亲的遗骸被扔在了脑后。

第五章

冲动性自我的消失

在上一章，我们观察了人格发展中的一个主要转变，这种转变发生在 9 ～ 21 个月大的孩子身上。转变结束时，人与人之间在一些基本方面出现了个体差异。我曾指出，这些差异属于演化问题，即有机体与"生命周围的事物"的关系的变化。与其说这些差异存在于孩子"内部"，倒不如说存在于孩子与周围世界的关系中，当然也包括孩子与我们的关系。我们在与一个正在成长的个体的关系中所体验到的差异，与我们自己在成长过程中所体验到的差异相似。婴儿期的转化，以及这种转化所引出的**依恋**（attachment）和**分离**（separation）的主题，在目前的心理学文献中已广为人知。当我们开始探究个体的另一种同样基本的发展变化时，我们可以看到这些主题贯穿于我们的一生，只不过它们再出现时并不再是以婴儿期的表现形式呈现，而是作为生命演化史的一个新篇章（见表 5–1）。

你如果与 4 ～ 5 岁的孩子和 8 ～ 9 岁的孩子各相处一段时间，就会发现两者之间的不同。个中差异好像不仅仅是由于孩子"长大了"，或者是因为孩子沿着同一发展平面获得了持续的心理成长，他们在心理上更具"组织性"，更能约束自己的行为。年幼的孩子很难长时间静静坐

表5-1 冲动向唯我的转化

	阶段 1: 冲动的	阶段 2: 唯我的
基本的结构 （主体－客体的平衡）	主体: 冲动、知觉 客体: 反射（意识、 活动）	主体: 需要、兴趣、 愿望 客体: 冲动、知觉
皮亚杰	前运算的	具体运算的
科尔伯格	惩罚和服从的定向	功利性的定向
卢文格	冲动的	机会主义的
马斯洛	生理满足的定向	安全的定向
麦克利兰/默里	——	权力的定向
埃里克森	主动 vs 内疚	勤奋 vs 自卑

（续）

演化的平衡和心理的植入	植入的文化	功能1：确认（控制）	功能2：矛盾（放手）	功能3：连续性（等待重新整合）	某些自然过渡的"主体－客体"（桥梁）
（1）冲动的植入：冲动和知觉	典型的家庭三角关系。双亲文化	承认和接受幻想、强烈的依恋和竞争等表现	认识和促进儿童从植入于幻想和冲动的自我中心状态中摆脱出来的表现。鼓励儿童对自己的情感负责，不再与父母同床，上学与恋爱，认识儿童再自信，以及他们的"其他满足"	父母允许自己成为较大文化的组成部分，包括学校和同伴关系。主要危机在于：在过渡时期（5～7岁）婚姻或家庭单位的解体	介于1～2的过渡。冲想象中的朋友。以前，动的储藏；我就是冲动，现在，冲动成为我的组成部分。但是，这里每一种都有一点，例如，只有我能看到它，但它不是我
（2）唯我的植入：持续的倾向、兴趣、需要、需求、愿望	角色识别的文化。作为权威和角色分化之机构的学校和家庭。要求角色采择的同伴	承认和接受自信、竞争和角色分化的表现	认识和促进前青年期（或青少年期）从沉溺于自我满足的状态中摆脱出来的表现。否认只考虑自身利益的合法性，要求相互关系，即个人坚持其关系可望可靠性	家庭和学校在分享内部体验的关系方面变得次要。主要危机在于，在过渡到青年时期（大约在青年早期，即12～16岁）家庭重新安置	介于2～3的过渡。与我一致的他人，并且真实的他人，但是他们的需要和我自我系统像我一样，以前我等于我需要，后来需要成为我的组成部分，现在它是介于两者之间的某种东西

着不动，他们随时会跑进或跑出，同时在进行一些需要适应他人（或他物）的活动时容易分心；年长的孩子看来具有成人一般的身体耐力，"运动得体"且具有坚忍性。这些差异（在身体上表现得尤其明显）还可以在其他一些更为细微的方面被反复地观察到。年幼的孩子仅把语言作为自我表现和社会交际的一种伴随物；而对年长的孩子来说，语言是相互影响的媒介，是进行社会性自我呈现的核心手段。年幼孩子的头脑中充满自我幻想，以及有关怪物的幻想（例如，成为蜘蛛侠）；而年长的孩子已经开始对事物的本来面目发生兴趣，即便是幻想中的生活，也多少涉及实际存在的事物（例如，成为一名医生）。年幼的孩子在自己的话语中时常穿插着父母的话语，他无法区分这两者，也不清楚他实际上想对你说哪些话，哪些又只不过是他的想象。有时他完全敞开自己的内心世界，你根据他的口头言语便知道他在想些什么；可是，年长的孩子不会这样，事实上，他在培养自己的隐私感和自制力的过程中，似乎已经把这种心理的空洞给封住了。

在前面几章中，我们讲了皮亚杰和科尔伯格提出的关于这种差异的一些其他例子。年幼的儿童把他们对物体的奇异知觉作为物体本身；这种可塑性在年长的儿童身上是看不到的，他们似乎已能对知觉变化与物体变化做出区分。年幼的儿童往往根据外在权威判定的正确或错误进行正误判断，并依照行为的结果为他们的思维定向；可是年长的儿童则根据答案是否对他们有利进行正误判断，思维定向于这些结果背后的意图。最后，在年幼的儿童和年长的儿童之间存在的这些差异，不管其代表的意义是什么，最终也许都会与弗洛伊德联系在一起：年幼的儿童常常热切地卷入与异性父母（作为最喜欢的人）或同性父母（成为分享最喜欢的人注意力的竞争对手）的关系；而年长儿童则不然，他们似乎更少卷入这种引发争议的三角关系中。

1920 年，一位年轻的瑞士心理学家赴维也纳出席国际精神分析大会，他当着西格蒙德·弗洛伊德的面宣读了一篇论文。这篇论文探讨了一种思维过程，它既与弗洛伊德提出的婴儿期的"主要过程"（primary process）无关，也与弗洛伊德所谓的"次要过程"（secondary process），即现实定向的逻辑思维无关。在这位瑞士心理学家看来，这个不同的思维过程出现在主要过程和次要过程的发展阶段之间，即婴儿期和潜伏期之间，也就是弗洛伊德所说的**恋母情结时期**（oedipal period）。这是一种高度直觉的、富于表征的、充满幻想的、自由漂浮的、联想主义的思想，在精神分析的实践中，得到鼓励的就是这种思想。因为这种思想的治疗方法倾向于自由联想、幻想和想象，促使人们采取一种像恋母年龄阶段的孩子那样的自然方式去思考。这也许就是在心理学家看来恋母情结问题经常出现的原因。这位年轻的瑞士心理学家，即让·皮亚杰，所谈论的这种思维后来被称为**"前运算思维"**（preoperational thought）。据说，弗洛伊德曾被这篇论文迷住，但没有证据表明这次大会对两人的思想产生了什么深远的影响。这是心理学发展史上许多交叉点中的一个，在我们看来，这样一种交叉理应引发一场颇具意义的争辩，然而并没有。也许，部分原因在于缺乏一个合适的背景，使这两种思想能够在该背景中凸显。

本章中，我想探讨的是，对童年期这些既普遍存在又互不相同的现象，能否给予一种统一的描述，以便了解意义演化中的特定转变。正是这种转变，使得个体从沉浸于冲动和知觉的状态中摆脱出来，从沉浸于这种成人－儿童的特殊关系的状态中摆脱出来。

如果早期的转变（从阶段 0 到阶段 1）涉及客体的产生，那么后来的转变（从阶段1到阶段2）可以被称为角色的产生。当然，对于这种转变，不论是**认知发展**（cognitive developmental）观，还是**心理动力**（psychodynamic）论，都把焦点放在"角色"（role）的获得上，尽管两者所谈论的是完全不同的现象。

认知发展理论家指向儿童"采择他人角色"（take the role of another）能力的出现，或者说出现观察到他人也具有自己的观点的能力。以精神分析为导向的理论家则指向恋母情结的解决过程和识别过程，儿童通过这种识别过程，放弃对异性成人的不现实的希望，并接受作为一个孩子的社会角色：一个以后将会成长为成人的孩子，一个与双亲关系密切的孩子。这两种自我的重构（reconstructions of the self）都可能是人格发展，即意义演化的某一运动的结果。从这一童年期转变的例子中引申出来的最重要的主题，是一种儿童把自己掌握在手中的意识，即一种自我处理的意识，指向先前并不存在的认知的、情感的、内部的和行为上的自给自足。其中，我们马上可以联想到的一种演化，是从外骨骼形式（exoskeletal form）向内骨骼形式（endoskeletal form）的转变——儿童的结构仿佛"内化"，被掩盖起来，不再经常敞开，不再与世界分享。根据建构-发展的观点，心理动力学上所谓的**"内化"**（internlzation），是一种演化过程。通过这一过程，主观意识被当作客观事物对待，并被整合成一种新的主观性。这种新的主观性，能够将知觉"内化"，把一种知觉与另一种知觉并列，因此能看到一种客体并不会因为它看起来不同而改变其自然特性，它能够同时整合两种不同的冲动，从而体验到一种矛盾心理（ambivalence）；它可以跨越时间而整合同样的冲动，从而建构"持续的倾向"（需要和兴趣），或者说"我倾向的方式"，即一种对自我的界定。作为一个学步的孩子，在占据客体并以"我"和"我的"

语言进行表述时,"我"所表示的实际上是"我就是"(that I am)的意识;可是作为一个 7 岁的孩童,在获得角色时,"我"正在发展出一种"我是什么"(what I am)的意识,即一种随时间的变化而特性不变的自我。

对这种演化来说,正如对所有的演化一样,其核心是某种特殊的东西的丧失。当我们说儿童的转变涉及一种"自我满足"(self-sufficiency)的产生时,我们必须指出这种转变还涉及对世界中"他人满足"(other-sufficiency)的发现。从前,自然物体与"我"有很大关系,只要"我"改变对它的知觉,它就会发生改变;现在看来,它有着自己的存在方式。从前,他人的存在与"我"有很大关系,只要"我"想象他在世界上的地位与"我"一样优越,他就应该具有这样的优越地位;现在看来,他具有他自己的观点和自己的地位。从外部观察这样的儿童,他们似乎正在从幻想的定向转向现实的定向;儿童正在成长;意义的演化是追寻真理的事业;它向世界保证其独特的完整性。可是,意义的演化也为演化中的人所经历,同样的过程也涉及客体和他人的一种特殊卷入的丧失,该客体和他人是儿童本人在几年前刚发现的,是意义演化中的上一个剧烈动荡的结果。

我们描述性地谈到的分化过程,可以涉及儿童对客观世界的日益增长的失望。儿童逐渐发现,这种客观世界并非为他所有,他的意图和目标只是他自己的一种功能,并不能作用于客体。一个婴儿发现,存在一个与他相分离的世界;但是几年以后,这个孩子才会发现这个分离的世界并不隶属于他。当他的冲动和知觉受到自我调节时,儿童创造了一个自我,一个他认为与众不同的、能做好自己的事的自我;这些事包括骑自行车、存钱、交换卡片、戴手表、背包跑步、猜谜、收集钱币、自我觉醒、解决难题等我们所熟知的 9 岁或 10 岁儿童的行为。但是,在这个过程的最初阶段，对一个 6 岁的儿童来说，他可能会受到相反现实的冲击。他会发现，他人也有他人的事，他人也有他人的"持续倾向"；而且，不管他们多么爱他，他们并不受制于他对满足、舒适、轻松和怀抱的渴望，甚至完全不受这些影响。认知发展理论家的"学会采择他人的角色"，以及精神分析理论家的"放弃恋母情结的欲望"，两者都在这一演化转变中找到了解释。

根据建构－发展的观点，恋母情结阶段，它的既具竞争性又具浪漫性的双亲关系，它的沮丧，以及它的解决，主要涉及一种相比父母与孩子的关系，更为基本的人际关系的经验。它涉及对演化停滞的投入和重建；涉及自我的成长和丧失（父母曾对这种自我甚感困惑），以及个体与世界的基本关系。像婴儿对母亲的依恋和分离一样，恋母情结的演化是贯穿个体整个发展阶段的颇具时代特性的剧作。当这一过程重现时，就像在大多数人的生活中一样，它可能不是以恋母情结出现的，而是另有表现形式。像 12 个月大的婴儿的焦虑一样（这种焦虑可能涉及婴儿与世界失去平衡，而不涉及母亲的丧失），5 岁儿童的焦虑可能涉及远比无法控制自己的冲动更多的东西（如想象妖怪、梦魇和恐惧等）；也可能涉及他与自身的分离，这种分离提出了控制冲动的可能性。

由此可见，弗洛伊德设计的著名场景（对此，他曾谦逊地说："如果除了有关恋母情结的知识，我的研究对人类别无贡献，那么仅仅恋母情结这一点就足以保证它在文明史上的地位了。"），既非维多利亚时代的维也纳遗物，也不涉及童年期性欲的变迁。在弗洛伊德看来，可以确定的东西是第二宫外羊膜囊（second extrauterine amniotic sac），或者说控制的环境或植入的文化；这是一种带有演化的"主体性"的人类媒介，在此情况下沉浸于冲动，多少有助于产生源于这种主体性的新的人格。

　　与婴儿容易把自己的反射、感觉和运动与他所沉浸的文化（抚育者的文化）相混淆不同，年幼的儿童已认识到存在一个与他相分离的世界，但还是会把自己的冲动的运动与他沉浸的文化的运动（实际上这种沉浸的文化是指他人组成的一个系统）相混淆。年幼的儿童现在已能发现他人与他截然不同，但是他关于"他人"的概念仍与成人的概念存在明显的区别。由这一框架呈现的最难以把握的一个情景是，在个体的演化上重新创造了与他有关的"他人"，他周围的"我们"便成为某种与他完全不同的东西。面对这种变化，至关重要的是一个人尽量不把我们与他自己相混淆——不是数量上的减少相关，而是性质上的减少相关。对年幼的儿童来说，他人与他自己的冲动的满足或阻挠是相混淆的。

　　虽然认为年幼的儿童想把父母一方作为爱恋对象的想法对我们没有什么好处，但下面的考虑则具有一定的启发性：儿童沉浸于其冲动的唯一的社会背景是家庭；他的爱恋模式像任何其他东西一样，是他的意义建构的一种功能；使他的冲动得以满足的能力肯定在某种程度上被现实阻挠，至少部分受阻，现实就是他得不到全部的注意。通过这种方法，沉浸文化自然发挥了确认和矛盾的双重功能，这种双重功能有助于发展的个体摆脱沉浸。虽然根据这一观点，认为一个儿童的冲动生活来自对异性家长的吸引是有失偏颇的，但是下述考虑是有一定道理的，即在与沉浸的文化相融合的过程中，儿童发现双亲之一可能比另一个更能满足他的许多冲动；而且，随着他体验到这一愿望的不幸命运，他发现父母中的一方或者兄弟姐妹，是他的冲动得到满足的主要竞争者或阻挠者。

　　尽管婴儿期的"分离"概念十分流行，婴儿关于好母亲和坏母亲的假设，最终把他"解体"成一个能够抵消情欲和攻击性冲动的客体。但是，用这种观点去假设一个新生儿的复杂性，从发展的角度说是不公正的。很显然，某些心理动力学的推测必须根据该理论提出的，目前所知的发展过程的时间表加以调整。例如，正如早期的一些学者所指出的那样，不该把恋母情结时期限于 3 ~ 5 岁；它只在这个时间段达到高峰，但是它的"解体"，即通过演化造成的解体，在接下来的 2 ~ 3 年中仍在继续。确实，年幼的儿童把对父母一方的定向作为其满足冲动的手段，而把双亲中的另一位（或他人）视作其冲动满足的阻挠者，这也是为什么一个 3 岁的儿童无法把英雄和恶棍的角色集于一人身上。由此导致的结果是，对一个不可能感兴趣的人产生感情，即对一个与他截然不同但完全了解他（这种了解包括身体的、心理的、智慧的、灵魂的了解）的人产生一种不可调解的、完全唯我的、无限渴望的情感。

尽管这种情感不可能得到满足（这是弗洛伊德学派的一个核心议题），但它却要求尊重和养育；它界定了在他演化的此时此刻该人是谁，而且最重要的是，它在后来的演化停滞阶段有可能出现任何一种主观性。双亲当中，受宠的一方能否接受这种爱（以及失宠的一方可怜地扮演一个不被同情的角色），对接下来的沉浸文化的控制功能来说是关键的。在认识、享受和确认小孩的亲密表现时，双亲中受宠的一方并不像他或她煽起生活本身的火焰那样急于煽起不适当的情爱之火（弗洛伊德学派遗留的情欲部分），也不急于培养有机体认识和解释活动的活力，将其作为对情绪的支持和心灵的支持。

随着个体的成长，他所沉浸的文化变得更加复杂，包括更加复杂的环境、更多的人，也为那些倡导演化的人们和机构设置了新的测试和挑战。如果婴儿测试抚育者，测试一个他所依赖的人的控制和放手的能力，那么他便对婚姻本身施加了张力，因为这种文化已经波及家庭。当然，对夫妇来说，新生儿的诞生本身就是一种考验。从本质上讲，年幼的儿童更大的复杂性干扰了父母的动力，这种干扰属于主要的干扰而非次要的干扰。尽管双亲中失宠的一方有可能感到精神压力，尤其是对曾享受到与孩子亲密关系的母亲（当她的孩子还是个婴儿时），情况更是如此。对失宠的一方来说，必须了解这一点，即他或她并非不重要，只不过所扮演的角色不同而已。结果，这种"矛盾的载体"代表了对孩子的一种保护，以免过度控制，同时也是对缓慢地出现的一面的终极支持——它最终会帮助孩子自己照顾自己。

对于大多数成人来说，童年早期具有无法估量的吸引力。我们常常痛惜自己年幼时为了效法年长的儿童的**刻板反应**（stereotypic responses）而错过了充满幻想的童年早期，因为年长的儿童已经开始关心如何使他们的举止与"现实"相一致。甚至从身体角度而言，我们发现年长的儿童也不那么惹人喜爱了。也许最令我们感到痛惜的是一种渴望的消失（它曾在我们身上觉醒过一段时间），即渴望被完美地照料、被关心和被保护，被那些远比我们自己更为强大的个体关心、保护、安抚和控制。我之前已经提出两种最大的人生渴望：一种是对包容的渴望，如被欢迎、被亲近、被控制、被联结、成为一个组成部分等；另一种是对与众不同的渴望，如要求自主、要求独立、体现自己的能动作用、自主选择自己的目标等。这些渴望显然处于紧张状态，而所谓的发展史，实际上是一系列暂时的解体，先是有利于一方，然后是有利于另一方。每一次的演化停滞都为分化和整合提供了条件，这是就发展而言的。冲动的平衡（平衡1）代表整合的暂时解决，此时孩子的核心希望和渴望是关于他人的。即将来临的平衡（一方面是从5～7岁的过渡，另一方面又处于恋母情结的危机之中）代表分化的暂时解决。封闭的、自我满足的、关注能力发展的儿童是一个处于平衡状态的"程序",其核心的希望和渴望是关于自我的。这种从明显整合的平衡向明显分化的平衡的转化,在后来的生活中会反复发生,尤其是在青年后期或成年早期(即从人际平衡向法规平衡的转化,或者说从平衡3向平衡4的转化);再次强调,这并不是说青年期会再现幼儿期的恋母情结(正如精神分析理论所提出的那样),而是说这两个时期具有共同的演化特征。

年幼的儿童如何驾驭首次出现的对包容的渴望的成长和丧失,肯定会对他的生命运动的未来走向产生影响。比如,在发展的这个关键时刻上,如果允许自我抱有明显无法实现的希望和期待,那么儿童会习得些什么呢?可以肯定地说,这种允许对进一步发挥创造性和独创性是很关键的,对体验生活的活力、辉煌和冒险也是至关重要的。在经历这一转化时,个体需要告别童年;问题是他应该走向哪儿。如果我们在分化之后没有成功地重新整合,孩子会不会迷失?会不会形成过分分化的、过分成人化的、"过分实惠的"品质?如果我们从未成功地分化,一种过分整合的、边界不明的、"假装成人的"风格是否会开始显现?

至于年幼的儿童如何驾驭每个演化阶段的成长和丧失,肯定与他是否被控制他的文化接受、培养和否认有关。我们即将看到这种植入的文化的特殊作用和功能失调,但是,现在我想首先对它的重要的男女性质发表下看法。虽然我不想把读者引向性别角色认同这种棘手的论题上去(Miller and Dollard,1941;Sears,Ran and Albert,1965;Kohlberg,1966;Maccoby,1966;Bandura,1969;Mischel,1970;Kaplan and Sedney,1980),但是,当正在发育中的孩子意识到自己的性别时,控制他的文化同时也就变得两性化了,这绝非偶然的现象。我想在这里提出的问题,与其说是儿童的性别角色的发展,不如说是提供文化的父母的性别角色发展。在这个时期，双亲在儿童发展中所扮演的角色就好像是儿童体验到的两种基本的渴望的一种人性的象征。这一观点尚有争议。当然，当孩子沉浸于冲动的状态，认为双亲中受宠的一方是包容、整合的代表，这样的考虑似乎是合理的。随着分化的开始，随着下一个平衡的自我满足模型的建立，先前那位失宠的一方成了分化的象征，这样的考虑也是可以成立的。通过这样的分析，父亲和母亲被要求根据他们的孩子是男是女，来从两个方面适度人格化这种持续的紧张状态。关于男人和女人之间的人格差异，有一点是非常肯定的，鉴于目前的演化状态，两性中没有任何一种性别已经充分具备扮演两种角色的能力。男人往往倾向于过度分化，而女人往往倾向于过度整合，这种倾向在我们目前正在探讨的羊水环境中可以自行复制。根据这样一种分析，女孩要求她们的父亲成为她们渴望包容的代表（这恰恰是令许多男人感到沮丧的一个角色），并要求她们的母亲成为分化的模型（这恰恰又是令许多女人感到沮丧的一个角色）。当孩子成长到对同性双亲的认同阶段时，在唯我的平衡中自主定向的自我满足方面，男孩可能会被过度支持，而女孩则缺乏支持。我们将在本章的后续部分以及第八章重新回到这一思路上来，以便形成完整的男性和女性成人期的新概念。

虽然弗洛伊德的恋母情结戏剧性地揭示了第二种植入文化的一些重要特征，但如果认为它体现了所有的特征，则是一种误解。并非所有的冲动性活动都由家庭的浪漫史来表现；同性父母和兄弟姐妹一样，都充当着矛盾的先驱；异性父母并不仅仅参与限制孩子的活动，同性父母也不仅仅参与放手的活动。确切地说，这种文化最为重要的一个功能是限制孩子的行为，对此任务，从理想的角度说，最好由父母双方来承担，他们以联合的方式帮助孩子逐步认识自己与父母之间的适当界限，并最终认识自己和自己的冲动之间的适当界限。尚未处于协调地位的夫妇（例如，夫妇不和或者其中一方想把孩子拉入同盟）会不可避免地更多关注孩子的现状，而不是孩子的成长和变化过程。

设定边界在这一时期十分重要，它是一种文化必要的矛盾功能的经典事例，在这种情况下，所谓的矛盾主要是指孩子的冲动与其周围环境相混淆的矛盾。威廉·布莱克（William Blake）说过："没有对立就没有进步。"但是，一种成功的植入性文化所提供的对立物，必须反映发展中的个体在意义建构中的内在矛盾。最佳的界限设定（在发展的任何一个阶段）不仅仅是预防、控制或权威的运用，更是在这些防止、控制或权威的运用中能使发展中的个体练习接下来进行的自我设限。通过这种方式，有效的限制有助于我们在了解孩子目前状况的同时，看清其发展的方向。它包含了一种在此刻被"投射"（任何一种演化平衡的主观性），而最终将被"内化"（整合的目标）的矛盾心理。

在试图回避前往大学健康服务中心（University Health Services）时，我切身感受到这种边界设定的优雅。我的喉咙有些痛，我"知道"这时候我需要的是一些药物。但我不想走进健康服务中心大楼，与那些人一起坐在候诊室里，等着看医生，结果只是为了拿到一张处方——医生本可以在我无须起床的情况下打给我家附近的药剂师就可办妥。当然，健康服务中心不会赞成一个外行打电话直接要求提供自己的药品。我们的对话是这样的：

我：……因此，我想知道，你是否可以通过电话告诉我这张处方的内容。

护士：我明白了。听着，我希望你对我的疑问别介意，你是医生吗？

　　我：不，我不是医生。

　　护士：你真的不想到这里来就诊，而只想知道处方的内容吗？［问题X］

　　我：正是这样。

　　护士：哦，让我再问你一件事，为什么你会满足于这种业余的医疗服务呢？［问题Y］

　　当然，在这一段谈话中，有些东西太过可爱了，但它的结构颇能说明问题。在护士的问题X和问题Y中，她实际上在针对我的两个截然不同的方面。在开始的谈话中，她认识到代表我的自我的一面，这一面想要照顾好自己，成为自己的医生。因此，她没有忽略这一面；并让我知道她明白这一点。但是，在最后的交谈中，她又与我未曾呈现的另一面进行对话——我只是一位病人。很显然，不论她如何尊重我的自我的那一面，她都十分清楚，她的主要责任都是面对我作为病人的一面，即保证我这位病人能够得到最佳的照料。当她正在运用这种权威时，如果我对这一信息充耳不闻，她便会更加强硬地实施控制和阻止；她努力地认识我的所有方面，并强调她认为正在被忽视的另一面。这是我的事，但从某种程度上说，她的边界设定不是专制的，而是权威的。至于我们实际上能否把这个例子进一步予以推导，说它反映了我自己的发展困境，还不明晰。[1]

　　随着幼儿开始与其旧的受制于冲动的自我发生分化，她便迫切地要

----

① 在我看来，尽管我们可以举出一个例子，以使我的注意力从我的旧的自我，即自我满足的心理结构的持续运动转向由我自己和他人来关心那种结构，但这本质上已经涉及阶段4；对此，可以参见第八章。

求得到一种文化的支持，这种文化将在她业已存在的自我和即将成为的自我中间架起桥梁。一天，我5岁的女儿在与住在马路对面的一个年长的朋友玩了一会儿后回到家，当时我正在客厅。客厅位于前门和通向卧室的楼梯之间，我看不到她进门。因此，尽管我能听见她进门的声音，但假如她想直接上楼，可以轻而易举地躲过我的目光。可是，她并没有这样做，而是径直来到我的面前。我当时正在阅读一些材料，不想听她唠叨，便领着她在我的椅子周围毫无目的地走来走去，以便使她安静下来。实际上，她正试图与我进行一次在她看来十分困难的谈话。当我终于耐心地听她讲述时（我猜想，我很不习惯听她的讲述，她无法把自己小小的渴望讲清楚），她说了如下的话："你见到这个玩具了吗？这是我在珍妮家和我们家中间的马路上捡到的，肯定是某个小孩把它丢在那里的（这是一件看上去很有趣的拼图，但一点儿也不像是被丢在马路上的）它被人扔掉了，而且无法找到失主，所以我想我可以保管它。我认为，我的意思是说，这个玩具是我的了。是啊，它就躺在马路上，你说奇怪不奇怪？它不属于任何人，因此就……"

就这样，她一直跟着我绕着我的椅子踱步。她并不真正地看向我，只是不停地摆弄玩具。她不急于结束这次谈话，而是要将它继续下去，直到我明白她正在说些什么为止。当然，她真正想要的是，她从朋友那里偷来玩具，她试图让我知道事情的原委，以便帮助她解决她的混乱。我把这件事看作一个孩子从冲动性平衡中走出来的典型的过渡行为。如果她沉浸于原先的文化，她会毫不犹豫地按照自己的冲动行事，就像多年来一直闹着要吃小甜饼的那个小怪兽一样（"我要小甜饼！给我小甜饼！"）。在著名的儿童电视剧《芝麻街》（Sesame Street）中，甜饼怪兽对处于平衡1和1～2过渡阶段的儿童来说是一个很成功的角色（芝麻街就是以此阶段的儿童为对象的），因为它不仅体现了原始的冲动，而且开始从这种原始的冲动中分化出来。虽然儿童面对无法控制的冲动能够实施一种潜隐的满足，但他们也能够公开地实施指引其方向的傲慢和贪婪。关键在于，它既可怕又不可怕。如果我的女儿沉浸于冲动之中，那么她就不会把我的注意力引向她如何得到玩具，以及她拥有它的合法性等问题；她只会玩这个玩具而已。如果她完全沉浸于下一种平衡，她也就不会与我进行上述谈话了。

她会有这种冲动而不是成为冲动本身，并能体验到某种嫉妒；这足以阻止她直接将玩具拿走，或者，她会故意，有计划地偷走它（不是出于一时冲动，而是出于内心深处的自我满足）并且径直上楼去，在我见到她之前把赃物藏起来。实际上，她既没专心玩玩具也没把它藏起来。相反，她来找父亲或母亲，试图进行一次在我看来十分困难的谈话，与其说这是满足人类相互作用的第一需要——呈现一种相关而一致的自我，不如说她的谈话表明她的自我再也无法保持一致：她正在呈现两种自我，不是因为她疯了，而是因为她正在演化。毫无疑问，她的某个部分希望我去证实她的计策，与她一起庆祝她的好运，因为她得到了一个这么有吸引力的玩具。谈论她多么需要这个玩具，她感到如何嫉妒，以及如果物归原主又将是何等尴尬时，她又似乎体验到一种解脱，这种解脱是人们在一个秘密的突发事件被他人发现时，常会体验到的。我们说，儿童需要限制。但是，他们最需要的是一种亲密的参与——参与他们的个人演化体验。这是一种有时涉及自然的"摆脱"，即从曾经的自我中摆脱。

在这一年龄段，许多普遍的心理问题都与摆脱冲动的自然演化环境有关。遗尿、随地大便，所有这些在童年早期十分自然和不受关注的行为，在 7 岁孩童身上成了问题，但也算不上什么大问题，因为这个年龄的儿童仍沉浸于童年早期旧的平衡之中。如果 7 岁儿童仍处于这样的发展阶段，他就无须为自己无法控制大小便而烦恼。对于刚开始与冲动相分离，但仍然无法把它们整合进（协调或控制它们）一个新的平衡状态中的儿童来说，上述情况似乎是十分普遍的。于是，儿童面临一种无力使自己保持平衡或使自己与世界的关系协调一致的状态。噩梦、对黑暗中的怪物的恐惧等所起到的作用可能就是将自我从冲动中释放出来。特殊的怪物和极度的痛苦可能反映了难以控制的、无法接受的情感，或者演化困境的可怕一面。最为恐怖的东西（此时已经开始出现）是失去自我的风险、新出现的脆弱的自我、被冲动所控制等。其中，表现尤为突出的是一些被生吞活剥的主题，就像在一个小女孩的故事中，她的想象反映了她既能扮演怪物又能扮演受害者的能力。她害怕的怪物是，"喉咙里长着 1 000 只眼睛，它可以一边看着你一边吃掉你"。通过这一分析，最为重要的是要看到：梦魇、害怕黑暗或控制不住大小便等行为的再现，就其本身而言，并不会引起惊慌，因为它们是演化中自然现象的一部分；只有当它们持续发生，而且特别严重，致使孩子长期不舒服或者损害他与外部世界相互作用的能力时，我们才会开始关注。但是，我们的关注也将基于对正常发展过程的理解。为什么他们未能进步？为什么体验到的冲动如此难以驾驭？为什么对它们的恐惧那般强烈？这些问题常常把我们引向促进孩子演化的人类环境。

这个年龄阶段典型的临床问题——恐校症（school phobia），可以根据这样的分析而获得新的解释。恐校症是到诊所和心理卫生医生那里求诊的儿童最为常见的一种疾病，它的主要表现是害怕上学，即在该上学的时候不愿意离家。瓦尔德福格尔（Waldfogel）、库利奇（Coolidge）和哈恩（Hahn）是这样论述的：

它伴有身体的症状，通常涉及消化系统症状，但有时也表现为其他一些症状，如喉咙痛、头痛或腿痛。这些身体上的痛苦被用作待在家里的借口，孩子一旦获得可以不必上学的保证，这些症状也就随之消失。最典型的情况是，孩子在早餐时作呕或者诉说肚子痛，抗拒一切希望他上学的尝试，像保证、讲道理或胁迫。伴随恐校症的还有其他一些恐惧症状——害怕动物、害怕噪声、害怕黑夜。（1957，p. 754）

当一种植入性文化未能发挥我们所说的第二种基本功能（及时放手）时，它就消极地激发了我们在婴儿期见到的三个核心主题。我们说过，处于过渡阶段（平衡0～平衡1）的婴儿在身体上经历着一种既能感知到又不能感知到的张力（例如，在一隐一现的躲猫猫游戏中），既感到平衡又感到失衡的张力（例如，在学习走路时），既能找到物体又能丢失物体的张力（例如，在大量藏起玩具的游戏中）。这些主题（这里主要是指身体的体验）可能实际上是一种演化的过渡的表现，并以一种抽象的方式在演化停滞的每一次基本重组中表现出来。一种植入性文化如果在过渡时期未能发挥桥梁作用，便会让一个人迷失和失去平衡，而且（对恐校症也许是十分重要的）它给人留下这样一种经验，即成长意味着不可复得的丧失。家庭属于旧的沉浸（沉浸于我的冲动，甚至沉浸于曾经的自我）。家庭未能使自己成为一种新的平衡的客体（它试图不明智地捍卫旧的平衡），从而引发一种无法摆脱的忧惧，即成长必定涉及自我（以及与旧的自我相伴随的我的家庭）的丧失。

现代美国的学校生活要求儿童从大约5岁或6岁起就在身体上与家庭文化相分离，这是学校教育法规依据学龄所规定的。身体上的脱离有助于心理上的分离，而家庭式（the quasifamilial nature）幼儿园可以使植入文化逐步多样化。但是，身体上的分离不等于心理上的分离，而且有些适龄儿童对这种分离准备得尚不充分，因为有些家庭还没有准备好放弃在促进儿童的演化过程中所扮演的角色。

当孩子害怕上学时，父母与孩子之间的关系一般表现为父母双方或一方的过度参与。父母无法传递对应信息，无法促进分化，发现他或她无力设置限制，拒绝惩罚，难以对其孩子承认或表达愤怒的情感。甚于这种"非分化"的情况是，有人发现一种过度投入的"整合"，正如在萨桑（Saxon）的漫画（见图5-1）中所表现的那样，这种整合以一种

克里斯托弗从未被成人粗暴地对待过。他信任我
们。福布斯小姐，我希望你也不要辜负这种信任。

图 5-1　萨桑的漫画

变得失控的儿童中心主义方式进行表达："这一儿童抚育模式反映了母亲对孩子的奉承。她认为不应该剥夺孩子的生理需要或心理需要，应该始终为了孩子牺牲自己的舒适和方便。所以，一位整天坐在幼儿园里陪伴儿子的母亲会顺从地说，只要对儿子有利，她觉得这样无所谓。"（Waldfogel，Coolidge and Hahn，1957，p.757）在同一项研究中，也可以看到父亲过度参与的情况，他们或者与母亲联合，或者与母亲竞争，争夺在抚育孩子方面的首要地位。

尽管精神分析的观点和建构－发展的观点都认为，上述父母的情况是造成恐校症的主要因素，但是，这两种观点对于为什么会出现这种情况，以及正常的情况又应如何等问题，却有相当不同的看法。瓦尔德福格尔及其同事在研究中发现，有些儿童对他们自己的性别角色感到困惑，而研究者把儿童的这种两性冲突归因于父母（尤其是父亲）未能扮演明确的双亲角色。所谓"明确的双亲角色"是说，母亲应当把她们的角色定位于渴望包容、联系和整合的支持者和模范；父亲则应当把他们的角色定位于能动、自主和分化的支持者和模范。但是，关于这一点是有争议的，儿童的两性混乱以及无法对他或她自己进行区分，主要不是由于父母未能分化他们彼此的角色，而是因为他们未能处理他们自身内部的基本张力状态的两个方面。当父母双方明显地使自己呈现两极分化时（与包容／自主的张力相对），儿童对他们的性别认同就可能较少产生混乱。但是，下述说法也是可以探讨的，如果当儿童正在把不同的方面整合成自我或他人的单一结构时，两极分化出现，则这种两极分化会相应地促进现代男子气和女子气的过度分化和过度整合。精神分析理论关注父母之间明显的角色差异，因为性别认同与角色扮演是紧紧地联系在一起的。根据建构－发展的观点（见第八章），成熟成人的特征是，能够把自己看作男性或女性，而无须羞于承认一个人对包容或自主的渴望。鉴于这一理由，最具发展性的父母将是这种基本的人类张力的两个方面的斗士，他们的父母角色可以反映确认和矛盾、培育和限制。至于这种角色的一致性是否会阻碍儿童性别认同的发展（精神分析的预言），或者为更具平衡性的男子气和女子气增加可能性，这便是一个经验主义的问题了。

根据建构－发展的观点，如果认为患有恐惧症的孩子的父母彼此无法平衡，那么这样的想法未免简单了一些。母亲的过度参与并不是由于父亲忽略了他的分化角色，而是由于母亲自身分化不够，无法调节她自己对孩子的亲密和联结的渴望。母亲的渴望不该被如此诋毁，实际上，那些渴望中也存在某些美好且健康的东西。阻碍儿童发展的并非那些渴望，事实上，对孩子来说，它们是一种力量和礼物，正如许多母亲自己所体验的那样。确切地说，恰恰是母亲那些未得到发展的或不被承认的对抗性渴望（它们无法产生积极的影响）阻碍了儿童的发展。同样，父亲对困难所做的贡献不能被理解为他放弃了分化的角色，好像他参与儿童的培养这件事本身就是欠妥当的。实际上，他的参与本身并不是问题；只有当他对差异、个人主动性和自我对竞争性的渴望得不到调节时，这件事才成了问题。在当前重新审视美国性别角色的环境中，父亲的情况表明了两种新角色之间的差异。一种新角色预示着更为健康的发展（包括父亲、孩子和妻子的健康发展），另一种新角色似乎预示着一种新形式的发展困难。这种对文化的重新审视，倡导男性被允许渴望包容或者女性被允许渴望独立，此类倡导能以各种不同的方式被接受。一种情况是为了新的渴望而放弃旧的渴望，另一种情况是把新的渴望与旧的渴望整合起来，这两种情况之间的差异本质上是二分法和辩证法之间的差异，记住这一差异是重要的。

尽管精神分析的观点和建构 – 发展的观点在理解恐校症儿童的植入文化方面存在分歧，但它们对儿童面临的问题有着相同的理解，明确这一点很重要。精神分析观点关于儿童不适应的过程和代价等的理解，为演化研究提供了丰富的资料，这种演化在我看来是人格发展的核心运动。例如，瓦尔德福格尔、库利奇和哈恩（1957）就谈到过：①自我自主性（ego autonomy）的削弱；②自恋性满足（narcissistic gratifications）的膨胀需要；③抑制过程的削弱。对此，让我们一一加以讨论。

缺乏坚实的外部控制，儿童就无法体验**辅助性冲动控制**（auxiliary impulse control）的放松带来的舒适感，更不用说开始培养自己调节冲动能力的信心了。有趣的是，正如瓦尔德福格尔的研究所指出的那样，在恐校症儿童身上并不总是能够找到非正常程度或非正常数量的早期创伤性经历。恐校症儿童的生活态度不是对一个可怕的和危险的世界的一种习得性倾向；相反，我们认为，他们被剥夺了体验冲动的真正结果和对控制的易感性等机会，此时他的冲动的可怕且危险的部分就可能表现出来。由于不能控制这些冲动（无法"拥有"它们），儿童便会认为，"成为"冲动或者设法成为冲动（这意味着儿童继续沉浸于把冲动混淆起来的环境之中，即家庭之中），似乎会更加安全一些。一切发展性转变都涉及自我自主性的新形式；一切有问题或受到抑制的转变都会威胁这种自主性。当孩子以这种方式紧紧抓住父母时，与其说儿童正在向外部能量放弃自主，还不如说儿童正在勉强接受旧的自主（对反射的自主），而非追求即将到来的自主（对冲动的自主）。与其说儿童在继续依赖父母，不如说儿童在拖延他的演化进程，以避免造成他与父母之间的差异。

瓦尔德福格尔、库利奇和哈恩说："与自主的自我作用的缺乏相伴随的是自恋性满足需要的膨胀，儿童主要通过继续剥削顺从的父母达到这一点。他们无法限制他的要求，这些要求有时简直到了专横的地步。父母的这种无能助长了他的全能幻想，助长了他产生神奇想法的倾向，这种神奇想法把愿望与愿望的实现等同了起来。"（1957，p.757）所有这一切解释了意义演化的完美和简单感。由于儿童尚未成功地从其冲动中分化出来，因此他就十分自然地处于那个发展的阶段，在那个阶段，幻想仍未得到反省，他对现实的建构像他的愿望一样不稳定；"神奇的想法"是平衡1儿童的自然演化状态。儿童行使着父母不恰当地为其提供的权力，这种行使是"剥削性的"，只有从他人的立场而非儿童的立场才能看得出来。在儿童的行为能被恰当地称作"可利用的"（exploitative）或"可操作的"（manipulative）前，儿童必须达到下一个平衡（即平衡2）的自我满足的"自我自主性"。恐校症儿童只是在利用一种植入性文化，这种文化在儿童将其冲动与父母相混淆方面确认过度而矛盾不足。

同样，根据建构 – 发展的观点，所谓"抑制过程"的削弱是由于旧的结构缺乏整合，它既不消失也不是被我们界定的结构，而是由我们已经拥有的新结构所中介的那种结构。每一个发展阶段都包含这样一种"抑制"，即原本直接的东西进入"中介的"领域。在发展的这个点上，冲动和现实的幻想被整合起来。所谓"恋母情结的幻想及其表现，通常在这一年龄阶段被抑制"，主要是指儿童未能成功地使演化运动适合其年龄。**潜伏状态**（latency）并非把冲动"隐藏"起来或抑制它们，而是把它们整合进一种新的结构中去。同样，恐校症儿童的"行为"和"症状"从丧失发展的基础这一意义上说，并非退行；他们不过是被推迟或滞留了。

如果儿童在从沉浸的文化中摆脱出来的过程中得不到支持，其结果将是多种多样的，但无一不是有害无益的，就好像胎儿生长时没有羊水的保护。我们可以假定：一方面，对儿童而言，他对家庭的控制具有诱惑的、"保守的"吸引力，借此可以满足他的冲动；另一方面，他又渴望分化，害怕被重新同化，对父母的阻碍感到气愤。很显然，处于这两者之间的儿童会深感不安。

首先，除了不能上学、不能离家，不能解决恋母情结，儿童无法做到的还包括：既无法脱离自己，又无法恢复自己；既无法脱离他已经具有的平衡，又无法恢复这种平衡。他已经失去她的基本平衡；他不知道，他无法建构意义；无法适当地调解、调节、合并、组织自己的冲动生活；既不能控制自己，也不能控制所生活的世界。

恐校症是一种典型的学习障碍。儿童无法学习。问题不在于学习是一种"内容"（content），一种特殊类型的活动；问题在于学习是一种"结构"（structure），一种基本的演化的心理活动，如弗洛伊德所说，是对冲动的控制。在一则稍显牵强但很具说服力的寓言中，弗洛伊德讲述了人类进化成一个具有工业能力的物种的故事。工业的奥秘是制作工具，而制作工具的奥秘在于利用火。寓言中说，面对火，人类的基本冲动是在火上撒尿，以便熄灭它。为了利用火，以便具有"工业"能力，人类必须学会控制灭火的冲动。如果以个体发生重现种系演化，那么种系演化的重现恰恰发生在这样一个时刻，在 5 ~ 7 岁，即儿童上学之时。埃里克森把这段潜伏期称作勤奋的年代（era of industry），不是没有原因的。我认为，我们这里正在探索的是儿童对学习、能力、技能和工具进行新定向的深层结构。当儿童开始上学而心理上却对学习尚无准备时，这种社会任务和个体演化之间的不一致肯定是令人痛苦的，不仅对儿童本身，而且对关心儿童的任何一个人来说，都是痛苦的。就儿童而言，其反应不一定是恐校症；任何一种反应都是有可能的，包括勇敢地尝试那些爱我的人要我做的事情，以及对我的所作所为给我周围的人带来的不愉快感到不知所措。不论儿童的反应如何，如果我们能够仔细观察，就可以透过表面现象看到本质——问题出在我们要求儿童做的事情总是超越他的能力范围。凡是看到这种本质的人都清楚，首先要做的就是停止向孩子施加压力。

在接踵而至的文化中，儿童的同伴将成为新的提供者。这种文化以其自身的方式确认和歌颂着生活的规则和秩序，以及个人在学校公共生活中的自我满足、能力和个人展现。一个儿童必须演化到下一个平衡阶段，才能在同伴中占有一席之地；她必须采择他人的角色；她必须把他人视作具有其自身目标和意图的不同的个体。我将在下一章进一步探讨同伴社会，但是，在这里我想提及的是，如果我们观察一下 8 岁儿童对待那些与他们演化不同步的同龄伙伴的方式，那将是十分有趣但令人不安的。他们并不向自己的朋友或他们分析的对象宣告：“我们中间的很多人已经从冲动平衡过渡到唯我平衡，但还有人仍处于平衡 1 的阶段。”可是，他们确实会做出诊断，即那些人有点“怪”，并且在其发展方向上表现出有点想摆脱“控制”的样子。塞尔曼及其同事在贝克儿童指导中心的曼维尔学校（the Manville School of the Baker Child Guidance Center）对一些据说有“人际关系问题”的儿童进行了研究。他们的研究支持了这样一种假设，即这些儿童往往处于平衡 1 或平衡 1 ~ 2 的过渡阶段，而与之相匹配（年龄、性别、智商、社会阶层等相同）的“正常儿童”，则往往处于或正在超越平衡 2 的阶段（Selman，1980）。

正如我们已经说过的，当一个儿童在心理上尚未对上学做好准备时，我们可以去探索一下他的内在环境——他所沉浸的文化，这种环境既是儿童的组成部分，又是儿童成长的支持者。正如我们对待每一种植入性文化那样，我们可以区分出三种基本的功能：它必须实施控制（确认和认识）；它必须及时放手（有助于分化，产生矛盾）；当儿童保留文化中的某些东西，将其作为新的结构的组成部分而加以恢复时，这一微妙的时刻，它必须有所保留，以便恢复之用。

我们在本章中已经探讨了前两种功能，现在，对第三种功能的有关问题说上几句也许是合适的。在这一年龄阶段，文化的第三种功能的典型失败，首推双亲关系的瓦解，例如死亡、离婚或分居。对于每一个家庭成员来说，在发展的任何一个阶段，父母离异都是一种危机；尤其对于处于从平衡 1 到平衡 2 的过渡阶段的儿童来说，更具危险性，因为它代表了对儿童抚育文化的严重打击——这种文化起初集中于母亲身上，后来将扩展至父母双亲以及他人。但在这样一个关键时刻，该文化的本质体现在夫妻两人身上。当儿童试图脱离该文化时，该文化却主动脱离了儿童，这种情境使人想起斯皮茨关于住院婴儿的情景：当这些住院婴儿与母亲失去联系时，也恰逢他们正与母亲进行分化，他们的成长步调似乎立刻停顿了下来。当然，有多少种结婚方式也就有多少种离婚方式，因而如果离婚的父母一方能够在儿童生活中继续扮演合适的角色（尤其在儿童与父母开始分化这个关键时期），那么儿童的生活所面临的因父母离异而带来的风险也许可以大大降低。

第三种功能（连续性）的另外一面，是在旧的文化（现在日益成为一种客体，开始与儿童分离，而非作为一种沉浸的媒介）和即将到来的新文化之间架起一座桥梁。当学龄儿童在心理上做好上学的准备时，它必须部分建立在父母愿意经历以下的转变基础之上，即父母从支持儿童发展的近似于教父或教母的地位，转化成与他人共同支持儿童发展的那种角色，这个他人不只是量上的（如更多的"人们"、老师等），而且还是质上的（他们都是儿童所熟悉的，而且在新的演化平衡中占有一席之地），甚至父母本人也是其中的一个组成部分。如果新的平衡涉及劳作，那么，父母的意愿应该有助于劳作的分化（就文化的作用而言），这种劳动的分化从家庭手艺演进到社会工业。

当孩子经历这种演化，并获得先前必须由他人来实施的权威时，就会表现出一种非凡的自我满足感。也许这种自我满足感的典型表现（而且是典型的喜剧式的）是年幼的儿童决定离家出走。也许，对一种成功地实施其第三种功能的文化来说，其典型的表现是父母耐心等待，当儿童发现无法真正地脱离家庭时，父母便允许儿童踏上归途。我将以一则真实的故事来结束本章，这则故事向我们传递了一些有关完美婚姻的信息：一方面，父母意识到离家出走的孩子回家时的那一刻是敏感的；另一方面，孩子具有维护自己的尊严和完整性的新能力，完美婚姻中的某些东西就介于这两者之间。故事是这样的：

一天傍晚，一个8岁的男孩说，他已经受够了他的父母，于是决定离家出走。父母表示理解，并看着他把一些东西装进了一只皮箱。他们告诉他，他们将会十分想念他，并与他道别。当男孩走出屋子，与邻近地区的几个朋友一起玩时，他们谨慎地从窗子里向外望着。没过多久，天色暗了下来，到了吃晚饭的时间，男孩的朋友们纷纷回家去了。父母悄悄观察着他们的儿子，他一个人站了好一会儿，然后又靠着他的小皮箱站了一阵子。然后，他步履缓慢、神情沮丧地走回家。父母立即开始考虑当他们和儿子重逢时将会发生什么情况。他们看到儿子脸上羞愧的表情，却不想使他进一步出丑，因此，他们在吃不准该怎么办的情况下，最终做出了一个明智的选择。当他们的儿子走进家门时，父母坐着不动，而且缄默不语，给儿子送去一种冷静的、不想询问原委的目光。儿子坐在父母对面的椅子上，他们注视着他，儿子也显得比较冷静，并开始陷入了沉思。三人中无一人开口。最后，家里养的一只猫奔跑着穿过房间中央。男孩抬头一望，对父母说："我看到你们仍旧养着那只老猫。"

第六章

唯我性自我的消长

在上一章里，我给你们描述了一个男孩维护尊严的故事。他离家出走的尝试失败了，但他的新的演化性平衡没有失败。他似乎在说："好吧，我回来了；但是，你们用不着照顾我，不依靠你们，我照样能管好自己。我已经离家了一段时间，现在我回来了。"他说："我看你们仍旧养着那只老猫。"在"你们"背后正是连年的演化和辛苦赢得的分化。

这个新的平衡以冲动和知觉为对象，产生了跨越时间的冲动和知觉，产生了持续的倾向，即对人和物的连续的感知。一个最重要的连续的感知就是儿童对自己的感知。随着平衡的演化，儿童开始形成自我概念（self-concept）。在学龄儿童的生活中，自尊（self-esteem）、能力、自我表现和个人夸大（personal aggrandizement）等的过度分化议题和家庭内部冲动性满足的过度整合（over integrated）问题都是核心问题。儿童发现，他所处的环境，如家庭、学校、同伴文化，都是下一种演化文化的潜在的组成部分，它的首要功能就是识别和确认儿童形成新意义（new meaning）的表现。在本章中，我们将探讨一种新的抱持性环境。这种抱持性环境不仅培养了我们的主体，而且将协助个体人格超越唯我的平衡，继续向前演化。我们仍将继续关注主体-客体的关系的现象学，其转化的经验，以及它得以发生的心理社会环境。在本章中，我们所列举的事例是呈螺旋形上升的，即从过度分化的唯我性自我向过度包容的人际性自我转变（见表 6–1）。

使学校、同伴文化和家庭重建成为普遍的心理社会环境的主要因素，是它们每一个都有培养"角色"的潜力——它不像角色本身的组织和实施那样支持某一个特殊的角色。儿童从家庭环境的冲动混乱状态中分化出来，从对长者无差别的依恋状态中脱离，进入与"双亲"关系密切的"儿童"角色。这一角色的建构是更为一般的演化过程的组成部分，它使儿童而非父母成为其人生中各种冲动的主宰。这种成熟需要父母给予确认，只有当父母重建的关注点与儿童自己新建的文化达成一致时，父母才能成为儿童所沉浸的文化中的组成部分。无论是对孩子的隐私、孩子在家庭中的私人空间的日益尊重，还是允许孩子自己挑选礼物，决定零花钱的数额，总之他们都必须以这样或那样的方式"准许"孩子的质变。一直以来，教养环境的首要功能都是对一个人的承认和确认。一个养育的环境必须支持（不是指监督或看管）一个人去实施他自己的行为（犹如在羊水中自由"漂浮"一样）。支持但不去迫使，也许是养育任务的首要要求。

通过接管控制和权力（之前一直由家长实施），儿童正在为他的新的结构在家庭生活中的旧舞台上争取一席之地，这对孩子来说是一种冒险，对家长来说是一项困难的工作。幸运的是，家长不再是唯一的文化提供者。儿童所沉浸的文化的日益分化的有益的结果是旧的支持者总是伴随着新的支持者，后者能够调节和纠正前者不可避免的扭曲。因此，母亲仍是 3 岁孩子的主要文化来源，为避免她过分地受制于将孩子看作婴儿的意识，伴随而来的便是丈夫的各种不同的观念的参与，于是丈夫

发展的自我
The Evolving Self

表6-1 从唯我性平衡向人际关系的转变

	阶段 2: 唯我性	阶段 3: 人际关系
基本结构 （主体－客体的平衡）	主体——需要、关心、意愿 客体——冲动、知觉	主体——人际关系、相互关系 客体——需要、关心、意愿
皮亚杰	具体运算的	早期的形式运算
科尔伯格	功利取向的	人际协调的定向
卢文格	机会主义的	遵奉的
马斯洛	安全的定向	爱、亲密、归属的定向
麦克利兰、默里	权力的定向	归属或接纳的定向
埃里克森	勤奋 vs 自卑	（归属 vs 遵奉）

（续）

演化的平衡与心理的沉浸	植入的文化	功能1：确认（控制）	功能2：矛盾（放手）	功能3：连续性（等待重新整合）	一些自然过渡的"主体-客体"桥梁
(2)唯我的植入，持续的倾向、需要、兴趣、意愿	角色认识的文化。学校和家庭作为权威或角色分化的机构。需要角色扮演的同伴团体	承认和促进自我满足，能力和角色分化的表现	认识和促进前青年期（或青少年期）从沉浸于自我的状态中摆脱出来。否认只考虑个人利益的合法性，要求相互关系、维持他人的关系、期望可靠的信赖	家庭和学校在分享内部经验方面处于次要地位。最大的危机在于：在过渡期间（大约青年早期，12～16岁）家庭重新安置	介于2～3之间的过渡。另外一个与我相同的人，他是真实的，但是他的需要和自我系统要我以前的那部分一样，最终成为我的一个组成部分，但是现在仍是介于两者之间的某种东西
(3)人际的植入，人际关系、相互关系，人际关系的协调	彼此互惠的一对一关系，互相关系的文化	承认和促进在互相的人际关系中协作的自我栖堆能力。定向于内部状态、分享主体的经验、情感和心境	认识和促进青年晚期或成年期从沉浸于人际关系中摆脱出来的表现。人或背景不再混合，但仍寻求联系，并对此表示关心。要求一个人对自己的首创精神负责。维护他人的独立	人际的伙伴关系被视作相对的，或被置于思想上与心理上自我界定的更大背景之中。最大的危机在于：人际的伙伴关系恰在从沉浸的文化中摆脱出来之时离去（不易提供年龄标准）	介于3～4之间的过渡。上大学、做临时工，服兵役。暂时的同一性机会，既把人际背景抛在后面，又维护它，等待它回来。参加时间上限定的有规则的生活（例如，大学4年，服兵役期）

逐渐成为新的文化中的组成部分。同样，当儿童演化到唯我性平衡时，学校和同伴这两个方面会加入父母的行列，不管父母愿意不愿意，学校和同伴都有助于纠正父母对子女发展的不合适的期待。

哈里·斯塔克·沙利文（Harry Stack Sullivan，1953）[1] 称唯我性平衡为"少年时代"，他认为这一时期的主要标志是两种动力：竞争和妥协。两者都有充分的机会在正式的学校关系和非正式的同伴关系等文化里表现，而且两者都涉及角色的扮演。然而，学校教育改革者或开明的家长，也许会谴责学校正在灌输的竞争精神，毕竟竞争行为是儿童意义建构的自然表现的说法尚存在争议。虽然人们可以发现，处于这一年龄阶段的儿童在日常的互动中有时会出现无休止的争辩、比较和贬低，这在成人听来非常刺耳，但是，下述说法也是值得探讨的，即所有这些行为均适合于儿童发展的需要，儿童需要通过这些行为建立、检验、测量和评价自我的"持续倾向"。沙利文所提到的**实用主义妥协**（pragmatic compromises）同样是一种对新能力的练习（或检验），这是一种采择他人角色的能力，即一个人为了自己的利益所实施的行为。

对这一年龄阶段的正在演化的儿童所处的学校环境和同伴环境来说，这些能力是至关重要的。不管人们是否熟悉初等教育，他们都会被告知，小学阶段最主要的任务是学会上学，学会在有规则和有目标的世界里生活，在那里，自我中心的行为是得不到容忍的。对大多数儿童来说，在学校隐性课程的发展要求（常常是不知不觉进行的）与儿童的演化水平之间存在良好的匹配。学校已经具备把儿童培养成一个人的

---

[1]　哈里·斯塔克·沙利文，美国精神病学家，精神分析社会文化学派的主要代表人物之一，也是第一个把人际关系理论引入精神分析的人。——译者注

条件。儿童喜欢礼仪、秩序、交易和创造，喜欢接受那些类似他们的行为是正确的、善良的、值得赞赏的信息，这是一种对生命本身的爱，也是一种经久不息的创造性运动。学校对这一年龄阶段出现的问题（尤其是公开的失败或公开的不能胜任）是极为敏感的，它涉及的不只是学校生活的范围，还涉及一个最为根本的问题——影响儿童面对生命的基本倾向，所以，对此问题应该给予关注。另外，不能指望学校在所有方面都能满足儿童演化的需要。如果儿童还没有做好准备过渡到唯我性平衡（即使是暂时的）无法扮演一个角色和采择一个角色，那么若要委托学校培养儿童成为一个独立的个体，就需要对学校和儿童两者都下功夫，对两者都实行干预。

小学时代的同伴文化乍一看似乎比学校本身更不正规，但从某种意义上讲，并非如此。这些儿童文化的实践，不仅在形式上而且在内容上，都有着令人惊讶的规律性，即一种名副其实的口头传统。家长们会吃惊地发现，孩子时不时蹦出的俏皮话和精心设计的规矩仪式，也是他们自己在童年时代热衷追逐的。那无数的仪式、游戏和理解也涉及角色的运用，甚至角色的赞美。虽然其内容看来似乎缺乏意义，例如，如果两个人同时说同一件事，他们会连起手指，背诵特定的咒语，然后保持静默，直到第三个人提出一个直接的问题。但是，儿童的投入恰恰是从意义建构的中心涌出的，因为仪式本身便是它的功能和意义。这一观点是说，每一方均有其特定的角色；每一方都能向他人表明他实践该角色的能力，每一方都能预测他人的行为。同样，在更为微妙的层面上，儿童的互动行为（包括他们的竞争行为和涉及自身利益的妥协行为）也有机会发挥作用，为其成为一个独立的个体服务。

处于这一年龄段和这一演化进程中的儿童，已经能够为彼此提供某种文化环境，在意义建构的演化中，某种全新的东西正在发生。在个体的发展过程中，第一次出现对同龄伙伴（实际上还不止同龄伙伴）的沉浸，即对"发展中的同龄人"的关注。它也是意义演化显著发展的第一个时刻，因为在这个时候，被培养了这么久的个体，开始自己承担培养的功能，一种对其所属的生命群体的持续生存和强化至关重要的功能。尽管经过多年的培养，处于这一阶段的儿童的培养能力仍旧是很有限的，它受到家庭和学校里的成人在培养过程中的调节。它能维持（但相当易变）一种很少具有**非自我意识**（unselfconscious）的性质的结果（这是因为，从某种程度上说，最大的培养被实施得最为有力的地方，也许恰恰是非自我意识的），但却具有自我中心的性质。它能保持下去，但可能是反复无常的。各种庆祝活动和各种赛事吸引儿童参与这些实用主义的同伴联盟，制定合作的仪式和规则，同时，也很容易以同样的仪式之名把某些同龄人排斥在团体之外。我们可以通过一个 10 岁女孩的家庭俱乐部规则看看儿童制定规则的特点（《纽约客》，1954 年 9 月 18 日）：

1. 除非必须，不讲善意的谎言。

2. 除了罗妮（Ronny），不打任何一个人。

3. 不用比"小鬼"更具贬义的词汇。

4. 除了对罗妮，不向人做鬼脸。

5. 不把自己当作猪仔。

6. 除了罗妮的，不许讲别人的闲话。

7. 除了罗妮的，别人的东西不许偷。

8. 不做告密的学生。

9. 除了罗妮的，不损坏他人的东西。

10. 除了对罗妮，不向其他人发脾气。

这个特殊的规则并不是"待人规则"的典范，但是，我们现在知道，有机体并不需要依靠任何"金科玉律"来实现其演化过渡。到了一定阶段，有机体会建立一个相互依存、互惠互利的领域，它将关注能够培养人际关系的环境。在那个时候，成人仍旧需要支持青少年的成长（直到他们在另一时刻能够重新建立他们关注的领域）。但是，与培养唯我的平衡不同，在人际关系的平衡中，将由同龄伙伴来分担最大的责任。因此，由 10 岁儿童组成的同伴团体出现了，虽然这种环境多少有点不稳定，但这是一种最初的社交亮相。它介于一种文化与另一种文化之间，以满足连续发展的需要，并为即将到来的演化的平衡和可靠的教养做好准备。

我们不会嫉妒婴儿与母亲的共生关系，也不会眼红孩童与父母的浪漫关系。我们不认为，当儿童准备好接受这些联结时，这些联结应该是试探性的，以便时间一到儿童更容易放弃它们。我们认为，当儿童需要联结时，一个强有力的联结是对演化过程的最好支持，不论演化过程处于沉浸之时还是处于摆脱沉浸之时。我们认为，相比冲突的、试探性的或处于矛盾中的联结，孩子实际上更容易从一种强而有力的联结中脱离。同样，我们会全方位地对处于唯我阶段的儿童予以确认，比如通过他花钱的途径、他为自己设计的广告、他的随手涂鸦等，这些特征符合 10 岁儿童自我满足的形式，并且这些形式越来越趋于良性。这样强烈的确认只是为即将到来的矛盾的有效性做准备，而不是予以抑制。因此，有机体现在如此地投入，随着转化的成功，有机体将开始作为监护的施予者和承受者取代原来的地位。将来，当他以同样的方式监护别人时，这种监护能力与早期他在受监护时所获得的允诺和鼓励存在多大程度的关联呢？

即将到来的矛盾是什么？8岁儿童身上所表现出来的令人钦佩的自我满足到了16岁儿童的身上便不再那么具有吸引力，因为人们期望后者不仅能自立，而且在人际关系上值得信赖。使唯我平衡得以结束的矛盾是一种对过度分化的否认，正如冲动性平衡的矛盾是一种对过度整合的否认一样。早期的文化（来自父母）是强调孩子不该与父母睡同一张床，上学之后就不该恋家，从而引导孩子向往独立。现在的文化（来自家庭、学校、朋友）是强调青少年在考虑自己的时候也要顾虑他人的感受；言行一致，不负众望，在待人接物方面有独立的判断能力，从而引导孩子对融合产生渴求。当父母发现他们5岁的孩子对妹妹表现出攻击性行为时，会帮助他管理他的嫉妒情绪；当父母发现他们14岁的孩子在星期六晚上违反"宵禁"约定时，则会要他为此负责。这两件事都涉及对孩子行为的限制。但是，我认为，很显然，这两个限制是对立的。第一个限制是一种过分卷入，第二个限制则是卷入不够。

这有助于我们思考丧失的特殊经历。我们说过，演化活动引起平衡的建构和暂时的停滞，但是，在这些停滞里，决定得失的东西是什么呢？从表面上看，它是一个何者为"自己"、何者为"他人"的问题。换言之，我该继续去了解吗？因此，这样的平衡活动自然属于认识论（epistemological）。但是，当人们进入"内部"，观其实质时，维持这种平衡的一个决定得失的问题是，我（我的构造）是否会继续存在。因此，这样的平衡活动自然也属于本体论（ontological）。根据一个平衡者的经验，我们开始研究情感，传统的皮亚杰派对各个阶段的定向必然把我们排斥在这种情感之外。因为我们不是我们的阶段；我们不是在我们的演化中成败未定时刻的自我。我们就是这种演化的活动本身。我们组成我们的阶段，我们经历了这种组成过程。

由于我们正是这种演化运动本身，我们才体验到情绪（情绪一词的原意为 ex+motion，即出自运动或来自运动）。任何一种情绪理论，必由命名运动为开端，运动被视为一个来源。现在，我已为我的候选人提了名。情感可能是一种关于演化的感觉；若要说得复杂一些，它是人格现象学在自我建构意义时所处的困境。

当我们的系统失去平衡时，没有什么能比这种生活困境更加令人痛苦的了。当我迅速地（或延迟地）体验到我自己与我创造的自我之间的分离时，当我面临失去自我的可能性时，这一困境便出现了；埃里克森所谓的萦绕于心的"自我沮丧"（ego chill），说的便是这样的时刻。沮丧来自"我不是我自己"的体验，或者"我失去了我自己"的体验，即在我自己与我所创造的自我之间进行区分的体验。

从唯我性平衡中摆脱出来，会发生些什么呢？自我沉浸于需要、兴趣、意愿，变得脆弱起来。也就是说，"我是我的需要"（他人被假定是他们的需要）这一意义组织受到了威胁。"我"意识到它是不起作用的。根据"我"目前组织现实的方式，"我"在这个世界上遭遇的一切都是无法理解的。我曾一度根据如果事实不能支持理论，则这些事实便是错误的原则来"检验"我的"理论"（我建构意义的方式）：这就是**"同化"**（assimilation）所意指的东西，也是心理动力学上**"防御"**（defense）所意指的东西。这种防御（从理论观点来看，属于贬低的范畴）首先是贯穿意义系统的一种整合的信号；它使该系统成为一种系统。它只有在面临那些不能同化的经验，或者无法在系统内部借助调节来适应的经验时

（对我的意义的更深内涵的认识），系统才会感到其基本的假定可能存在限制或不足的威胁。正是在对这种可能性进行自我防御的过程中——它试图减弱或限制正在形成冲击的环境，这种同化的整合可能成为临床防御，其鲜明特征在于日益增长的社会孤立，甚至在实施极端的控制的条件下表现为妄想。精神疾病性质的妄想（delusions）代表着对威胁性环境的胜利，但代价高昂，因为在创造环境（而不是与环境相互作用）的过程中，一个人切断了自己与滋养其发展的"复杂信息"的联系。

在防御状态下，意义的演化会变得过于认同它目前的组织；世界充满了威胁，已成为既定秩序的敌人。那些维护唯我性平衡的人，可能倾向于认为别人正在迫害他，过于严密地控制他，不给他自由，试图让他"感到内疚"。但是，不管被维护的是哪种平衡，我的感觉是，虽然别人能够端正行为——这种行为是我所熟悉的，也是我长久以来所享受过的，但我自己无法使之再起作用。

但是，在生活再度变得平衡前，它会先变得更加失衡，这涉及自我与他人之间关系的真正重建。我对我的需要的主观性认识开始把它们从自我转向他人。当这个过程完成时，将会出现一个新的自我，这种自我拥有需要，但不是需要本身，也就是说，能够把需要作为一个注意的客体。这个新的自我能够把他的需要（与其本身相分离的需要）和他人的需要协调起来，以便独创性地建构人际关系，这些关系是他之前无法理解的（这样的行为势必会激怒一些人，包括那些经常报告在处理所谓反社会的青少年行为时备受挫折的临床工作人员）。但是，新的演化停滞不是立刻实现的。在旧的认同需要的停滞和新的"协调需要"的停滞之间存在一个既是我又不是我的阶段，有一段时间，我会感到既丢失了自我，又找不到新的自我，只是发现它很不稳定（但是，在这个时候我的认识有所提高，知道放弃它并不自动导致一个新的联合）。对唯我性平衡向人际关系的平衡的过渡来说，失去自我就意味着失去对我自己的需要、兴趣、愿望等的有效满足。目前还不清楚的是，正在失去的究竟是"我的需要"还是我对它们最终的倾向性。

我想在该演化问题常出现的三个背景中考虑该问题，这三个背景是，①临床工作人员的诊疗室或精神病房，在那里，许多青少年似乎过于沉浸于唯我性平衡之中，或者陷于过渡时期，他们都被诊断为"反社会的"（sociopathic）或"青少年适应反应"（adolescent adjustment reaction）；②监狱或劳教所，在那里，最为常见的似乎是处于唯我性平衡中的青少年；③青年工作委员会和CETA[①]计划中提到的所谓不能受雇人员，他们之所以不能受雇，原因似乎与他们的意义演化有关。

还记得在第三章里提到过的 15 岁女孩特里吗？她的父母把她送入医院，因为他们再也无法容忍她的行为。她一直逃学、说谎，常常为了父母对其行为的约束而与父母打架。在诊疗期间，她声称自己没有心理问题（"我的问题不是心理上的，而是与我的家庭有关"）。要她说出自己是否有心理问题，实际上是环境疗法的一种"邪说"，这种理论认为，心理的康复或进步有赖于一个人说出内心想法的能力。临床工作人员发现，她在公众聚会上努力筛选对其"问题"的可接受的陈述，以此表明自己是正确的。可是，在这方面，她从未真正地成功过。她说，她最需要的是能被他人所接受，但是，她最害怕的又是被接受后"淹没了我的

---

① CETA（Comprehensive Employment and Training Act），综合就业训练法案，该计划阐述了如何通过跨部门协调推进公平，是在 20 世纪 70 年代中期，美国高失业率时期由尼克松和福特政府创建的。——编者注

个性"。她说那让她不再感到自己像"一个完整的人",倒是像一个"与他人交织在一起的人"。当她破坏保密协议或在周末拒绝服药时,临床医生停止了对她的治疗,理由是她不愿意配合护理工作——她好争辩、有破坏性、煽动其他病人,是"一个制造分裂的人"。

菲利普(Phillip)是一名 16 岁的男孩,在他的母亲认为已无力管束他的行为之后,他被允许进行心理监护。他常常离家出走,拒绝上学或假装上学实际上去了别处,甚至在后院放火,小偷小摸。母亲说她的儿子是一个"职业骗子"。

他在家庭会议上表现出可怜的样子,好像被这个世界伤害得不轻。这个描述不完全是假的,但是,很显然,这只是他单方面的想法,例如他会把他自己的"改善"计划讲给家人和治疗医生听:他想上学,但不是原来那所学校,而是某所专科学院,这是一所学费十分昂贵的私立学校,他也知道自己家庭对此无力承担;他也可以回到原来的学校,规规矩矩做人,条件是父母为他买一辆大众汽车作为他独立的标志。尽管如此,他开始配合治疗并面对其责任,在日益增进个人自由的成功阶梯上逐步前进(这样的转变得到大众、病人、工作人员的赞同),并且获得了不时回家探望的自由。由于治疗上的疏忽,人们后来发现他在外出期间一直对父母和院方说谎。院方撤回了他的特权,他的意志极度消沉,时间长达一星期之久。他变得孤独、离群且自私。当他逐渐从消沉中走出来时,他说他意识到"在过去 6 年中他一直在强迫自己",不知道该做些什么来阻止它。临床工作人员的记录表明,菲利普在整个入院治疗期间,无法与工作人员和其他病友"打成一片",他在"建立亲密的人际关系方面缺乏成功的经验"。他自己和他的父母都同意办理出院手续,包括解除"互相期望条款"。

罗克珊（Roxanne）是妇女劳教所的一名收容人员（Blakeney and Blakeney，1977）。她卖淫，在商店行窃，偷盗别人的福利支票，使用别人的信用卡。她认为偷窃通常而言是错的（"偷窃是我做过最差劲的事"），除非是为了满足自己的需要（"当你需要钱的时候，偷窃是没有问题的"）。她还认为，如果为了寻开心而到店铺中行窃，那是绝对错误的，到处乱搞男女关系的人是"娼妓"（"如果你不付钱而乱搞男女关系，那是错误的"）。她为他人偷窃支票而辩解，理由是，"如果不去偷，他就会陷入困境，你说对吗？所以，他理所当然地去偷窃。那时，我根本没有想到过进监狱，我偷窃是因为我有需要，所以这是公平的。在这个时候，去偷窃而不考虑入狱是对的。当你兑现支票时，你不会想到被捕"。换言之，在她看来，所谓的错误是被捕入狱，但她懂得，在需要的压力下，人们不会行使隐含的"最佳判断"，那就是你不要在可能被捕的场合里去偷窃。当工作人员问她，别人如果出于同样的需要去偷她的支票，是否也属公平，她说："不，那不公平。"正如布莱克尼夫妇所说，这一逻辑似乎是这样的："我偷别人的支票是对的，因为我需要它；别人偷我的支票是错的，因为我需要支票。"这至少是她的一贯态度，虽然它不是相互的。

我是在 CETA 认识理查德（Richard）的。他 20 岁，没有工作。他曾在一些工厂工作过，后来不辞而别或被辞退。在 CETA 几星期后，工作人员"对他有了看法"，认为他是"一个骗子"。在其他工人眼里，尤其在那些 CETA 老职工的眼里，他是一个"不关心 CETA 的人"，"只是为了钱，才留在 CETA"。CETA 以工作培训为背景，激励工人的合作精神，增强个人的责任感。理查德对此却无动于衷。除了工作培训，他无法描述工作的目的，无法阐释明确的集体规章或准则。他感到他常常处于不公正的烦恼之中，认为他人对他的许多期望或要求（他只有在违反时才意识到）是不合理的。例如，他常常迟到或不遵守时间，这都是他的雇主或同事所反感的。"我想，他们的抱怨太多了点儿，确实有一天早晨我没有按时到达，因为我的车没有来，我本可以打个电话说一下的，但是我没有打。无论如何，我都没有打电话的习惯。所以我并不认为自己缺乏责任心——如果我没有做到，那么我就做不到，我搞不懂为什么我要去履行那么多的要求。"在与他的初次会面中，他的关注点主要涉及对他自己利益的追逐和满足，其他事件几乎都是围绕着究竟是促进目标还是阻碍目标来考虑的。他对 CETA 培训新规时缺乏组织性和透明度没有意见，因为这样的状态更方便他关照自己。当会见者问他最羡慕哪一种人时，他立刻回答说："那些随心所欲的人。"当被问及他不能随心所欲的主要原因时，他回答："他人。"当被问及在他看来什么是最重要的时，他回答："钱。"当问他为什么钱重要时，他回答："有了钱就可以自由了。"当问他为什么说自由是最重要的时，他回答："用不着听别人的话，用不着服从他们的命令，也不用住在你不能够随心所欲的地方。"

每一种发展似乎都需要它自己的文化；每一种演化的重组都需要桥梁，通过它，这在形成一种新的文化，它以某种新的形式成为发展的组成部分。如果我们探讨一些针对罗克珊、特里和理查德的"处理方法"，那么我们就要考虑他们所需要的，和他们从他们所处的文化中得到的，这两者之间的关系。

在劳教所或监狱，一种普遍的处理方法是**行为矫正**（behavior modification），这在某种程度上借鉴了斯金纳所夸耀的成功做法，比如让鸽子学会打保龄球。训练者把鸽子放入微型保龄球通道，允许它们随意活动。一旦它们碰巧站在保龄球球道口的位置上，马上予以食物奖励。然后，鸽子会忙它们自己的事，但是总会回到保龄球球道口的位置上，并在那里重获食物奖励。用不了多久，它们开始在保龄球球道附近逗留。在它们的身体做随意运动并将头向保龄球球道方向微微下倾的时候，训练者为它们提供更大的奖励。不久，它们不但能长时间地站在保龄球球道口的位置上，而且能将头朝下倾斜准备击这个球了。当然，结果它们真的击出了这个球。现在你懂得这个意思了。正如斯金纳先生所说："要让鸽子真正学会打保龄球，还需要更长的时间，但是操作步骤不再复杂了。"

通过一套相似的行为，这些劳教所里的"鸽子"，可能会像鸽子懂得如何打保龄球一样明白一些社会规则，基本上就是，某些行为会带来某些报偿。在得到允许后，这些犯人住进单人间，而且不用干什么。他们没有自由，但也没有需要履行的义务。例如，他们可以想几点起床就几点起床。终于，一个犯人醒来时碰巧遇到"奖励时间"（比如说，早晨 7 时），并发现有人在他住的地方插入一张礼券。通常，他会取了礼券回到床上。但不久后，他习惯性地在早晨 7 时醒来，即使仅仅为了收取礼券。过后，他想："为什么我醒着而不起床呢？我不妨起床。"于是，他起床了，因此得到了更多的礼券。最终，他在固定时间起床，并开始参加最为简单的劳教日常工作。渐渐地，他积累了足够多的礼券，被转移到了另一个等级的牢房，该等级的牢房有更高的自由和责任。现在，他已不再只是做一些简单的日常工作，他还能够为了奖励而做一些困难的或不合意的工作。最终，他可能参加小组活动，谈论他自己及他获释后的计划，等等。

我不打算在这里对基本的行为矫正理论进行深入的分析。让我们根据建构－发展的观点考虑一下这样的治疗意味着什么。我不认为基于以上考虑我就有充分的理由将之排除在法庭以外。我只想根据我所看到的重要问题（在某种程度上，这些问题看来似乎是合理的），以此对该方法展开思考，这样的考虑肯定会引出有关行为处理方法的问题。行为处理相当于一种唯我的文化的人工合成版。当它完全与奖励或报偿匹配起来时，它为人们提供了一个极具透明度的环境，从而使得他们有能力预测他人在面对自己的行为结果时可能做出的反应。作为一种人工合成的培养环境，它使人们联想起索尔·贝娄（Saul Bellow）在《奥吉·马奇历险记》（*Augie March*）一书中提到的那位科学家，他曾在实验室里创造了一种生命形式：这种生命缺少正常生命形式的两个特征——活动的能力和再造的能力，但是，除此之外，它是完美无缺的。这种人工的文化使其培养出的有机体缺乏活动的能力或促进运动的能力，缺乏在下一演化水平上重新创造自己的能力。它不仅适合于唯我性平衡，而且定位于唯我性平衡，既不认可也不要求具有内在的相互关系的能力。在这方面，它与损人利己的街头文化没有什么不同，这种文化是许多滞留在这一平衡阶段的人的自然的社会环境。虽然它更有秩序，更少暴力，但它与"人不为己，天诛地灭"（确实，每个人都多多少少存在这一意识）的街头文化一样，对人际关系的心理缺乏反应。如果不去自觉地注意引发一个人行为的组织，那么在所谓好公民的表面行为中，这种行为矫正的方法只是在向人们提示，人类的生活与某种活动（像是打保龄球）是可比的，行为与事物本身是一致的。项目中的有些劳教犯回到他们从前的生活圈子，故技重演，又被送回监狱，其次数并不比其他同狱犯少（Hickey and Scharf, 1980），无论他们的行为在复杂性方面与同狱犯有什么不同，他们在一些基本方面是保持不变的。是的，他像一个优秀的保龄球员那样，平均能得 250 分，但是他实际上不懂这项运动。谈论可与人类比拟的某种东西并不那么愚蠢，从某种程度上讲，通过他了解我们的方式，我们自己独特的同一性得到保证和维护。像 20 世纪 60 年代的学校追踪方案（school tracking programs）一样，学生被发现缺乏某种能力（抽象推理能力或遵循规则的能力），便被置于相应的学习环境，这个环境并不要求机械记忆或行为矫正等能力的发展，而是仅仅保证原先的诊断是真实的，它可以由方案结束时与方案开始时的成绩相比较而得知。在我看来，行为主义方法的最无趣之处在于，它对开始从沉浸于"需要"的状态中摆脱出来的行为不端者充耳不闻。街头文化把正在出现的对人际关系的认识看作懦弱的表现，它坚持认为这种新的可能性如此难以实现，以致人们感到他们不仅精神不正常，而且有点发疯。我并不是要把社会上杂乱无章的行为浪漫化，而是说在这些违规人群中，有些人的目的是想通过某些行为逃离一种与他们的成长需要不相符的文化。把你送入精神病院或劳教所是需要代价的，虽然他们可能认为这个代价相比你毁掉自己的生活或失去掌握现实的能力要小得多。尤其当人们考虑到代价时，他们可能希望一个人发现新环境应比他逃避该环境更为重要。

如果一种治疗方案会因为拒绝演化而导致对一种健康文化的复制失败，那么它也会因为坚持一种尚未存在的演化状态而导致同样的结果。当我们第一次遇到特里时，我提出了一个迄今为止还不想回答的问题。我说我们能够看到她在小组聚会上努力尝试以工作人员赞同的方式来谈论自己，但没有成功；她会用各种不同的方式来描述自己："我的问题不是心理上的，它们仅仅与我的家庭有关。"工作人员温和又婉转地表示，他们不满意这种说话方式，并将其看作对处理她自己、她的情感和她的责任的一种抗拒；当工作人员发现她违背了有关保密和不滥用药物的协议时，他们对她更为恼怒，并停止了对她的治疗。所以，我想问：为什么这样一些懂得关心人且颇有办法的专业人员无法帮到特里呢？

我认为，公正地说，不论是她的父母还是一个杰出的专业人员，没有一个人像关心1岁时学走路的特里和5岁时学读书的特里那样关心16岁的特里。当然，说没有人爱特里是不公正的。我相信她的父母很爱她，医院中的一些人也一直给予她照料，对于这种照料，我会很自然地称之为爱。但是，爱是有形式的，也是有强度的，并以一种看得见或看不见的方式呈现，这些方式并不能被由爱所附带的关怀的深刻与诚意补偿。看见以及给予注意才是真正隐藏其中的瑰宝。特里的父母爱她，医院也一直在照料她，但是她仍然没有得到帮助，因为没有一个人能够被她感动和吸引。反之，人们看到的是她在捣蛋。人们常为尊严与正直的英勇与脆弱而动情，却没有一个人看到特里在其生活中表现出来的这些品质。

但是，基于对特里的访谈，研究者认为她刚开始从唯我性平衡状态的沉浸中摆脱出来。因此，了解她的尴尬处境，体会她正在忍受的苦恼，明白她最为熟悉的现实组织是唯我，所有这些是十分重要的。正如我们在第三章里分析过的那样，虽然她在访谈中的许多表现是唯我的，但是人们能够发现一种新的组织正在出现。为什么要守约，她的理由是承诺不应该指向任何一方，而是针对共享的环境，正如她所说的，承诺是"两个人之间情感的纽带"。为什么当人们遇到违约时会感到难过，其答案是，这与一个婴儿尝试着从习惯性的爬行平衡，转向新的尚未完善的步行平衡的第一步运动是相似的。她在试图描述承诺时说，承诺是"两人之间情感的纽带"而不是指向任何一方的需要，她这样描述时，她对双方关系的前后反应如下：

因为他们把信任给了滥用它的人。我猜想，这人固然不守诺言，但是，对此不能一概而论。她许下诺言，这对她来说是重要的，但她却遭遇了违约。她为此感到很伤心。如果她也曾违背过他们曾经许下的诺言，那么她对他们的关系应该会有更为深刻的理解，对别人来说那恰恰是最重要的，这是确定无疑的。它是应该被优先考虑的。只要你经历过此事，当再次遇到违约，你就不会再有这样的感觉。

如果人们听了特里基于过渡时期的经验所阐释的观点，那么他们对这些熟悉的主题便会开始有所了解了。这些主题最早在婴儿时期出现过，并在每个过渡阶段不断地重现——它们是过渡本身所具有的意义：看不到自己，失去目标，出现失衡。在婴儿刚开始从他自己的需要和愿望中分化出来时（这种分化最终使他把忠诚投入人际关系的苛责与利益之中），他似乎已经朦胧地感觉到不该把他人视作自己需要的满足者和保证者，这种改变使她增加了获得他人友谊的可能性，在此之前，她并没有意识到这一点。尽管特里的智商较高，但她的正在发展的"心理"，即她的意义建构的演化却处于一种"危机"状态，这种状态在那些比她小 3 ~ 4 岁的人身上是不难见到的。事实上，她的智商和口才反而加剧了她的困境，因为这使他人有理由要求她以与其年龄相适应的样子来了解他们和她自己。

当一个女孩的身体开始具有成年女性的体形特征，她便能与颇具经验的人进行交谈，与青少年甚至成人交往。社会和法律能否允诺新的自由，仅仅视一个人是否到达某一年龄而定。但是，除非意义的演化进入人际关系的平衡，否则便不会有真正的意识——自己不再是一个少年。

如果她周围的那些人把身体形态、生理年龄或语言能力等同于心理年龄，并期望她在人际交往中发挥作用，则他们创造了一种对他们和发展迟缓的十多岁少年来说都很危险的情境。对一个没有受到关注的人，一个被认为可能成型但其实没成型的人来说，其代价可参照那些没有做好上学准备的 6 ~ 7 岁儿童的事例进行估量。从某种意义上说，无论在人生的哪一时刻，这种面临不公正要求的苦恼经历总有相似之处。对于尚未进入人际关系平衡的青少年来说，如果教养环境很失败，那么这一情境似乎更具有消极的作用。

任何一种演化的平衡，都可以根据它对约束（一种把他人与自己混淆起来的方式）的反应来仔细地观察；从某种程度上说，这种约束或混淆并不能保证他人独特的同一性。学龄前儿童偷偷地把他人带入他的冲动生活之中；追求建立人际关系的青少年或成人需要他人来完成一个能派生出一个自我的背景。这两种"主观性"代表着对他人的一种侵犯，如果他人希望被人视为更加独立的个体，则他们在被这样对待时会感到很意外（我们常常把这种震惊体验为一种抑制）。但是，由于这两种主观性都具有过分包容的特征，因此它们本质上不同于过分独立的唯我性平衡，后者可能被他人感受为一种操纵。当我们正在欢迎人际关系的平衡却发现这不是我们所能参与的领域时，此时的情形使人感到它好似一个不能开启的宝袋。这样的发现可能会令人发怒，尤其是当我们将它视作他人的背叛，而不是我们的错误判断时。不只是家长或教师会发怒，那些接受过训练以便对他们的工作对象做出反应的心理学家和精神病学家，以及各种心理健康工作者，通常也会以各种方式对所谓的反社会的或越轨的青少年抱有敌意。

在刚开始"转化"时（这种"转化"活动会导致特里恢复她成为被

关注的对象的需要），特里可能会感到这一需要好像正在与她分裂。她在谈到这种体验时说，她不得不淹没她的个性，她的意思是指，她不再是一个整体，她所处的特殊的状态是"他人与我交织在一起"。正是这种交织（即让特里感到如此不能容忍的处境），构成了共同分享的心理背景，它是新的平衡出现的一个标志。

如果缺乏这种新的平衡和分享，那么特里与其情感生活的关系以及她的情感生活本身，都将无法通过这种以反射为依据的疗法从心理上分析出她的内心状况。在尚未将他人的意见内化成她的"自我建构"之前，她的感觉实际上更多地取决于外部他人的反应，即他人会不会因为她的行为而做什么或不做什么。因此，她的情感状态一直处于变化中，并视他人的行动和反应而定。对这些人进行解释并不容易，因为对他们的内心世界建构是以她建构自己的内心世界的复杂度为基础的。所以，她对自己的问题进行分析时，只能"向外看"，于是认为这些问题"不是心理上的，而仅仅与我的家庭有关"。

从这个视角来看特里，我想特里那种令旁人如此激动的行为也许会引发不同的评价。我想知道她的"操纵"是否同时也是一切有机体普遍会做出的努力，以维持内心的秩序和调节自己与环境的关系。特里的调节能力的局限性使她不能内在地或在想象中控制"他人"（共同分享现实，这是相互关系的本质），所以她肯定会探索从外部控制他人的方法。我想她违反小组规则可能是蔑视和敌对的举动（假定她意识到规则是正确的，却对抗它们），满足他人所期望得到的利益和目的是否干涉了她自己的利益。我想她在小组中不能以他人可以接受的方式来讨论她的问题（工作人员认为这是一种策略，以便找出正确的东西来表达），也许是一种抗拒，或者更加确切地说，当她把她的问题说成是"社会问题"

时，她准确地定位了她的"精神生活"或"心理生活"的舞台，就像那些谈论着自己的内疚的病人一样。我想她缺乏内疚感也许是由于被称为反社会的"精神疾病"，或者由于屈从于自己的需要，无法在协调需要时使自己建立起相互的和分享的关系，她只能通过看她母亲是否知道她在说谎，来了解她的"感觉"，换言之，这个"社会"是心理上的。而且，我想特里的父母和工作人员的恼怒不一定是由于他们未能被以他们期待的方式理解（不能被看见，难以为人理解，无法被纳入某种平衡），因而对其举止感到失望。我开始怀疑处理特里的方式，这种处理方式从一开始便假定她具有这样的能耐，即成为人际社会中的一员，实际上，它最终只是一种不知不觉实施的残忍措施。

当然，这并不意味着特里的行为不应受到指责，而是说人们在处理她的行为之前必须对她有所了解，意味着她的行为既反映了她整体的脆弱一面，也反映了她整体的刚烈一面。"整体"（integrity）一词在这里似乎是一个比较完善的用词，因为它既具有生物学上的含义，又具有心理学上的含义，而且两者各有意指。当我感到自己被承认时，当我具有一种意义，即你理解我是怎样经历了我的经历时（无论你是如何经历的），我便能觉得你的限制是可以忍受的，甚至感到一种解脱；如果我感觉不到被承认，我便会怨恨你，认为你侵犯了我，这正是问题的所在（我们在第九章探讨治疗的框架含义时，还将提及特里）。

理查德的情况与特里不同。一年后，理查德仍在 CETA 项目中。他已开始学习一门手艺，他周围的人感到他已有所改变。这不只表现在他们发现他更加可以信赖和更具合作精神；工作人员还感到，从某种程度上讲，很多原先他无法命名的东西，现在他已能理解它们。理查德自己也觉得有所改变，但他不能肯定自己为什么会转变以及转变是如何发生的。他现在认为，他过去常抱"一种坏态度"。他说他过去从来不与他人分享自己的想法。他说："过去，当我搞砸时，我担心我能否平安度过它；现在，当我搞砸时，我担心他人会担忧。"

特里被称为反社会的人，而理查德则被称为不能受雇者。一个被视为"有病"，需要准医疗的关照；另一个被视为"未受过训练"，需要某种教育的关照。但是，建构–发展的观点认为，他们处于同样的心理窘境之中，既没有一个合适的健康–疾病的模型，也没有一个合适的学习缺陷模型来很好地对应这一窘境。

针对特里与理查德的"治疗"收到不同的效果，其教训不在于精神病房是一个不祥之地，或注定会失败，或者不适宜。结果的不同似乎反映了这样一种情况：在一个例子里，出现不幸的匹配，一个少女面临的是要求超前于她的发展水平的治疗方案；在另一个例子里，出现匹配的发展程序，一个男青年面临的是与他发展水平上相适应的治疗方案。在 CETA 的项目中，合作、互助、共同决策、担负责任和共同分享等价值观并不被置于显要的地位。当理查德刚到 CETA 时，他看到船厂里有一艘尚未造好的小艇，买方在一封来信中称，一旦小艇造好，愿意出价几千美元来买这艘小艇；有能力的成年人自然知道怎样去完成建造这艘小艇的工作，并且愿意教会人们像他一样去建造小艇。理查德被此方案吸引，"建构–发展"的观点认为，因为这件事首先与他的最基本的意义建构水平相通，他便由此起步，定向于个人的控制、个人的进步（甚至升华），以及个人能力的展示和获得。在这一有力而又敏感的水平上，不仅他的人际关系的失能没有被视作一个问题，而且他的非人际关系的工具主义的力量和动机得到了承认。当然，一旦沟通起来，他迟早会明白，他建构意义的方式存在一定的局限性，这只是一个时间问题。学会造船最终成为与他最初的臆测完全不同的事情，对一个人来说，它不仅涉及新近获得的对于他曾经是谁的认识，而且涉及对他是谁的重新建构。这是建构－发展主义者在其研究领域中看到的发展动力，佩里（1970）称之为特洛伊木马现象：被一个熟悉的阵地的一个有趣人物吸引，我们离开已建立的心理习惯的堡垒，仅仅想借此来破除我们的思维定式；整个军队分散开来，占领堡垒，建立新的阵地。CETA 的计划之所以能起作用，原因在于它提供了一种桥梁功能，这种桥梁功能是我们在自然演化过程中发现的。它既承认唯我性平衡，又保持唯我性平衡，并且它帮助个体从唯我的沉浸状态中摆脱出来，通过合作的团体的引导，习得人际交往的能力。当人们准备好去了解它时，这种合作的团体也准备好去接受演化中的人。

从唯我性平衡到人际关系平衡的演化，能使一个人协调他与他人的工作，建构分享的意义，把自己的主见与雇主的主见结合起来，对个体的就业能力来说，可能要比任何一套经商技能更具决定性的意义。"建构－发展"的框架为青年工作方案（诸如 CETA 和其他一些计划）中的目标定向和评价提供了基础，但是，它是否比普遍定向于特殊情境的行为或工作技能的改变，具有更精细和经久的效果呢？我说过，其中一种方案比另一种方案幸运，但是，在那些试图帮助特里、理查德或罗克珊的人们的经历中，最重要的教训是，结局如何并不完全凭运气。

第七章

人际性自我的消长

　　埃里克（Eric）是一名大学一年级学生，他由于心情郁闷和学习障碍而向心理咨询人员求助。这是第一学期的期中，埃里克说他感到自己"毫无价值"。他单身一人住在离家很远的宿舍里。他说："我可能死在那里，直到我的尸体腐烂发臭才会被人发现。"他十分思念他的双亲，经常给他们打电话和写信。在与他们的通话和通信中，他说他感到自己在浪费时间和父母的金钱；他上大学的目的是学习，但是学不进去；他辜负了父母的期望。

　　埃里克的父母对他说，他没有辜负什么。他们认为，大学阶段是进行各种学习的有利时机，包括通过艰难的经历学会渡过难关。他们说："你目前发生的情况也是大学生活的组成部分。你现在正在经历一段艰难的时期，对此我们虽然感到遗憾，但是我们认为你并没有浪费时间，你正在利用它。而且，你也并没有辜负我们的期望。"面对父母明白无误的理解和同情，埃里克却强烈地感受到一种被遗弃的感觉。"就好像这些年来，你一直是家庭事务所里一名优秀的代理人，"心理咨询师提示道，"你完成了定额，而且按规定递交了报告，至于……""至于现在嘛，"埃里克说，"我已经被解雇了。"

在埃里克持续会见心理咨询师后，他判定他对父母所说的那番话的真正目的是渴望他们对他说："回家来吧。放弃学习，我们会领你回家。"于是他继续以抱怨和绝望的态度向父母施加压力，可是他们就是不上钩，也不表示欢迎他回家。到了年末，埃里克回家过圣诞节，与父母待了很长时间，母亲终于对他说，如果他想退学，就退学回家吧。父母还说，假如他第一学期的分数达不到一流，他们也会理解他。

回到学校后，埃里克继续进行心理咨询，他对父母愿意降低对他的期望感到很伤心。他觉得随着父母期望的降低，他对自己的期望也降低了。而且令他感到奇怪的是，对于母亲做出让步，同意让他回家的这件事，他感到十分失望。他开始意识到，他之所以向父母抱怨，并不是真的希望他们领他回家，他的内心深处的一个部分实际上希望他们拒绝领他回家，希望他们帮助他坚强地挺住。意识到这一点，他开始变得格外坚强。

在接下来的几次咨询中，埃里克谈到了如何让自己高兴，以及如何自己做决定，去实现自己的愿望。他发现，也许有点自相矛盾，当他开始更多地考虑"为自己做决定"时，他同时会感到不再那么孤独。他不再频繁地给家里写信或打电话。在最后一次咨询中，他谈到了一件事：他在校园里偶然遇见了一位刚从家乡返回的同学兼老乡。这个同学在家乡遇到了他父亲。埃里克的父亲对他说："如果你遇到我那个混蛋儿子，叫他顺便打个电话到家里来；我们有好几个星期没有收到他的来信了。"埃里克在讲述这件事情时显得自豪和高兴。

无论年轻人上大学时有着怎样兴奋的心情、渴望冒险的欲望和获得自由的快乐心情，这个时期确实是一个既脆弱又容易产生抑郁情绪的时期。乔治·戈塞尔斯（George Goethals，1978）把这种不悦的心情描述为犹如失去家庭般痛苦，他指的是超越家庭和家庭环境的某种东西。根据建构－发展理论的观点，这种忧伤可能是由于一个人失去了平衡，失去了对世界的归属感（*Heimlichkeit*）。对于刚刚摆脱人际关系的沉浸的年轻人来说，上大学的经历为其提供了一种新的演化媒介，它有助于促进和培养一个人朝着具有新的平衡特征的自我创造和心理自主方向运动。大学一年级学生所获得的主要信息，即他在学习上和个人生活上是独立自主的，有助于个性发展中的新的表现。可是，对于尚未达到这种新的发展阶段的人来说，同样的信息（教授和导师们可能将其视作学生已成年的一个标志）也可能被体验为一种遗弃，一种对关心的拒斥，以及一种导致方向迷失的期望的真空状态。新的植入的文化尚未产生，而旧的文化却已失去，犹如胎儿失去羊水，支持生命的一切东西，包括让胎儿得以滑动和浮动的那些东西都消失了。在"羊水"消失之前，这种浮动和滑动被认为是理所当然的，后来浮动被铅一般的沉重取代，而滑动则被婴儿卧床取代。这个比喻或许不那么恰当，但目的是让我们更好地记住下述观点，即植入的文化在将有机体送入新的演化状态之前确实会产生一个"水域"，因此，对一个沉浸于人际关系的大学一年级学生来说，大学的动荡生活能为学生提供从当前演化的停滞中走出来的经验。但是，要使这种情况发生，就必须具有某种情境，这种情境有助于学生认识自己的困境，而且不把对这一困境的认可看作对生活的控制。假定存在一种起着桥梁作用的环境，它既承认旧的人际关系，又拒绝卷入，那么这实际上要比控制更进了一步（大学或社区的某些人喜欢这样形容心理服务或咨询服务）；这是对整个生命事业的把握。可是，对这样一种约定感到不舒服的人，可能认为他们自己独立定向的约定同样是对一种生命事业的把握。

当然，某些18岁青年对离家上大学这件事准备不足，这使人想起未做好入学准备的6岁儿童不愿意离家上小学的情形。这一生命主题的连续性，在一则关于母亲为儿子送早餐的著名故事中得到佐证。一天，这位母亲发现她的儿子没有在餐厅露面，楼上似乎也没有发出准备下楼的响声。于是，她径直来到儿子的房间，发现门关着，便问儿子身体是否欠佳。儿子说他身体很好，但今天不准备上学。这位母亲比较开明，她决定与儿子进行一次合乎情理的谈话，她要求儿子为其不去上学给出三条理由。儿子说："第一，我不喜欢学校；第二，老师不喜欢我；第三，我害怕那些孩子。"母亲说："好的，现在我向你提出三条为什么你必须上学的理由。第一，我是你的母亲，我说学校是重要的；第二，你今年已经40岁了；第三，你是校长！"

尽管成人与儿童（或者说青少年与儿童）都会体验到分离的困难，虽然大学一年级学生的困难可能与他童年的分离体验存在某种联系，但是，我认为，根据后者推测前者，将会令人误入歧途。虽然埃里克在首次进行心理咨询时是一个十分恋家的青年，可是建构－发展理论的演化特征有助于我们认识到，他的恋家与沉浸于冲动的儿童的恋家完全不同。摆在他面前的任务，并需要他为之奋斗的目标是与父母分离，变得独立自主，这是他对自己的判断和期望的来源。埃里克不仅仅是离家或离开他的父母；他正在重建自我与他人之间的关系，这种关系只是表面上类似于冲动的儿童与其父母的自我－他人的关系。

主体－客体关系的螺旋式发展（见图3-1），揭示了埃里克的困境与童年早期既相似又不同的情形。就承认这种相似性而言，建构－发展观点与精神分析的观点一致，它认为青少年重新唤醒了"恋母情结时期"（Oedipal period）这个话题，但是对于为什么会产生这种情况，却给出了十分不同的解释。从沉浸于人际关系的平衡中摆脱，意味着一种特殊的包容性的丧失，同时也确实带来了一个新的封闭的自我（思想上属于成年期的法规式平衡），但是，这种发展并不受制于恋母情结阶段的支配或重复，法规式平衡也不是唯我的童年期的重现。发生在这些早期停滞期间的情况，对于我们体验和解决后来生活中相似的主题可能会产生重要的影响，但是，这种相互关系，例如冲动的平衡与人际的平衡之间的关系，是类别的而非因果的；这两种平衡对演化的困境来说均属于赞成包容的解决方案。

精神分析观点可能使用了**低温学**（cryogenics）上的一个比喻来对5 ~ 15岁的人格发展进行了一种简化描述——冷藏的概念（我认为这多少有些合理）。童年早期过度包容的冲动随着被抑制冷冻而暂告停顿；但冲动仍有"生命"，只是被冷冻或潜藏起来了，在青少年期，冲动得以解冻，重新进入身体，与此同时，身体在冷冻期间按照自身的规律一直在发展。这种概念并未认识到青少年期的情况与童年期的情况既有相似性又有差异性。这种潜藏或潜伏的概念，即所谓人格发展中的**黑暗时代**（dark ages），是弗洛伊德理论中最不可取的观点之一。正如许多学习人格理论的学生业已指出的，也是我在第六章试图提出的那样，在儿童发展的这些年中发生了许多事，因此它不可能是潜伏着的。关于这个概念，最大的问题是，它将冲动排斥在整个人格领域的发展之外长达数年之久，当需要对新的现象做出解释时，又试图将它们重新提出来。由于缺乏现代的演化模型，它便无法考虑到这样一种可能性，即童年中期的智力发展和自我满足，在某种程度上正是由于那些冲动被整合到更为复杂的组织中而得以实现的。因此，即使精神分析理论知道青少年对包容的渴望与3岁儿童对包容的渴望完全不同，但仍然把前者看作儿童冲动的一种爆发（这种冲动是与青少年的内心秩序和自我满足进行斗争的结果，而不是自然产生出来的东西）。

虽然建构－发展的理论并不倾向于探讨童年期和后来生活现象之间的同一性，但是它比精神分析理论更倾向于探讨这类现象的统一性和连续性。这样的演化模型允许人们去观察生命周期中反复出现的相似的现象，但同时并不把这些相似性看作**退行**（regression）。如此众多的证据表明，这些后来出现的现象只是表面上与早期的现象相似，实际上并不相同且更为复杂，精神分析观点却武断地将它们称为退行。

根据建构－发展理论的观点，"冲动"在人的一生中并非一成不变的现象，随着个体的成长，它被更为复杂的防御以不同的方式控制着。从冲动演化到唯我，从唯我演化到人际关系，现在，人际关系正在演化到一种**心理上的家庭规则**（psychological home rule）或公共管理，我把它描绘成"法规式的"（institutional）。法规式的自我和唯我的自我都涉及一种**自制**（self-possession）和**封闭**（sealing up）；它们主张分离而非整合，主张能动或独立而非包容。但是，两者又是不同的，正如在缺乏他人的期望时引导自己的能力不同于当某人朝他发怒时抑制把某人推下楼去的冲动的能力。埃里克的父母所做的有益努力传递了矛盾性，这是一种植入性文化的第二种功能（见表7–1）；但是，他们正在反驳的并非埃里克的冲动的混淆，而是他对由谁来规定他的目标和方向的混淆。根据他的观点，在经历多年顺从的心理上的雇佣以后，父母正在解雇他；他的父母正着眼于未来，并否认第一种观点。他们说："我们并未解雇你，我们只是向你宣布，你可以独立经营，为自己工作，关心自己的事业。"就埃里克的故事而言，其成功之处在于，他最终成了自己的主人，成了自己的骄傲和快乐。

表7-1 从人际的自我向法规式自我的过渡

个人间的 [5]
人际的 [3]
冲动的 [1]
趋向包容的心理活动
一体化的 [0]
[4] 法规的
[2] 唯我的
趋向独立的心理活动

	阶段 3: 人际的	阶段 4: 法规式的
基本的结构 (主体－客体的平衡)	主体——人际关系， 互助 客体——需要、关心、 意愿	主体——权威、同一性、 心理 客体——人际关系，相 互关系
皮亚杰	早期的形式运算	充分的形式运算
科尔伯格	人际协调的定向	社会的定向
卢文格	遵奉的	良心的
马斯洛	爱、亲密、归属的定向	尊重和自尊的定向
麦克利兰／默里	归属或接纳的定向	成就的定向
埃里克森	归属 vs 遗弃	同一性 vs 同一性扩散

（续）

演化的平衡和心理的沉浸	植入的文化	功能1：确认（控制）	功能2：矛盾（放手）	功能3：连续性（等待重新整合）	一些自然过渡的"主体-客体"（桥梁）
（3）人际的沉浸：相互关系，人际关系的协调	互惠的一对一的关系，互助的文化	承认和接受在相互协调的人际关系中合作的自我栖性能力。定向于内在状态，分享主体的经验、"情感"和心境	承认和促进青少年后期或成年期从沉浸于人际关系出来的状态中摆脱出来的表现；不与纠结相融合的个人体或背景，但仍然寻求联结，要求个人对此感兴趣；要并承担自我的责任；创造和偏爱个人的独立性	人际的伙伴关系被视作相对或置于更大的思想背景和心理的自我界定之中。主要危机在于：在个人从沉浸的文化中摆脱出来时，人际的伙伴关系同时离开（不易提供伙伴关系）	介于3~4的过渡：上大学，服兵役，做临时工，服工，既种暂时的同一性，把人际背景置于脑后，又保留它，以便回归；一种时间上有限的参与法规式的生活（如4年大学，服兵役）
（4）法规式的沉浸：个人的自主，自我的同一性	同一性或自我权威的文化（在爱情或工作中），典型地表现在涉及职业的团体活动上，允许进入公共领域	承认和接受独立的能力，自我界定的能力，权威性假设的能力，实施个人提高，抱负或成就的能力；"职业"而不是"工作"，"终身伴侣"而不是"配偶"，等等	承认和促进成年期从沉浸于独立的自我界定状态中摆脱出来的表现。不接受亲密，非亲密的、受中介的，从属形式的关系	一些思维形式，根据它们之间的表现，而被视作具有相对性。主要危机在于：当个体从沉浸的文化中摆脱出来时，思想形式的支持也同时消失（例如失业）（不易提供年龄标准）	介于4~5的过渡：思想的自我放弃（宗教的、政治的、受伴侣所保护的非爱情关系，获得保护性所保护的恋爱事件；在保留这种形式时，放弃对这种形式的认同

　　这里，还存在一个我们尚未考虑过的有关大学一年级学生的失落感问题。这是一种甚至不知道自己失去了什么的空虚。美国的文化，从整体上来说，倾向于赞同和认可一个人对能动作用和独立性的渴望，而排斥对包容和联结的渴望，我们自己有时也意识不到这种潜藏的渴望。考上大学往往被认为是对个体能力和成就的肯定，对主动性的成功的证明，而很少被体验为对我所受到支持的质量的肯定，即对我受到的养育的安全性和整合性的肯定。然而，后者与前者一样真实。我们的幸福感（或者幸福缺失感）是对那些最具亲密性的"支持"质量的一种反映，根据当前演化停滞的观点，这种"支持"与我们自己相混淆了。倘若意识不到这一点，我们在做出选择时便会遭受无法预见的损失；不论这类选择如何有益，我们都将失去这些支持。任何一种破坏我们的支持的活动，尤其在这类支持不大可能被轻易取代的地方，无疑是令人痛苦的。

　　当我们甚至意识不到自己付出的代价时，可能更加令人痛苦和手足无措。那些得意扬扬的一年级大学生（至少戴着一顶心理的小圆帽，好似个人成就的一顶桂冠）常常入学不久后便陷入沉闷的抑郁状态，这种状态常令他感到无所适从。这样的学生无法全身心地投入学习，人们经常可以听到："这不是因为功课太难或者我不懂，而是因为我无法使自己进入学习状态。我根本不想学习。"当然，在青年人看来，上大学以及生活本身是一种个人独立方面的成就，因此，上述的失败是对唯一受到认可的渴望的一个沉重打击。这里唯一的问题在于，压抑难以通过行使个人的能动性和独立性予以"解决"，尤其当这种做法莫名其妙地（通常在刚开始时）失去它的号召力时。满足一种渴望（例如，在这里是指学业成就）实际上是一种对他人的需要（感到被联结和被支持），以便两者中的任何一方都感到值得，如果缺乏两者中任何一方的认可，那么个人将徘徊于极其糟糕的失落感之中——一种甚至不知道正在失去什么东西的失落感。

我们在第三章里遇到过 20 岁的黛安娜。她想找个男人，借此有个依靠。为此，她逐渐疏远了她的朋友，不再执着于事业，希望她的整个生活围绕她的心上人而运转。然而，那个男人却发现这种关系成了一种包袱，于是采取行动试图结束这种关系或者减弱它的强度。黛安娜感到沮丧，试图以自杀来了此一生；在第三次自杀未遂后，她住进了当地一家医院的精神科病房。

在第三章里，我们问过黛安娜发生了什么事。从对她的结构访谈中，我们看到了各种细节。我们开始考虑她是否倾向于基于人际关系来建构世界。但是，像特里一样，黛安娜的访谈包含与第一种声音相冲突的第二种声音。在访谈的第一部分聚焦于人际背景后，访谈者介绍了黛安娜尚未提到的法律系统："海因茨被逮捕并被带到法官面前。法官该不该判他有罪？"由此开启了访谈中迷人的一幕，因为黛安娜尚未将法律系统与利他主义（altruism）这一终极因素进行同化，如同阶段 3 的平衡占支配地位时的情况那样。在这样一种情况下，一个人可能把"司法系统"和"法官"纳入人际关系；例如，法官可能"将自己置于丈夫的位置上"，并认为他也许会做出同样的举动。但是，黛安娜明确地拒绝了这种观点。

黛安娜：我可以看到争论点，此人并非某种绝对意义上的贼，他原本并不打算外出偷窃，这只是一种特殊的情况而且他今后也不会再干，除非这种特殊的情况重新发生，但他的妻子已经痊愈了。因此，这种情况不可能再次发生。我可以为此而辩护，但是我个人并不相信这种辩护。

如果释放海因茨"将表明对我们赖以生存的东西的不尊重"，那么她究竟相信什么？但是，此时此刻，她赖以生存的东西处于动荡不定的状态。在试图把她早先的人际关系的观点和她目前采择的社会观点加以调和的过程中，她提倡"法律"的"灵活性"；但请注意，这种调和具有不平衡的性质。

黛安娜：在处理海因茨的案件时，法律应当具有灵活性，以考虑到个人的情境。

访谈者：为什么？

黛安娜：因为作为人类，我们十分珍惜自己的生命。我们都是人，而且人与人之间所处的情境有所不同。因此，如果官方法典未能反映这一差异，便是对人民大众犯了错误。这是有害无益的。

访谈者：你是说，法庭必须反映个别的和特殊的情境吗？

黛安娜：可是，你无法为个别人制定法律呀。

可以看到，特别是根据前面所摘录的她对她所反对的观点的解释，这并不属于阶段 4 至阶段 5 过渡的失衡。法律的价值从未被视作相对的。承认个别性和特殊性的抗辩并非来自确立人对社会的优先考虑的观点（所谓"来自社会"的观点，是阶段 4 重新平衡的一个标志）；它们来自人际关系的观点，它们考虑区别性的"投入"、依附以及独特的人际关系环境，由于出现了尚未将"人际关系"视作客体的再平衡而被曲解，人们感到"人际关系"正在被抛弃或者将牺牲在"社会秩序"的祭坛上。（"我认为法律是为大多数人制定的，因此必须捍卫，有关偷窃的法律也一样，它必须作为一种人类赖以生存的法律而受到尊重，这就是我认为他必须被判刑的原因——如果法律完全是灵活的，那么就没有一条规则是合理的了。") 她尚未获得新的平衡,即在人际关系方面完成从主体(认知结构)向客体(认知内容)的过渡。但是,她表明她正处于这种再平衡的过程之中,因为她在最终的辩护中主张法律必须"为大多数人服务,必须成为一般化的东西"。她说:"我刚才正在考虑,法律是否确实为大多数人服务。我猜想,我并不十分信任人们,因此法律有可能会被滥用。"信任是人际平衡的基石,但在这里却是缺乏的。她正处于一种建构意义的方式和另一种建构意义的方式之间,对此,她是清楚的。

> 访谈者:对此情境,你是想说些什么呢,还是考虑以后再说?
>
> 黛安娜:是啊,我是站在个人的立场上看问题的。他们在对我的治疗中曾向我提到,说我在做出决定方面存在许多困难。
>
> 访谈者:当你说你做出决定有困难时,那是不是一件坏事?
>
> 黛安娜:哦,这是一件坏事,因为我必须指望别人来为我做出决定。你在这里,这使我无法转过身去说"嘿,你来做决定吧"。

在医院里,黛安娜起初害怕谈论她的问题,因为"他人可能会不喜欢我"。在她对父亲和男友的情感方面,她发现了一种平行现象:她总是罔顾被对方拒绝的主观体验,仍坚持设法取悦对方,并在所有直接的对抗中淡化他们的弱点。她也开始处理她与家庭的冲突:渴望被爱、被关心、被认可,同时也渴望独立。她感到她在与男友的关系方面存在一种相似的冲突,而她对性生活的恐惧也加剧了这种冲突:她感到她似乎没有办法去控制他,没有办法做到在这段关系中既与他在一起又不失去自己。她开始对她的父亲、医院职工和男友感到愤怒,并设法处理这些情感。在治疗结束时,她已经控制了与父亲的谈话方式,并决定继续她的事业，与男友分手，迎接新的生活和工作。在出院时，她表达了自己的担心，担心自己是否"能够担起自己的责任"。

我认为，在黛安娜的生活中，其混乱、痛苦和恢复在某种程度上是丧失和重建她目前的主体－客体关系的一种功能。我认为，她的经历是由以人际关系为基础的虚构自我的演化活动导致的痛苦的认同解构过程。在住院之前，丧失或威胁丧失关系似乎引发了她自己的丧失；离开时，新出现的自我，已将关系的命运把握在自己的手中。将一种关系把握在自己的手中，意味着"关系"的结构已从主体转向客体。但是，这种"转化"从现象学上说，相当于：第一，把原本认为绝对的东西或最大的损失视作相对的；第二，在下述两者之间出现微妙的平衡，也就是说，一方面是感觉到好像被旧的结构吞没，另一方面是缺乏"人际关系"后的自私、孤独或冷漠等，现在，两者之间出现了平衡。失去的感觉、令人绝望的冷漠以及孤独的感觉等，在黛安娜痊愈之前反复出现在她的梦境之中："我躺在像血一样红的水中。水上有一座孤岛。岛上有让我觉得似曾相识的人。我大声呼救，感到自己快要被淹死了。"

身处像血一样红的水中，快要被淹死时，我的目光凝视着离我而去的人们：在这块熟悉的土地上，居住着我以前认识的人们。可是，在新的转化的自我（"水里"的自我）看来，正如黛安娜后来的住院过程提示的那样，即使是熟悉的世界也可能令人感到它像一处会淹死人的地方。新近产生的法规式的平衡建构了自我意识这一自我系统，它"内化"了早些时候出现的自己与他人之间的冲突（那时，"自我"位于自己与他人之间），下面的表述反映了一种自信："为了整合你自己，你首先必须分化自己。"新的自我从一个脆弱的存在（就像在她的可怕的梦境中呈现的那样，一个小小的自我在挣扎，避免被巨大的塑料头颅吞噬）转移到一个更加值得信任的环境，这种环境为人际关系设限，终止了先前引发的毁灭的恐慌。当然，对黛安娜来说，医院的诊断是"临界水平"。一方面，她在某种程度上仍保留着原有的客体关系，另一方面，她在某种程度上又出现了目前应具有的新关系，她在使世界一致起来的两种思维方法之间游走，一种思维方法业已抛在脑后，另一种思维方法尚未清楚地演化出来。

让我们探讨一下爱丽丝（Alice）的情况。她最近离婚了，与孩子一起生活。她担心自己新的性生活会对 9 岁的女儿产生影响。下述内容摘自她最初参与治疗性访谈时所说的话。

爱丽丝：最令我烦恼的事情是男人。如果有男人来到我家，我害怕这会对孩子产生影响。我目前需要解决的最大问题（我脑中不断浮现的事情）是如何面对 9 岁的女儿，因为我曾一度感到存在许多情绪问题（但愿我能停止颤抖），我真的意识到有一些东西在影响她。我不想让她心烦，也不想吓到她。我非常希望她能接受我。尤其在性的问题上，我们对彼此都很坦诚。不久前的一天，她见到一个未婚的女孩怀孕了，于是就问我："单身女孩也可以怀孕吗？"我们之间的谈话一直很顺利，在她面前我并不感到拘束，直到有一次她问我，我在与她的爸爸分手后，有没有与其他男人做过爱，我对她撒了谎。从那以后我一直在想这件事，我以前从未对她说过谎，这次撒谎让我产生了内疚感，而我希望她能信任我。我想要从这里得到一个答案，我希望你能告诉我，如果对她说实话，是否会对她产生坏影响。

我觉得她迟早会不信任我的。我还想，如果她长大一点发现自己处于敏感的境地该怎么办。她可能不想和我坦诚，因为她觉得我很贴心，可是我又害怕她会把我当作一个魔鬼。我非常希望她能接受我，虽然我并不知道一个9岁的孩子能承受多少。

我不知道她是否会接受我目前的状况。我认为，这几年来，我为自己描绘了一个亲切可爱的形象。我为自己隐匿的一面感到羞愧。

我有一种感觉，你只是坐在那里听我讲述，而我却十分着急。我希望你能帮我摆脱内疚感。如果我能摆脱因撒谎或者与单身男子上床等而引发的内疚感，那么我可能会感到舒服一些。

访谈者：我猜我想说，"不，我不想使你烦恼。"可是，另一方面，我也感到这是一种非常私人的事情，因此我无法替你回答。但是，可以肯定的是，我会设法帮助你，以便你自己去找到答案。我不知道这样做对你是否有意义，但是，我说话算话。

爱丽丝：谢谢你这样说。听起来你是说话算数的。但是，我仍不知道该怎么办，至少目前我仍不知道该怎么办。我认为，我已经克服了许多内疚感，现在这件事发生了，我对自己感到非常失望。我希望我能相信，无论我做了什么，甚至违背我自己的伦理道德或教养，我在女儿的眼里仍是可爱可亲的，而现在我却做不到这一点。我面对的是这样一个女孩，她认为我可爱可亲，而我又不想让她知道我那卑贱丑恶的一面。我想，做到可爱可亲对我来说是那么的困难。

我想成为一个好母亲，我觉得自己也确实是一个好母亲，但是，也有些小小的例外。我在工作方面也产生过内疚感。我想工作，赚钱是一件有趣的事。我想上夜班，但是，每当想起这样做对孩子不好或没能留给她充分的陪伴时间时，我又开始产生内疚感。这就是所谓的双重困境吧。我想做我认为正确的事情，但毕竟我不是一个好母亲。我既想成为一个好母亲，又想做我认为正确的事情。我越来越意识到，我也许是一个完美主义者。那就是我想做到的——完美。如果我不能以我的标准达到完美，我宁可放弃这种需要。

与此同时，我无法停止这些欲望。我也做过尝试，我曾尝试说"好吧，当我那样做时，我是不会喜欢自己的，所以我不该有那样的想法"。但是，我又怨恨孩子，我想，为什么她可以阻止我做我需要的事情，况且那些事情并非真正的坏事。

访谈者：你想说的是，当你做你觉得不对的事情时，你希望自己更好地接纳自己，是吗？

爱丽丝：是的。

访谈者：听上去，这是一个令人感到棘手的问题。

爱丽丝：我觉得你想说"为什么你认为它们是不对的呢"。对此，我也感到有点混乱。也许通过治疗，我会说"瞧，我现在知道这是很自然的。女人们需要它——可以肯定，我们在社交场合并不谈论此事，但是，女人们都需要它，而且它也是十分自然的"。在过去的 11 年中，我一直有性生活，当然现在我也需要它，但我仍然认为这是错误的，除非你真爱上一个男人；可是我的身体却似乎不同意这种看法。因此，我不知道该怎么接受它。

对啊。我当然知道你无法回答我，我必须靠自己的力量找到答案，但是，我需要你引导我或者指点我，从何处着手，以使此事不再显得这样无望。我知道，我无法与这种冲突一起生活，事情终究要得到解决，我只想使我现在的生活更舒服一些，因为我现在并不舒服。

访谈者：我想问你一件事，你希望我对你说些什么？

爱丽丝：我希望你能对我说，要诚实，尽管说出真相是冒险的，但我必须冒这个险，让珍妮接受我。同时，我也有这样一种感觉，如果珍妮接受了我，那么我便可以对大家说："这个孩子能接受我，我没有那么糟糕。"如果她在知道我是一个什么样的恶魔后，仍然爱着我并接受我，这似乎会帮助我更好地接受我自己——好像我真的没有那么糟糕。我希望你对我说，朝前看，要诚实；但我不想使她心烦。那就是我承受不起的原因……除非权威人士要我这样去做，否则我不想冒险……我不想给孩子造成心理创伤。我不喜欢那种责任。我不喜欢它，让我觉得这是自己的过错。

　　你知道吗，我用两种方式看待这个问题。我喜欢看到自己对孩子诚实，并且真的为自己感到骄傲，因此不管对她说什么或者不管她把我想得多么坏，我仍然是诚实的，唯有这样，才能建立更加健康的关系。可是，当孩子与她的爸爸在一起时，我却妒忌了。我感到孩子的父亲处事轻率，既不真诚也不老实，可是孩子却仍然把他看作亲近的父亲。觉得得他为人仁慈，脑子灵活。对此我羡慕不已。我要孩子对我像对她的爸爸一样亲近，可是，我知道他对孩子并不是真诚的。因此，看起来，我必须用自己的光辉来取代她的父亲，我知道，这是我最需要的，但是我却错失了某种光辉。

　　访谈者：你是否想说，我要孩子对我的看法像对她的父亲一样好，如果他有点儿虚假，那么我一定也该有点儿虚假？不知道我这样推测是否有点儿过分了。

　　爱丽丝：接近了，那就是我的意思。我知道，如果我诚实，女儿也不会把我看得很纯洁。此外，我确实感到自己比孩子的父亲更暴躁。我可能做了许多孩子并不赞成的事情。

　　访谈者：你是否真的很难相信，即使孩子了解了真实的你仍然会继续爱你？

爱丽丝：没错。在治疗之前，我一定会选择这样的方式，为了博取孩子的尊重，我可以做任何事情，甚至撒谎。

访谈者：我懂了。

爱丽丝：可是现在，我知道这是不正确的，而且，我也无法确定孩子是否会接受我。直觉告诉我，她会接受我的。我知道她也许会，但是不能肯定。我需要获得保证。我需要这种保证。

访谈者：现在，你也许改变了看法，你肯定希望有人说"对呀，朝前看，鼓起勇气来干吧"。

爱丽丝：对的。这就是为什么当我阅读某个我所敬仰的人的著作时我会受到鼓励。这是正确的。无论怎样，诚实总会获胜。这给了我信心。我确实感觉到你的态度——你不会给我建议。可是我也知道你其实是在说，"你知道你想追求的模式，爱丽丝，朝前看，追求这种模式吧"。我感觉到你的支持了。

访谈者：我想，我感觉到的是，你一直告诉我说，你知道你想做的事情，我也确信应该支持人们去做他们想做的事情。这也许与你感觉到的有点儿不同。你是不是在告诉我……

你看，我关心的事情是，如果一个人去做一件他并非出于真心去做的事情，那是没有好处的。这就是为什么我试图帮助你确定你自己的内在选择究竟是什么。

上述是有关治疗记录的简要抄本，并非个人情况的全部信息。如果一份访谈记录被允许探究和提问，将有助于了解爱丽丝的治疗进展。抄本本身具有许多优点：它为我们展示了个体实际生活中的冲突，以及她是如何对此做出解释的；而且，通过展示她与治疗师的关系，它为我们展示了她在现实生活中有关"他人"的概念建构。

我从爱丽丝的陈述中获得的最为深刻的认知是，人们需要被赞同或认可。她希望女儿能接受她，她希望同事对她有好的看法，她希望治疗师支持她。所有这些，看来才是问题的症结所在；它们才是她真正关注的东西。我之所以这样说，是因为威胁到这种认同的事情（诸如她的性行为等），都会对她构成致命的打击，并使她的整个系统失去平衡；也就是被人赞同似乎并不与每件事情有关（例如，无论赞同与否，自我都继续存在）。在他人面前以何种面貌出现，在她看来才是最重要的。

我们可以说，外表或形象是重要的。我们甚至可以说这仅仅是表象（mere appearance），但这使爱丽丝失去了她自己的视角。如果意义产生于他人如何看待我们，那么事物出现的方式便成为重要的问题。我们中间有些人可能会嘲笑某人，因为他担心邻居对他的看法（也许，这些人对自己以前解释问题的方式也感到不舒服），如果我们考虑到这个人的目的只是使自己在别人眼里更完美，那么我们便会对他的担心给予更多的同情。

当我思考爱丽丝对治疗师的建构时，我发现自己在思考有关权力或权威的问题，这个问题在治疗情境中始终存在：一个人去（或者被送去）另一个人处请求帮助。来访者将如何建构这种关系的权威维度呢？爱丽丝是否把治疗师及其权威看作对她自己的独立权威（一种她必须与之对抗或加以操纵的权威）的一种威胁或障碍呢？她是把他的权力看作可以屈从于她自己的控制的东西，还是用某种方式加以利用而无须牺牲她自己的控制的某种东西呢？这是对唯我的（平衡 2）方法的典型描述；用这种方式建构意义的人，如第六章里的特里、理查德和罗克珊，被认为具有典型的"权威问题"（authority problems）。实际上，他们的"问题"是，不能把他们自己的权威与他人的权威整合起来，因此，在每一个案例中，都存在两种权威的相互碰撞。但是，爱丽丝与其治疗师的关系看来并非如此。虽然她的行为可以被称作"操纵性的"（manipulative），但这并不属于维护权威的类型（实际上，所有的行为从某种意义上讲都是操纵性的），虽然她可以被认为正在设法满足自己的需要（实际上，人人都谋划着满足某种需要），但她并未沉浸于"需要"（平衡2）。她并未沉浸于需要，因为她的"需要"原本就是人际关系的；她并未用唯我的方式操纵治疗师，因为她试图首先回避独立控制。她正在设法与他的权威相融合，以便使他允许自己生活在他的权力之中，而不是设法维护自己的权威。

我们可能要问，爱丽丝对治疗师的基本态度是否反映了一个在爱丽丝看来十分重要的问题，即治疗师必须给予她尊重、认可，以帮助她维护她的独立判断和内在的自洽。她是否在要求，作为一个平等的成年人被认真地对待？具体地说，虽然她需要帮助，但她并不要求被照顾、接管和庇护；她认识到她可以而且一定能够自己"解决"问题，只是不一定必须单枪匹马。这应该是治疗师和最初的治疗情境进行的典型的法规式（平衡4）的结构。可是，爱丽丝似乎并未以这种方式看待心理治疗师。相反，她明确要求心理治疗师接管她，而且她的举止有点孩子气而不是成人气（"我不想负此责任，除非权威人士要我这样做。我不觉得这是我的错"）。

因此，爱丽丝对于心理治疗师和治疗情境的建构，像她对自己和她的担心的描述一样，始终是人际关系性的。可是，人际关系的平衡并非一切都好。事实上，根据建构–发展的观点，这是治疗情境所必需的：人们鼓起非凡的勇气来到陌生人的面前，与他谈论生活中的隐私，原因是他们正在经历一种演化的剧变。通常，这表明保持和促进个体演化性平衡的基础已经崩塌，或者说，它表明个体正在试图脱离原本一直属于"我"的演化平衡。从某种程度上讲，这种平衡仍在为维持原样而进行着斗争。在这种平衡中，"我"悬而未决。对爱丽丝来说，问题并非来自他人拒绝保持这种平衡，而来自她的内在："我有'别扭'的一面，对此我不知道该怎么办。"我们如何理解这一点呢？

在爱丽丝的词典中，"别扭"不仅是一个重要的词汇，而且是一个奇怪的词汇。我们对该词的理解使我们想到了本章开头我所提到的那种选择，即对童年早期回归性重现的精神分析理解和对适应时代主题表述的建构－发展理解之间的选择，这种适应时代主题的表述与早先的时代具有相似性，因为童年期的结构经历了两种基本的演化。"别扭"这个词使人想起了难以控制的童年行为。当爱丽丝使用这个词语时，会有助于治疗师了解她，而且，她一边说出这个词语，一边在座位上扭动，同时带着一种顽皮的微笑。很显然，她指的是性行为，可是，在她使用一个更适合孩子的词语时，在她展现出顽皮的样子时，她使我们更多地想起沉浸于冲动的恋母情结的孩子的性行为。

虽然以退行或回归的模型观察这些行为和童年期问题的再现很吸引人，它让我们忘记了，爱丽丝不是一个 4 岁的孩子，她所谓的"别扭"实际上是她演化过程中前进的一面，而不是退行的一面。不可否认，我们确实目睹了过度包容这一主题的重现，但这是一个演化的主题，而不是童年期的主题，我们需要区分下述两种过度包容的差异：一种是冲动中的过度包容，个体把父母和自己混淆了起来；另一种是人际关系中的过度包容，个体把所有重要的人际伙伴和自己混淆起来。从建构－发展的观点来看，爱丽丝的"别扭"可能是任何一种无法摆脱的忧虑（在这里是指性行为），它们不能完全通过人际关系调解。

虽然爱丽丝的主要部分仍处于她生活多年的人际关系的平衡状态之中，但她的某个部分已经开始摆脱这种沉浸，她因此感到困难和动荡。由于其主要部分仍处于人际关系的平衡状态，并且以此方式认识世界，因此，执意要自行其是的那个部分（例如，享受性生活）便被看作异己或敌人。性生活与人类活动的其他方面一样，当一个人以不同的意义建构方式建构其意义时，体验就会不同。最大的性满足是性的演化性平衡（即我与世界联结的方式）；而最大的性威胁也就是威胁了这种平衡。沉浸于人际关系的性生活可能相当于一种道德标准，即"我的快乐就是你的快乐""我所谓的满足就是你得到满足"。直到法规式平衡的出现，当独立的自我观念占优势时，人际关系的平衡才开始处于一种从属的或自我放弃的地位。

可是，爱丽丝并未处于新的平衡，甚至没有处于最初企盼的平衡，所以她的那部分，被新的道德观（"我的快乐就是我的快乐"）所支配的部分，感到自己是邪恶、自私的，并为此感到内疚，简言之，感到别扭。这是她的一个部分，但它不是"真正的我"；它只考虑自己，而"真正的我"应该考虑他人。唯有"真正的我"才能与心理治疗师交谈并听他讲话。在她向心理治疗师所做的最初的描述中，房间里好像只有"真正的我"。"别扭的我"是诊室之外的一个问题，也许，"真正的我"和医生可以发现怎样去照顾"别扭的我"。

爱丽丝的例子使人联想起一些大学生，他们来到咨询中心，说："我丧失了学习的动机；我无法使自己进入学习状态。"他们通常是一些在学校里学习用功，而且学习成绩相当好的人。可是，他们却莫名其妙地遇到了障碍。这种障碍可以被表达为一种丧失——丧失注意力，丧失能动性，丧失目标和激情。总之，丧失了某种东西。处于这种困境的人，往往把自己描绘成懒惰的或者正在变得懒惰的。在咨询室里诉说懒惰的那个部分是不在学习的部分，因为该部分已被"懒惰"占据；没有发出声音的那个部分才是决定不去学习的部分。有时，在进行几次访谈以后（例如，心理治疗师可能会问："听起来好像你的某个部分已经罢工了一样，是吗？"），沉默的部分开始发言了。它的声音往往是愤怒的。有时，一个学生发现，她之所以停止学习，是因为她很生气，因为她想做某件事情，并对来自"真正的我"的命令感到厌倦，她感到这个"真正的我"不那么真实，更像"曾经的我"。有时，这个"曾经的我"开始显得更像他人（常常是一个人的父母）的期望，它正在逐渐地与自我相分离。这是一个人从人际关系的平衡向法规式平衡转化的核心，从混乱中分离出来，这就提出了有关该转变的一个典型问题："在这里，到底谁负责？"

也许，对爱丽丝来说，今后的治疗课程将包括欢迎她那个目前正在被旧的沉浸注视着的部分。目前正在"生长"的东西（在某种意义上如同肿瘤，对有机体来说是一个问题）可能是她自身成长的源泉。准备对这些"肿瘤"采取行动的心理治疗师会如何与她交谈，这是我在第九章准备阐述的问题。但是，现在也许可以看到，针对爱丽丝的担忧的任何一种解决方法，肯定不仅仅涉及对旧的冲动性平衡或者恋母情结的冲突的更好的解决。它肯定涉及对那些远超童年期的演化困境的局限性的解决，即对人际关系局限性的解决。在某种程度上爱丽丝的"问题"可被部分地看作她无法把负有养育责任的母亲角色和有情欲需要的女性角色这两者整合成一个单一的自我结构。这是一个意义的演化问题，它可以通过婚姻（如果不是真正地解决问题）这一社会习俗进行人为地操纵。

婚姻可能提供一种外在的结构，通过这种结构，女性可以认为自己既是一个提供接纳的母亲，又是一个具有性欲的妻子，于是两者之间的冲突便减少了；它包含两种角色，并在对孩子的投入和对爱人的投入之间提供了某种边界。随着婚姻的结束，爱丽丝失去了外部结构；由于她"成了"她的关系而不是"拥有"这种关系，因此她无法内在地提供这种结构。就个体的生活史而言，当一个人（除了需要一种文化的植入）被要求去提供一种文化时，那些沉浸于人际关系的单身父母可能难以为他的孩子提供他们所需要的那种文化的矛盾导向的或分化导向的一面。这可能对"确保"孩子顺利从冲动性平衡向唯我性平衡转变构成阻碍，与此同时，沉浸于人际关系的父母也需要一种性质上不同的"保证"。与其说她需要分清她与他人的冲动，倒不如说她需要分清的判断、期望和义务与他人的判断、期望和义务（冲动的二次演化）。在爱丽丝向心理治疗师谈到如何控制她的性欲时，她提供了一个关于过于松散的边界的出色例子，她说："与此同时，我无法制止这些欲望。我也做过尝试。我试图说'好吧，当我那样做时，我是不会喜欢自己的，因此我不想再做'。"可是，接着我便对孩子产生了怨恨。我想："为什么她要阻止我去做我想做的事情呢？"由自我判断（我要停止）开始的事情，却由外部的判断（孩子要我停止）宣告结束。由于判断和期望的源泉与他人（在此个案中是指爱丽丝的孩子）相混淆，内疚感也肯定会把他人（使她的期望得不到满足的他人）牵涉进去；在法规式的平衡中，内疚感是因为一个人违背了自己的标准，无关他人的期望。这种描述再次强调了这样一种观念，即这个时期（不一定是年龄上的青年期，更多的是人际平衡消长的时期）引发了童年早期恋母情结的解体、内化和超我形成等主题；但是，我认为，这样的描述也使得下述问题更加清楚：

一些在外在（颜色和音调）上相似的东西，在其心理的复杂性方面是不同的。

于是，人际关系的平衡（虽然解决了前一阶段沉浸于需要的冲突），在其自身的沉浸方面容易产生另一种冲突。从一种自我向另一种自我的转变可能是痛苦的、长期的，会引发生活的混乱。对丧失"我"的最重要的关系的威胁，莫过于突然经历从阶段 3 向阶段 4 转化的危机。对从人际关系中派生出来的自我来说，它可能被体验为一种自我本身丧失的威胁。在这个转化阶段，构成抑郁特征的需要，如害怕抛弃、希望被关心等，已超越了对任何一个特定个体的理解或把握；这种理解或把握有助于自我"浮起"，以免它在突然不能维持其浮力或平衡时沉没。这种威胁并不单单由他人的拒绝或背叛引起；它也可以由在我自己的开端上突然出现的终止引起。如果这种关系中的期望或义务（我将自己进行定位的联结物）变得过分，或者与另一种具有同等价值的关系的期望发生冲突，那么这种情况也有可能使人际关系系统突然失衡。如果这种体验不断发生或重现，便难以将其同化，这种关系有问题或那种关系有问题，这种可能性随着该系统对那个把人际关系作为终极背景的问题的"再认"而产生。终极性是每一次转化的问题。从现象学上分析，我们建构意义的方式，对我们来说不仅是建构世界的方式，而且是最恰当的建构方式；它是一种感觉，这种感觉，使引发危机的矛盾变得如此具有威胁性。它产生了一种把我原本认为终极的东西变成相对的东西的可能性。

尽管我提出过，美国的文化倾向于强调独立的一面，而不是包容的一面（而且，我想把这种提法扩展至整个西方文化），但是这并非一种可以应用于美国文化中所有男男女女的普遍概括。确实，虽然我尚不清楚为什么会出现这种情况，但是，在我看来，似乎男人往往更难承认他们需要包容，而倾向于分化，女人往往更难承认她们需要独特，而倾向于包容。这究竟是贯穿一生的社会体验的作用，还是父母的影响，是生理的（甚至生殖器官的）命运，抑或是这几个方面的结合导致的？对此我并不清楚。不论男人和女人之间差异的根源是什么，我认为，在任何一个个体身上同样也能发现这种差异。在这方面，建构－发展理论复兴了荣格学派的观念，即每个女人的身上都有男性的成分，每个男人的身上都有女性的成分；所有的生命都是由一种基本的演化矛盾所驱动的结果，男性或女性不过是它的一种表述而已。同样，我认为，虽然西方文化和东方文化可能各自反映了这种矛盾心理的某一面，但它们同样也投射了其他方面。西方文化珍视独立、自我保护、自我扩张、个人成就，以及从赖以生存的家庭中摆脱出来的，日益增强的独立性；东方文化（包括美国的印第安人）则珍视另一极，当要求夏延人（Cheyenne Indians）谈谈他们自己时，他们总是这样开头："我的祖父……"（Strauss，1981）；许多东方文化喜欢用"我"这个词来指一个群体，个人只是其中的一个部分（Marriott，1981）；霍皮人（Hopi Indians）并不说"今天是个好天气"（这样说好像把自己与一天分开了）而是说"我生活在好天气之中"或者"我的前面、后面和上面都是好天气"（Whorf，1956）。与此同时，人们无法摆脱对社区的渴望，对神秘融合的渴望或者对代际联系的巨大渴望。上述这些现象，通过地方自治、崇拜现象、寻"根"、对儿童的理想化，以及对家庭的浪漫主义要求等，不断地在美国文化中重现。同样，如果把东方文化中出现的个人主义、代际自治或创业主义等用语斥之为"西方化"，认为这些用语完全是强加的，缺乏东方文化的表现，这样的诘难未免太简单化了一点。

在我看来，不同的文化和性别有着不同的要求，这些区别是相当强烈和持续的，而且毫无疑问，它们具有无法比拟的尊严和地位，并不存在一种要求比另一种要求"更好"的问题，当然，它也不只基于发展的视角（确实，每一种要求因其否认另一种要求而具有相同的局限性，这样的说法是可以接受的）。然而，对一个特定的群体来说，它易于将它的劝诫变为标准。**跨文化主义者**（cross-culturalists）对**民族中心主义**（ethnocentrism）的看法（甚至谴责西方心理学与其他文化的心理学一样，不过是"民间心理学"）（Fogelson，1981；Levine，1981），类似于女权心理学家的观点，即发展心理学家所尊重的成长的定义是带有男性的偏见的（Gilligan，1978）。这两种看法看起来似乎都是正确的。人们无论从何种角度对发展心理学家进行观察，从弗洛伊德到卡尔·罗杰斯，他们总能发现一种日益增强的自主性或独特性的成长概念。渴望包容往往被贬低为一种依赖或不成熟的依附。唯有一种从根本上对这两种极端（以及两极之间的关系）施以平等对待的心理学，方能超越这种偏见。

可是，不论不同的文化或性别之间的差异如何真实，不论它们多么易受唯我的影响，我并不像许多跨文化主义者那样认为，考虑到我们自己的起源，我们不应该对另一种文化做出判断或思考。同样，我也不相信两性之间不可能进行深刻的交流和相互理解。我们的差异并不使我们分离，因为我们都生活在同样的环境中，我们的张力都在这一环境中显现，即意义建构的演化活动，生活本身的运动等，都在这一环境中显现。我认为，东方可以与西方对话，西方也可以与东方对话，男人可以与女人对话，女人也可以与男人对话——只要任何一方都不偏向于极端，只要任何一方都不用自己的语言来强迫对方理解，只要任何一方都认识到自己的语言与双方共同拥有的终极语言有关。

两性之间为相互了解、相互观察和深入交流所做的斗争（在西方比过去任何时候都更显现出成人生活的特色），有可能因为男人和女人学会他们共享的普遍语言而中止，这是一种演化的世界语，在这一语言环境中，两极联结起来了。当然，也有可能由于男女双方都认识到差异或整合不是最重要的，每一方都是现实生活的组成部分，而使斗争中止。

即便男女之间、东西方文化之间的关系处于冲突中，我们仍有机会去考虑整体，我们任何一方都是其中的一个组成部分。当我们这样做时，十分美好和令人感动的事情便出现了：一个整合的群体为生活的复杂性提供了可取的表述；每个人都可以在自己身上发现这种普遍性（每个男人身上都有女性的部分，每个西方人身上都有东方人的部分）。这我想起了婴儿克里希纳（Krishna）的故事，他跟着母亲来到海滩边，而母亲还不知道她的孩子原来是一位神。克里希纳吃了沙子（像一般婴儿所做的那样），当母亲走到他面前向他嘴里望时，据说她看到了整个宇宙。我们中间有谁在这方面不是神呢？

但是，如果男性身上存在某些固有的倾向于分化的东西，而女性身上存在某些固有的倾向于包容的东西，那么，随着演化的停滞以其侧重的方式运动，男人有可能以一种更加分化的方式运动，而女人则以一种更加整合的方式运动。不论这些倾向是固有的还是文化适应的产物，只要它们存在，我们将会看到，男人会将更长的岁月花在倾向于分化的演化停滞上［唯我的平衡（2）和法规式的平衡（4）］，而女人会将更长的岁月花在倾向于整合的演化停滞上［人际的平衡（3）和个人间的平衡（5）］。换一种方式说，可以期望，女人更难从人际关系的沉浸中摆脱出来，男人更难从法规式的沉浸中摆脱出来。根据有关社会道德发展的研究（其分析最接近于我们这里所考虑的框架），对青少年的研究证据表明，女孩在社会道德发展上超越了男孩。更为特别的是，她们能很快适应人际领域（Selman，1969；Turiel，1972）。也有证据表明她们在人际关系平衡阶段滞留更久（Haan，et al.，1968；Kramer，R.，1968；Holstein，1969，1976；Kohlberg and Kramer，1969；Gilligan，1971；Hudgins and Prentice，1973）。如果女人更易产生融合状态（平衡3），那么她们也更容易与他人亲密相处（平衡5）。如果男人更易在思想上达到成年期的心理自主（平衡4）那么他们也有可能更难以演化到成熟的、后思想的（postideological）成年期（平衡5）。

尽管一个男人或一个女人的演化风格可能预先表明他或她更倾向于某种独特的演化停滞，但对男人和女人的演化的传统支持如此不同，以至于难以避免得出这样的结论，即演化水平方面最大的差异根源在于男人和女人具有不同的植入文化。毕竟，在养育、归属和围绕他人的期望来组织自我中建立人际关系的平衡是与传统的女性刻板印象（stereotype）相吻合的。虽然这样一种意义建构的演化，就其所涉及的心理问题而言，主要是青少年的，但可以肯定地说，在20世纪60年代和妇女解放运动之前，这是唯一受到文化支持的，有关女性成年期的建构。一般的文化（即我们通常意义上所说的"文化"）和支持人格演化的植入文化之间的关系显然不是随机的。对于成年女性的传统文化概念来说，其结果可能是一种演化的不幸：一方面，它超越（否定）了人际关系的平衡；另一方面，它又未能认识到或看到自我权威的同一性的产生。一个人在缺乏对现实的确认的情况下，任何准备着从沉浸于人际关系的状态中摆脱出来的行动，都会使他感到不忠和自私，甚至会使他感到仿佛要发疯。

有些人在生理上虽已成年，但在心理上尚处于青少年阶段。这一观点当然会引起争议，甚至令一些成人感到不满，可是，它的主要目的是说明，如果一个人缺乏成长所需的那些最为亲密的支持，其影响可能是灾难性的。由于一个人在演化平衡的阶段 4 所需的那种支持——承认一个人在其权利方面是独立自主的，容许进入社会领域，以成人身份参与团体活动，获得公开承认个人成就的机会，被支持进入工作领域，尤其是"职业"的概念而非"工作"的概念，本质上是一种社会安排（从外部角度看）和意识形态（从内部角度看），因此，个人被剥夺或失去这种文化，将对成年期的发展产生相当直接的影响。

建构－发展理论提出的关于女人比男人更倾向于滞留在人际平衡阶段的研究结果，已经使有些关心妇女的人们反对建构－发展理论。然而，尽管这是坏消息，但这种消息也可以用来进一步支持那些关心妇女的人们的立场：文化剥夺确实对人类发展产生了明显的影响。对任何一种被系统地排斥的团体来说，建构－发展的框架理应是其最重要的心理学上的同盟军，因为它的"病理"概念与顺应或适应关联很小，并且最能察觉出不健康的情境，即使当每个人都在以一种不会使他人感到不舒服的方式发挥作用时，也是如此。尽管那些坚持精神病学定向的读者可能会被本书的基本观点搞得心烦意乱（我在本书中所采用的方式是把"有病"的人与"健康"的人放在一起来讨论，例如，本章中提到的黛安娜和爱丽丝），但是，这并非因为我对他们之间的差异视而不见。我之所以把两者放在一起，原因在于我认为他们有一些共同之处。精神病学或病理学有可能会忽视这些共同之处，而我却认为它们十分重要——被相提并论的两者通常处于一种相似的演化困境之中。只有理解了他们的意义建构方式和他们与世界的基本关系之后，我们才能考虑他们的平衡状态，以及他们如何保持其平衡的问题。

如果认为我的定向基本上是针对成长过程而非健康和疾病过程，因而无法发出心理上的警报，那么在我看来，做出这样的结论是一种误解。相反，对成长过程的定向相当于对阻碍或抑制成长过程的定向，而一种意义建构的演化方法（与纯粹的存在主义方法相反）建立了一种不可能被习俗和常规的偏爱所捕捉的评价和判断基础。意义演化的观点做出的这种区分并不需要个体表现出抑郁、社会适应不良、"精神病理"等迹象，也不需要为了引起我们的关注而让别人感到不舒服。个体能够以完全不同的速率发展，就其本身而言，缓慢的发展并不需要过分警惕。但是，当一种文化的整个亚人群（subpopulation），具有发展上的延退要素时，不论其每个成员是否需要或寻求精神病学的关注，人们都有理由开始分析这种可能性——这样的文化安排本身就是有害的。人们有办法不受主流文化及健康和疾病的观念所摆布。一种合理的心理学理论能使那些在文化上不受欢迎的成员摆脱拥有特权的代理人所提供的心理保护。

幸运的是，今天的女性成年后的形象，从整体上说不再是一种在人际上沉浸于超女权主义（hyperfeminism）的形象。的确，在今天的文化中，关于人际平衡的演化，最引人注目和最能让人动情的例子也许就是妇女的表现了。在妇女运动的重要作用中，一种最重要的作用是提供了这样一种主导文化，即反文化（counter-culture），它承认和接纳个体权威特征的表现。提高自我意识的群体，关于女性生活变化的书籍及故事、歌曲和标语等，其产生的影响远远不止让女性相互确认自己的经验或者让个体知道她并不孤单。由于它们倡导自我与世界的重建，它们确实提高了自我意识（这也正是演化的意义所在）。妇女运动使妇女们看到了下列事实，即对法规式的演化平衡来说，她们的运动是必不可少的思想上的参与。思想的实施，例如，为人际关系提供一种系统的解释，使日常生活带有政治色彩，给个体以掌控现实的感觉，对个体在过去生活中所起作用的理解，对未来发展的规划，在个体作为成员的群体与个体不作为成员的群体之间划出和保持分化的边界，所有这些都表示一种基本的新的演化停滞，这种演化停滞为自我提供了一种组织或一种结构，它的组成部分对其自身是公开的，即它能成功地从内部保持和控制其最终关注的东西。

美国文化十分自然地为它所青睐的人提供了这些思想上的支持，这些人被选作社会和心理机构的参与者（这些机构控制着它业已建立的各种安排）。一般来说，这些被器重的人是中产阶级的欧洲裔男性。中产阶级的欧洲裔男性摆脱人际关系的演化，在我们的文化中并非是令人动容的壮举，因为实际上没有壮举——你无法观察到它（除非对某个特定的个体密切关注一段时间）。它表现在个体亲近网络的私人关系之中，而非凸显于文化背景之上，因为它根植于该文化所默认的思想之中。这种默认的思想之所以对那些它所排斥的人们来说如此有力，原因就在于：它无法被看到，也不能拿来检验。在过去 15 年的剧变中，主要是这样一些剧变，如非洲裔美国人和欧洲裔美国人之间的调解（"人权运动"），男人和女人之间的调解（"女权运动"），以及政府与百姓之间的调解（"反战运动"），最重要的结果在于美国生活的思想本质变得清晰起来。从演化的角度来看，如果把我的图式应用于文化，我可以说 20 世纪 60 年代和 70 年代初发生在美国的剧变代表着从"法规式"的沉浸中摆脱出来的一种过渡时期的焦虑；当然，根据尚未被抛弃的旧世界的观点，同样的剧变可以看作我们的基本惯例的瓦解，这也正是大众分析所指出的。对于那些被默认的思想文化所排斥的人们来说，需要采取这样一种运动：建构他们自己的思想支持。不管这种思想是女权主义的，还是代表非洲裔美国人权利的，抑或是代表其他群体权益的，它在支持意义演化方面都起着十分关键的作用，并且具有共同的特征。它承认这种新的分化群体的广泛性，并防止重新被吸入旧的沉浸中去（无论是暂时中止与男人的亲密关系，还是转而寻求别的亲密关系，或者在与他人交谈时采用一种刺耳的语言，以便阻止旧的自我的恢复）。

当然，我并不是说女权主义只是意识形态，或者一种无法超越意识形态的表达（我们将在下一章中看到这意味着什么）。我的意思是说，它起着抚育和培养意识形态的作用。最主要的是，意识形态本身在我的词典中并不是一个贬义词。相反，我认为，关于自我和世界的意识形态建构的发展，是走向成熟的一种必要的和自然的特征。需要指出的是，本书的最后几页只是放弃了对于那些现在看来属于政治问题的东西进行心理学讨论。实际上，这种更加"政治性的"讨论不亚于心理学的讨论。我们关于美国文化的思想本质的考虑，与我们关于一个家庭如何支持一个 4 岁的孩子，或者一个团伙如何支持一个 10 岁的孩子的考虑别无二致。个体的（或心理的）与政治的（或社会的）之间的区别是十分武断的，理论过于狭隘地继承自它们的隐喻。最后几页听起来带有政治色彩，因为在个人史的这一阶段，意义的演化已经变得具有政治性了。促进演化的问题已经成为一种更加广泛和更加复杂的社会调解问题。正如建构-发展的观点提供了解决感情与认知之间的分裂的可能性（认识到不论是感情还是认知，都是对产生它们的更为基本的现象的表述）一样，它也提供了一种希望，即通过同样的认识，对心理的和社会的现象予以综合考虑。心理的和社会的现象并不存在谁优先于谁的问题，因为在建构意义的演化活动中，这两者兼而有之。

成长总是要付出代价的。代价包括将旧的存在方式抛诸脑后。至少在一段时间内，还需要个体将那些与旧的存在方式相一致的他人抛在脑后。2 岁孩子口中的"不"实际上是对他自己的旧的存在方式的否定。从他的演化观点看，他所说的"不"实际上是针对他那个早已根植于这个世界的旧的自我的。但是，对 2 岁的孩子来说，所谓的世界，至少所谓的人类世界，主要是指他的父母，因此从父母的角度来看，孩子的"不"是对他们的否定。6 岁儿童的演化的"认识"（当然不是有意识的）使其将自己的冲动与父母的区别开来，这涉及对一种本来就不可能实现的**亲密与同步**（closeness and synchrony）的幻想的破灭。发现个体认知方法的基本局限性，就其本身而言，可能是一种焦虑的和困难的体验；但是，该过程中产生了新的他人使该过程成为一种潜在的羞愧的体验。羞愧涉及一个人认识到他人已经在"我"的身上发现了"我"现在才开始意识到的弱点。以前，我是赤裸的；现在，我看到我也没有什么遮盖。但是，正如埃里克森所指出的那样，"现在没有遮盖"很快成了"曾经没有遮盖"，羞愧创造了历史，它成了"发展的另一面"。羞愧总是带着一种回顾的视角，一种来自过去的袭击，使一个人用新的眼光重新看待过去（现在，更有可能通过他人的眼光进行观察），这样一种参与会使一个人在一段时期内更加羞愧。对儿童来说，有一段时期他们会产生被背弃或被欺骗的感觉，实际上，这不过是他们对自己曾经植入的文化的一种表达。这类责备通常涉及现在所看穿的一些幻想，例如与父母串通好的圣诞老人，同样指向目前正被谴责的那些人内心深处的旧的自我。荣格（1954）提供了一个有关这类行为的例子，该例子说明一个孩子逐渐发现父母讲给她听的关于孩子出生的神话故事可能不是真实的。

　　母亲：来吧，我们一起到花园里去。

　　安娜：你在对我撒谎。你没有讲真话。

　　母亲：你在想什么？我当然在讲真话。

　　安娜：不，你没有讲真话。

　　母亲：你很快就会看到我是不是在讲真话；我们现在到花园里去。

　　安娜：真的吗？你肯定这是真的吗？你不是在说谎吗？

　　虽然我认为当孩子问起时告诉他们生命降生的真相是明智之举，但是我仍然十分怀疑，即使父母全力防止童年早期幻想中的任何一种欺诈（例如，拒绝承认圣诞老人的真实性），当孩子在他的意义建构中将幻想从主体移向客体时，仍然不可避免会产生一种被背弃或被欺骗的感觉。这不过表明父母成功地培养了冲动的平衡，当这种平衡本身受到否定时，他们也随之被否定。当孩子发现父母可以在新的平衡中被重新建构，此时的父母已不再是孩子正在拒绝的对父母的旧的建构，那么父母就可以重新被认识和整合。

　　父母那种反复的拒斥和接受是一个历史的、适应的和不可避免的过程，尽管对父母来说是痛苦的。正如马克·吐温（Mark Twain）所指出的那样："当我 17 岁时，我的父母是那么的愚蠢，而当我 21 岁时，他们却变得聪明多了；我不敢相信他们在这 4 年中竟然学到了那么多。"随着儿童进入新的平衡，父母的植入文化的角色会反复地得到调整与增强，但是，在整个童年期，父母始终是儿童获得持续认知的最重要的来源。尽管这种关系充满危机，而且在被否定时期特别容易破裂，但儿童需要保护和关心，因而使之得以保留并延续。8 岁的儿童也许会离家出走，但顶多撑几小时。这种安排有一种非常优雅的意味：当儿童与父母发生冲突时，他可能在赌气之下一走了之，在外闲荡并充分利用这段时光。最终，情况会有所改善，因为经过这么一遭，父母在儿童的意义建构中已变成了与原先不同的人。

尽管同样的现象在任何一个阶段的过渡期都会出现，可是，在童年期之后，情况就不那么美好了。我们将其与工业化之前的美国联系在一起，那种精心编织的关系和锚定网络，在童年期之后的转化中可能会提供某种相似的预防措施。但是随着时间或空间的推移，这种广泛的支持已不再常见了。这些支持对真正的社会经验来说是如此的不可或缺，以至于人们可以在没有它们的情况下更能发现它们的形式和作用。现代美国生活的一个不可回避的事实是，许多人（也许是大多数人）是在没有这种社会背景的情况下生活的。其最为重要的益处在于，它能使人随着时间的推移去认识一个人、一段婚姻、一个家庭，并有助于发展中的系统在正常成长的失落和恢复中识别自己。如果没有这种支持，如果我们在否定人们的陈旧结构时没有维持原有平衡的压力，我们便可能真的"离家出走"了。而且，遗憾的是，如果我们自以为自己具有成人般的谋生能力，那么在"天黑"时我们便不会被迫回家。在成年期的发展过程中，如果没有这些支持，是全凭自我意志我行我素，那么我们便会采取以下办法来解决转化问题，即不仅让自己与旧的意义分离而且让自己与代表那些意义的人分离。

现代美国生活具有这样的特征，它不仅减弱了对整合的支持，而且增加了对分化的支持。当前的文化要比以往任何时候更倾向于提供这样一种导向，即通过社会阶层、民族和性别，广泛地鼓励个人的成长和实现。虽然这种情况比以往任何时候都更能促进成年期的基本演化，但是这种文化尚未找到一种方法来应对这种成长导致的分化或需要的整合。因此，我们当前的情境具有这样的特征，它缺乏曾经可以获得的支持，而现存的支持又无法完全参与到成年时期的根本性变化的现象中去。

我们生活在这样一个时代，分离实际上已经被作为一个成熟的标志加以赞美——突出地表现在婚姻之中（也就是离婚），也表现在社会活动、工作岗位以及人们所承诺的一大堆义务之中。也许，这种现象可能是由于我们在引发这种现象的关系或环境中，无法解决伴随进化发展而来的愤怒和羞愧。也许，我们会转向新的组织和新的关系，并以一种轻松的口气说："这儿，只有新的我将被认识。"至于新的他人，在他们不知情的情况下，会帮助我把旧的自我抛在脑后。如果我们生活在一个成年期要比以往任何时期都具有更多的基本变化的时代之中，我们在我们文化演进的成长边缘上可能面临同样的也是历史上前所未有的任务：怎样形成长期的关系，甚至"长期的社会"（这个术语可能听起来比较累赘），这些长期关系或长期的社会是基本变化的背景，而不是被变化终结。系列的关系和系列的组织在当前十分时髦，但是，我们应当考虑付出了什么代价来换取它们。如果我们不想失去自我，如果我们希望能够重新找回自己，则在一个组织中维持长期的、相对稳定的关系和生活可能是必不可少的。它们对我们生活的连贯性来说可能是最基本的，这种连贯性无法从那些使我们放松的人的脸上找出，因为我们可以发现，尽管我们不了解自己，但他们对我们也一无所知；不过，我们可以从这样一些人的脸上看到这种一致性，即当他们企图解救我们时，他们的脸上反映出我们的历史，我们可以毫无羞愧和愤怒地看着他们的脸，当那些脸也带着爱来回看我们时，我们看到了这种一致性。

正如个体不是发展的一个阶段而是发展过程本身一样，婚姻也不是一种特殊的演化契约而是一种连续演化的背景。如果不是这样，那么婚姻将在演化停滞的同时宣告结束。婚姻的重建是一项十分困难的任务，而且，与所有演化的情况一样，它需要一种支持，它比人格演化中任何一种特定的自我结构都投入得更多。如果一个人在人际关系的平衡阶段进入和建立婚姻，接着开始摆脱这种平衡，那么，婚姻本身就会变成（或者需要变成）某种新的东西。为了实施和建立导向归属、抚育和认同的意义建构方式所需要的背景（类似于爱情的背景），它支持和颂扬一种相互独立或为不同的利益而进行合作的环境。但是，如果一个人的配偶无法认识这个世界的其余部分，或者因为配偶自身的困难（我们的转化可能不一致，威胁到我们最亲近的人的意义建构），或者因为我们无法操纵那些把人们与现在否定的意义结构混淆起来的羞愧和愤怒（我看到我的配偶像我一样处于依赖和屈从之中），那么从认识上把自我与他人分离开来，可能伴随着在"我"的发展生活中与真实的人和地方的分离。

第八章

法规性自我的消长

　　迈克尔（Michael）是一名35岁左右的男子，也是一名成功的律师兼商人，他热爱自己的工作。他之所以求助于心理治疗师，是因为他开始思考自己与女性的交往模式，他不清楚自己在这种关系中扮演什么样的角色。迈克尔虽然还没有结婚，但却"经常与一个女人保持亲密关系，有时，同时与几个女人保持亲密关系"。正如迈克尔所认为的那样，他与女人建立关系的基本模式是，一旦发现某个女人有吸引力，就设法与她纠缠在一起。这种关系总是进展得不错，它充满希望、温暖并令人兴奋。但是，随着与那个女人的进一步接触，他便会不可避免地发现一个令人遗憾的事实，"这个女人身上"存在"一些无法使她成为自己终身伴侣的东西"。

　　"她是一位极好的女子，我爱慕她，并以各种方式关怀她，但是，她就是年纪太大或年纪太轻或没有幽默感，因此我感到没有必要全身心地倾注于她；她总是玩世不恭，任何事情对她来说都像是开玩笑；她的孩子太多；她认为她不想要孩子；她太有钱，而我被她的独立性威胁；我感到贫困是一个包袱而她却称之为'唯一合乎伦理道德的生活方式'；她想做爱时就做爱，从不考虑对方的需要；当我们做爱时，我感到她从未真正满足过；她与我和我的生活差异太大；我们之间缺乏充分的比较；我们之间不够来电，仅仅像一件舒服的运动衫；这段关系就像过山车，永远不会安定下来。"迈克尔对这种倾向的感觉是，他发现有些不对劲——直到他开始对自己产生怀疑，可能是他"要求太高"，将来总有一天他会遇到一个"真正想要的"的女人，这样的话，他就会相当自然地、毫无困难地与其接近。在他看来，在那之前，当他无法"认真地对待这种关系"时，当他发现他和那个女人最后总要分手时，那么继续与之纠缠下去便是既不正确又不公正的。

当迈克尔一旦断定某个女人"不太对劲"或者"这段感情维持不下去"时，朝向深层演化的运动也就停止了。迈克尔会继续与之保持一种既非表面的又非虚伪的，但却具有一定界限的关系和联系。这种关系和联系并不承担对目前的关系或未来的关系进行探索的义务。有时，迈克尔也以此为出发点（往往是根据对第一个女人的认识）去观察另一个女人。正如迈克尔所说，这是"由女人决定"的模式。他发现，有些女人不愿意继续这种她们认为不可逾越的闭锁的关系。但是，许多女人却愿意继续这种关系，迈克尔猜测，她们可能希望情况发生变化，或者因为她们在迈克尔所描述的"相互支持而不相互依赖"的关系中感到十分舒适。虽然迈克尔的工作和生活已经使他在美国和加拿大各地建立了长期的友谊和团体关系，但是他仍把自己描述成（而且相当精确地描述成）"一个没有感情的人"。

也许，迈克尔会被人们说成是在**"亲密关系"**（intimacy）方面有问题的人。但是，亲密关系在多大程度上是一个发展问题，甚至是一个主体–客体关系的发展问题呢？法规式平衡的"心理活动"将自我从人际关系的背景中分离出来，从而形成了这样一个"我"，它拥有它的关系，而不是关系本身。这种演化形成了作为一种形式或系统（form or system）的自我。它的力量在于它能够进行自我调节，维护它自身，照料它自身，命名它自身，这就是它的自主性。然而，每一种发展的平衡都涉及一种错觉，一种内在的错误性或主观性，它们是发展遭遇阻抑的主要原因。如果对世界具有充分的体验，**同化的防御**（assimilative defenses）尚未变得有力，并且处在告别一种平衡和认识另一种平衡的控制环境之中，那么每一种主体–客体关系将最终搬起石头砸自己的脚。这一点对法规式平衡来说是真实的，对其他任何一种平衡来说也是真实的，尽管上述列举的一些要求，尤其是涉及那种控制环境的要求，正如我们将要看到的那样，可能成为每一种新的演化的更高位序。

法规式平衡表现出一种自我满足（self-sufficiency）的状态，这种自我满足处于一个全新的复杂水平，使我们想起了它在演化方面的"堂兄弟"，那就是学龄儿童的唯我的平衡。它们之所以成为一对堂兄弟，其原因在于两者都是过度分化的（over differentiated）。它们虽然解决了独立与包容之间的演化上的张力，但却更热衷于前者。与此同时，它们的**自我决定**（self-determination）的本质不同于一个人通过控制个人的**自我界定**（self-definition）来控制自己的行为。

如果说法规式平衡的力量在于它的自主性，那么，可以肯定的是它的弱点也在于对这种自主性的沉浸。它的自我命名和自我培养，将它所能达到的世界变成了个人公司的操作员。在此平衡中体验到的独立和自我调节，如果从平衡的外部来看，确切地说，可以看作一种心理上的孤独；如果从该系统的内部来看，这种压抑无论怎么说都是威胁到自我控制的一个问题，也是法规式平衡与其演化的"堂兄弟"共有的一个问题。对于一个处在唯我平衡中的儿童来说，这个问题可能涉及权威的削弱或目标的中断，表现为行为上的不能胜任或者害怕旧的冲动霸权。儿童的愤怒、羞愧以及对自己冲动的害怕，肯定可以在处于法规式平衡的成人的压抑性自我愤怒、内疚性自我羞愧以及对边界丧失的恐惧中听到回声。正如我们在本章中将会看到的那样，丧失平衡的体验（当这种平衡是法规式平衡时）由下述一些感觉组成，即消极的自我评价、个体的结构受到威胁或瓦解、害怕失去控制、失去个人所具有的与众不同的珍贵意识。

可以论证的是，迈克尔多年来一直处于法规式平衡之中，他与女人的关系既表达了系统参与这个世界的兴趣，又表达了系统维护自己的兴趣。迈克尔的不满"清单"（看来他总是在过度卷入这种关系时产生此类不满情绪）是否有助于他维护那种调节自己心理活动的个人控制呢？看来，在迈克尔身上正在出现某种东西；它好似另一种声音，正在陈述一个不同的主题。有可能是，法规式平衡的心理活动，像之前的各种平衡一样，也已经开始耗尽，换言之，它自身的主观性或错误性正在开始被体验到。下面摘录了最近一次与迈克尔的治疗性访谈，从中我们可以看到论述同一种平衡的两种观点：强制的孤独体验与长期受人尊敬的独立体验。

当我做出"这个女人不适合我"这一决定时，我实际上清楚地意识到此时此刻我正在经历什么。整个过程大约持续 3 秒，但它在我面前伸展而我也能看到它。这样的体验可能十分微妙，正如我看到的那样，这个人并不理解我在喝咖啡时所说的话和所发生的事情。就拿昨晚的事情来说吧，我在街道拐角处遇到安德烈娅（Andrea）我们朝一家餐馆走去。我和她在一起时感到很高兴，并且十分喜欢在街上这样：我用手臂搂着她的腰，从某种程度上讲，这只是一种回应或不回应的方式。她并不喜欢我。我们对这样的亲密感到尴尬。我们不能步调一致地走路。当她的手臂搂着我的腰时，那条手臂才是舒服的。我知道，这些小事听起来十分滑稽可笑，但它恰恰在我俩实际上不相配的许多方面变得具有象征意义。你知道，对此情境，我过去的意识是，"好吧，这个人实际上与你不配。但是继续吧，这并没那么可怕"。但是，现在我意识到它并没那么简单。在这几秒的时间里，我实际上经历了很多东西。我现在认识到，我实际上感到了某种伤害，好像我已经被遗弃，为孤独所困。我感到我好像需要某种东西，我感到烦恼，我想要得到我得不到的某种东西。这种感觉，我是绝对讨厌的，因为它是最糟糕的。在我产生这种感觉的同时，我发现我正在离开那个人。我从不告诉她们我想要的东西，也不想从她那儿得到我想要的东西。我甚至不愿承认自己感到不自在，更不用说告诉别人了。我不想提问。我只想离开那个人，回到自我中来。我的感觉是，"好吧，如果那就是你的结局，也是不错的。我可以靠自己生存。好吧，我不需要你。我照样可以过得很好"。当然，我确实可以过得不错，实际上，这么多年来我就是这样过来的。可是，听上去我的声音是那么疲乏。很显然，我并非真的认为这样很好。我确实需要她。但我不喜欢这样，我对任何一个将我置于这样一种处境的人感到恼火。当我需要从他人那里得到某种东西时，我会感到丢脸，我猜想，这听起来同样可笑。我不明白——为什么对我来说，希望得到帮助会如此困难，更不用说寻求帮助了？

　　我们可以从上述谈话中看到自我调节系统的力量和复杂性，以及它对再度演化的抗拒。但是我认为，我们也可以从中看到关于这个系统的另一种观点，并开始认识到它如何运作以及它的价值问题。最使我感兴趣的是，我们开始关注一种孤独和不满的感受，即使自我调节系统正在发挥作用（而不是在它不发挥作用时产生的一种担忧）。经验证据表明，该系统不再完全是迈克尔的了（如果该系统是我的所有，我仍未拥有我的全部；我正在失去某种东西）。这是一种演化正在进行的声音，迈克尔可能就是为了这种演化而来求治的。

在本章中，我们将超越法规式平衡讨论演化的课题，像每一种演化一样，可以预见这种演化也涉及一种特定的丧失，包括家庭或文化的丧失，以及需要一种新的家庭或文化（见表8-1）。像每一种演化一样，可以预见这种演化也将产生一套组织内部经验和外部行为的新方式。通常，在完成这些动作之前，也可以预见这种演化会有力地抗拒和悲伤地哀悼一种意义建构方式的丧失，正是这种意义建构的方式，使自我成为它自己的自我。

法规式平衡把自我变成了一种形式，在皮亚杰所描述的形式运算系统的充分发展中具有它的认知表现。使该系统变得形式化的最重要的东西，是它与具体细节（concrete particulars）相互关联，或者说赋予意义以具体细节的新方法。它超越了具体的东西，使之隶属于普遍的形式，即一种抽象的、去背景化的结构。它把人格从受制于环境的人际关系中分离出来，并将人际关系置于一种内在一致的结构（同一性）中。这样的演化最有可能反映在一种逻辑的演化之中，这种逻辑的演化"将细节建构为受制于规则或定律的关系和运动，而不考虑细节的内容"（Basseches，1978）。也许正是这些"抽象规则"的存在使我们能够进行自我调节、自我维护和自我命名，无论我们是否意识到，它们总是存在的。

认为存在超越心理自主和哲学形式主义的定性发展，这种观点是有

表8–1 从法规式平衡向个人间平衡的转化

	阶段 4: 法规式的	阶段 5: 个人间的
基本的结构 （主体 – 客体的平衡）	主体——权威、同一性、 心理管理，思想 客体——人际关系，相 互关系	主体——个人间的关系， 自我系统的相 互渗透性 客体——权威、同一性、 心理管理，思 想
皮亚杰	充分的形式运算	后形式的? 辩证的?
科尔伯格	社会的定向	原理的定向
卢文格	良心的	自主的
马斯洛	尊重和自尊的定向	自我实现
麦克利兰/默里	成就的定向	亲密关系的定向?
埃里克森	同一性 vs 同一性扩散	

（续）

演化的平衡与心理的沉浸	植入的文化	功能 1：确认（控制）	功能 2：矛盾（放手）	功能 3：连续性（等待重新整合）	一些自然过渡的"主体–客体"桥梁
（4）法规式的沉浸：个人自主，自我系统的同一性	同一性或自我权威的文化（在爱情或工作中），典型地表现在：在职业方面参与群体生活，允许性进入公共领域	承认和接受独立的能力，自我界定，权威假定，个人提高，雄心或成就，"职业"而非"工作""终身伴侣"而非"配偶"等	承认和促进成人自立的自我界定的沉浸中摆脱出来的表现。不接受中间的、非亲密的、表属形式的关系	思维形式由于形式之间的作用而变成危机的。主要危机在于：一个人在摆脱这种沉浸的同时，思想支持的消失（例如失业）（不易确定年龄标准）	介于 4～5 的过渡：思想的自我放弃（宗教的或政治的）；受伴侣所不可获得性保护的爱情事件。虽然维护这种形式，但却放弃对这种形式的认同
（5）个人间的沉浸：系统的相互渗透	亲密的文化（在爱和工作范围内），典型地表现为：真正的成人间的恋爱关系	承认和接受相互独立的能力，自我放弃和亲密的能力，独立的自我界定的能力			

争议的，尤其当它面对心理的和哲学的（包括科学的和数学的）领域中的成熟概念时，更是如此。这表明根据抽象原理界定的客观性，以及从它们掌管的现象中呈现出的规则的独立性，可能不是一个自然科学范畴内的完整的成熟概念。同时也表明高度分化的心理自主、独立或"充分的形式运算"可能不是一个个人领域内的完整的成熟图景。

但是，**超越自主的发展**（development beyond autonomy）的概念并非起源于此。事实上，它在各个领域内都开始被认为是成熟概念的范畴。对"科学自主"——感知者和被感知者自主存在的能力的可能性的怀疑，是现代物理学、相对论，以及海森堡的测不准原理（Heisenberg uncertainty principle）的核心。近几年里，在许多领域出现了这样一种现象，即怀疑把心理自主作为人格成熟的标志（Kaplan，1976；Miller，1976；Gilligan，1978；Low，1978）是否合适；同时，对智力发展的后形式阶段（post-formal stage）的概念也产生了怀疑。巴塞奇斯（1980）、吉利根和墨菲（Gilligan and Murphy，1979），以及科普洛维茨（Koplowitz，1978）的研究是三个著名的实例。虽然这几位研究者彼此独立地开展工作（例如，他们在各自的著述中并不互相引证），但是后来，他们的研究加入了第四位参与者，他就是威廉·佩里。他们都承认自己在智力上欠了佩里一笔债务。佩里的著作《大学时代智力和伦理发展的形式》（*Forms of Intellectual and Ethical Development in the College Years*）于 1970 年出版，这本著作预见了后来的建构－发展心理学所采用的研究思路（本书也包括在内）。

后形式思维（post-formal thought）的一些概念彼此之间十分相似，而且与下述的发展概念相一致，即摆脱沉浸，使旧的整体成为新的整体的一个组成部分，形成包容和独立之间的一种张力。吉利根和墨菲在对大学阶段的成人进行的研究中发现，有些人开始对他们在理智地解决道德问题的过程中所用到的抽象形式或原则的局限性提出质疑。他们显然并不认为自己是所谓真实或正确的概念的创造者，他们开始怀疑是否有构筑概括性的规则的可能性。不管这些规则的内在多么一致，忽略它们得以组成的细节是危险的。吉利根和墨菲发现，这些人正处在从一种闭锁的自我满足系统演化到一种"对环境加入考量从而展开再评价的更加开放且辩证的过程"（1979，p. 7）。这一新的思维方式的主要特征，看来是对矛盾（contradiction）和谬误（paradox）的新定向。与其说这种矛盾威胁到系统，或者不惜一切代价来予以解决，倒不如说这种矛盾更能够被识别为矛盾；定向似乎转移到悖论中两极之间的关系上，而不是两极之间的一种选择上。

科普洛维茨的概念是十分相似和互补的："形式运算的思维是二元论的。它在知者和被知者之间，在一个客体（或变量）和另一个客体之间，在对立的两者（例如好和坏）之间划分出鲜明的边界。在后形式运算的思维中，知者被看作与被知者相统一，不同的客体（和变量）都被看作一个连续体的组成部分，对立的双方则被看作一个概念的两极。"（1978，p.32）

巴塞奇斯（1980）研究了与成人进行访谈的流程，鉴别出 24 种可以区分的"图式"（思维方式），每一种图式的逻辑都显示出是后形式的。巴塞奇斯称这种逻辑为"辩证的"（dialectical），下面是它的一些显著特征：

（1）并不将形式或封闭的系统认为是终极的，而是定向于系统之间的关系。

（2）系统之间的关系优于系统本身，而且构成系统。

（3）运动、过程和变化（不是形式和实体）被看作不可逆的，是现实的主要特征；而不把运动看作"根本性的固定不变的实体行为"（p.6）。

（4）它并非主要指向形式"中"的运动，而是"通过"形式指向运动。

（5）除了把握一种形式的性质或一种结构的系统，它"在一个更大的背景中看待形式，包括各种形式之间的关系，从一种形式到另一种形式的运动，以及从各种形式的关系到形式建构或组织的过程"（p.7）。

（6）与其说是矛盾"引发"它的经验，不如说是它找出矛盾，并且最终不受矛盾的威胁；它的结构并不单以驱逐矛盾为目的而存在，同时也承认它在矛盾中获得给养。

（7）与其说它在一个相对封闭的、自我包容的二分法系统中运用其动力，不如说它的动力存在于系统之间，它并非定向于这一极或那一极，而是定向于两极之间的张力（tension）。

除了这些超越（和整合）了"形式"的意义建构的观点，我们不妨回顾一下第二章里描述过的关于后习俗的道德意义建构的情形。这里，我们也看到了从沉浸于该系统的状态中摆脱出来的可能性，以及在一种先于系统结构的背景中把个体的"应当"（ought-making）进行定位的可能性。虽然个体并未丧失他关于"形式"的意识，甚至投入或喜爱这种形式，但它不再是个体界定社会道德领域的终极背景。例如，回忆一下在第二章我们提到的那位军医，他显然不同于他的那些同事。他为敌军伤员和自己的伤员施以同样的救治，但是，对这位军医来说，他并不认为两者是同一回事。他曾努力地解释道："与一名自己军队里的伤员在一起时，我总有一种意愿……工作的意愿，做好一切事情的意愿，目的是使他获救。至于敌军的伤员，虽然我采取同样的行动，但是我在这样做时并不是出于爱，而是出于某种我认为我必须医治他的责任。"虽然我们无法否认个人对所在群体中（个人"形式"的组成部分）的那些人的情感，但个体的团体认同最终并非控制的背景。看来，存在某种伴发的情感，某种高级的情感，比实际上先于它们而产生的相关团体（或相关形式）拥有更多的东西。个体首先成为人类群体的成员，生活在这种群体里，军医似乎觉得自己有点陌生，但最终又感到自己被这个群体吸引。

有可能的是，在认知和道德领域内，这些转化从沉浸于"形式的"或思维的状态中摆脱出来，是对另一种性质的意义演化的反映，即我们在这里讨论的那种演化。

一名已婚的 42 岁妇女，由于感到"绝望"而请求接受治疗。她描述自己曾是"主动的、有能力的、自力更生的、精力充沛的、能够享受许多东西的，而且思考问题是既周详又明智的"。但是，在过去的一年里，她感到自己一天比一天"不安全、不愉快、不适应、无价值、封闭、沮丧、焦虑、烦躁，但又无法采取行动改变现状"。她的丈夫也说，"她的性格在去年发生了彻底的变化"，从"富有创造力的、活跃的、有能力的人"，变成"迟钝、没精打采的、恐惧、能力明显下降的人"。该妇女说，过去，她习惯经常给家人写信，但现在却"无法写信了，因为感到空虚"。她这样描述在她身上的事情"我已经失去自我意识和发挥作用的能力"。她的丈夫也说："她常抱怨自己无法表达感情，无法和我亲热，如果她知道她的感情是什么东西，她本来是可以谈谈她的感情的，但现在她却失去了她的同一性。"

当心理上的法规性平衡受到威胁时，我们听到了一种对自我的威胁和担忧，此时自我已处于被控制的状态。这种情形不同于人际平衡处于威胁时我们所听到的情况，因为在人际平衡处于威胁时，个体对自己的关心表现在其他方面。在人际平衡中，我们听到了对包容意识的威胁；而在法规性平衡中，我们却听到了对独立意识、独特性和能动作用的威胁。

当个体从法规性平衡中摆脱，就像迈克尔那样，对原有的平衡做出反应的痕迹仍然存在。像所有的过渡一样，这次的转变可能也有不少令人兴奋之处。在本书中，我的注意力一直放在对苦恼的理解上，这可能会给你留下错误的印象，即好像所有的过渡都是痛苦的；其实恰恰相反，它也可能是积极的、令人着迷的、出类拔萃的经验。最终定向于个体"形式"的积极的转变经历的特征，可能包括释放个体的警觉性（一种意识流和即时性），引发个体内在生活的解放（公开自己）。但是，根据传统的观点（我曾长时间关注这种传统的观点）同样的释放可能被体验为边界的丧失，冲动的泛滥，以及不知所措。最后一点能用"感到毫无意义"来表示。虽然每一次转变都涉及一种哲学上的危机，但转变却在照常进行；虽然每一次转变都涉及把原本认为是绝对的东西视作相对的，但它却自觉地产生了对相对主义的恐惧，这主要是因为这是第一个对自我意识的自我进行反思的转变。值得思考的是介于 4 ~ 5 演化阶段的被试对世界的了解与他人相比是怎样的。所有这些过渡都涉及在新的自我取代旧的自我之前把一个原本稳固的自我置于脑后。4 ~ 5 的过渡阶段意味着放弃或者不依赖这种形式、这种团体、这种标准或习俗。对某些人来说，它导致了"超越善恶"的情感，从现象学上看，相当于对旧的自我观点的超越，从而涉及对邪恶的强烈情感。伦理的相对性（认为不存在某种基础使得一种东西比另一种东西更正确）是容忍之源：它反对谴责性的判断；但是，它也反对确定性的判断，从而易受**犬儒主义**

（cynicism）的影响。从某种程度上讲，每一次转变都涉及旧的自我的消亡。这种无情的皮亚杰或生物学的分化概念的现象学的另一面是遗弃。在"我"用新的自我的新客体重新占有旧我之前，"我"必定有一段时间是"非我"（not-me）的。转向阶段 3 的重新巩固的第一步，涉及消除"我"的一切需要，实施"非我"的尝试（这里的"我"是指他的需要）——青少年早期的禁欲主义者（ascetic）。转向阶段 4 的重新巩固的第一步，可能涉及亲密关系的理想化，消除一切人际关系，以免"我"被这些关系所吞没；这同样是一种"非我"的尝试（这里的"我"是他的人际关系）——成为一个鲁莽的、暂时的、犹豫不决的独身主义者。同样，在转向阶段 5 的过程中，通常存在一种已经完全离开了道德世界的感觉（"'应当'这个词不再出现在我的词汇之中"）；没有一种定向正确或错误的方式值得我尊重。这里，抛弃一切标准，再次表现出"非我"的尝试（这里的"我"是他的标准）——玩世不恭或者说存在上的绝望（existentially despairing）。

和前一章一样，我在本章给出了肯尼斯和丽贝卡这两个案例，它们有助于我们进一步理解这种演化。像爱丽丝和黛安娜的案例一样，这两个例子的最惊人之处在于，他们是如此的不同，其中一个人与另一人相比是如此的"病态"。肯尼斯是一个住院的精神病患者，他被戴上了"精神分裂症"的"帽子"，丽贝卡从没住过院，只是作为非精神病疗法的来访者，努力履行着家庭和职业的复杂责任。正如前面提到过的那样，虽然两人的困境如此相似，我无意忽略他们之间的差异，或者假装两人在处理问题的能力方面没有差异，假装两人在他们的心理根源，他们应对危机、紧张和失落的性质没有差异，假装他们的童年对他们目前处境的影响等方面没有差异。我把他们放在一起，是为了集中关注他们生活的特征，这种特征很容易在病理定向的观点中被忽略。而且，在我看来，首先需要了解的是，是否一个人的兴趣实际上是参与他人的活动，或以某种方式与他人发生联系。当然，这种特征是意义的演化，我认为意义的演化是人格的主要基础。在任何一个演化期间，人们既有可能感到舒适，也有可能感到不适。他们如何体验这种经历，并不在于他们的功能处于这个连续体的何处，而是在于他们的演化处于这个连续体的何处。

肯尼斯来到医院，以"我患了精神分裂症"的理由要求住院。尽管他认为他不喜欢与人交往，缺乏亲密关系，且多年来感到抑郁，但他却从未住过院，或者说从未被诊断为精神分裂症。他解释道，他是通过看书而得出这一诊断的（需要指出的是，这种自我剖析，也说明了某种个人的权威和自我创造的同一性。这一点，我们在前面的阶段是没有见过的），令他不知所措并最终促使他寻求帮助的是他与一名女性的关系。可是，这一"突发事件"的本质与导致黛安娜住院的类似事件是非常不同的，明确这一点十分重要。

肯尼斯卷入了与一名女性的关系，尽管他知道其与另一名男子也有关系。"道德感告诉我应该远离她，但我没有。我不顾我的道德感去追求她，只有放弃我的道德，我才能得到我想要的结果。"但随着这段关系的继续，他的内心充满了自我背叛的强烈感觉，正如他自己所说的那样，"我开始迷失"。肯尼斯来到医院，感到他正在危险地"超越善恶的标准"，他的情感（尤其是两性的情感）已经控制了他，使他正在丧失"我在何处停止，而他人（该妇女及其男友）在何处开始"的意识。我们再次注意到边界的问题，而对边界问题的"定向"，使我们想到了特里或理查德的问题——害怕丧失个人的独特性的意识（特里曾说，"我觉得他人正在被编织进我的自我中来")而不是害怕丧失一种包容的意识，就如我们在第七章从黛安娜或埃里克的表述中听到的。

肯尼斯以坦率的伦理学和哲学的方式体验了发生在他身上的事情。虽然这不是该平衡或超越该平衡的发展所要求的，但它清楚地表明，一个人从作为"形式"的自我（法规性自我）中摆脱出来的体验可能是什么样子的。

像特里和黛安娜一样，肯尼斯对科尔伯格两难问题的建构是在一次十分随意的访谈中被引导出来的。对黛安娜讨论过的海因茨的两难困境，肯尼斯发表了十分不同的观点。虽然他可以看到每个人的立场，且表示对一个人的处境比对另一个人的处境更同情，但他仍然拒绝接受这种实现伦理结构的特殊的、人际关系的方式。

> 肯尼斯：我能理解这两个人（丈夫和药剂师）。我看到了两人的立场。根据他们的立场，我认为我把这个问题看作非道德性质的。我想我更倾向于同情那个妻子快要死去的家伙。他确实很惨；而那个药剂师试图从药品上谋取暴利。不过，这只是同情，而不是具体的道德判断。
>
> 访谈者：你同情这个人或者那个人，这是不是你做出选择的依据？
>
> 肯尼斯：不，它不是我做出选择的依据。

那么，依据是什么？肯尼斯能够建构有关生活权利和财产权利的一般类目（或形式），能够根据特殊的、具体的情况而调整法律的宗教的和公民的正式条文。他自发地把两难困境的特殊性归纳成这种形式，但是与此同时，由于他不再被法规性平衡的停滞（institutional truce）塑造，他对这种情境的结构感到不安（用一种十分特殊的方式进行表达）。可以说，他仍未从法规性平衡中完全摆脱出来。

访谈者：如果我理解得没错，你正在独自在事情的感受和什么是伦理道德之间做出区分。那么，什么是伦理道德呢？

肯尼斯：我认为，伦理道德主要是宗教的教导。我无法了解其深意，但是，它的含义是，我瞧不起盗窃行为，我也瞧不起作为谋生手段的资本主义。在这个家伙和他妻子的例子中，我并不认为人的生命像法律一样重要；它不应该取代法律。我认为，我们有法律，而如果我们不遵守所有的法律，那么人们就会看到法律的崩塌；这有点像滚雪球效应，也就是说，没有人再关心法律。尤其是关于盗窃的法律应当加强。盗窃是对他人权利的严重侵犯。鉴于这个理由，我首先认为海因茨是有罪的，因为他确实偷了东西；其次我认为应该给他判刑以让人们知道不能也不该偷窃。要知道人们只有在某种特定情况下是可以被允许偷窃的。

访谈者：你认为你也可以偷窃吗？

肯尼斯：是的。虽然他（法官）不能这样说，但是他在对海因茨量刑时显然意识到了这一点。

访谈者：为什么法官不能说海因茨可以偷东西呢？

肯尼斯：他不能那样说，因为他代表法律，而法律是海因茨在那个时候正在违反的东西。

肯尼斯自己的困境与他编造的法官处境是相似的。他了解（而且他的主要部分忠于）这一情境的形式结构。但是，他的另一部分，一个更加新的部分，则站在这种形式主义之外，并以另一种方式观察事物。

肯尼斯：我对此事怀有相当矛盾的心理。一方面，我十分尊重法律，但是，另一方面，我认为在那种情况下，如果他的快要死去的妻子能够得到药物，要比维护法律更重要，与他的妻子的死相比，他正在违反的法律似乎处于不同的量值上。

在肯尼斯身上，法规性平衡（科尔伯格的"习俗水平"、皮亚杰的"形式主义"）已经变成相对的了；它不再是绝对化的；它已经变得混乱。但是，由于没有新的地方可供意义建构，肯尼斯处于混乱状态，仍用先前的观点来观察他的失衡状态（"我很少考虑到法律，这使我困扰。在这个国家里，如果人人都像我一样对法律持这样的态度，那么结果将出现无政府状态"）。

在肯尼斯关于两难困境的访谈中，他十分自觉地用两种声音说话。一种声音在他看来是"道德的肯尼斯"。"道德的肯尼斯"在法规性平衡中建构该情境。另一种声音被他称为"公正的肯尼斯"或者"随风而去的肯尼斯"。

肯尼斯：我认为，有时一个人不得不忘掉道德，才能理解正在发生的情况。实际上，道德可能会阻碍你的行动……

访谈者：在这一点上，你的思想仿佛有点动荡不定，它正在变化吗？

肯尼斯：对，我认为它将继续变化。

访谈者：你能不能谈谈你是如何理解这种变化的？

肯尼斯：我对变化的理解是这样的，当我处于某种情境时，我设法对风向保持敏感。我不知你是否听到过那个隐喻，即不论风把你吹向哪儿，你跟着风走准没错。从某种程度上讲，风会将你带走，把你的道德感抛在脑后。当然一个人完全有希望夺回高地，找回道德感。归根结底，它可以归结为情况发生时的直觉和判断。至于我在何时应该忽略道德反应，何时应该忘掉道德感，根据具体情况进行定夺，我无法确立坚实而又严密的规则。

尽管肯尼斯认为"随风而去的肯尼斯"要比"道德的肯尼斯"更优越，但是他对这种态度的冒险性和危险性也有强烈的意识，并且认识到这就是他住院的原因。

访谈者：听起来你好像对这种新方式不是百分之百地有信心？

肯尼斯：是的，我没有信心。你说得不错。这也许是由于我的判断缺乏智慧的缘故。若要战胜法律，你需要智慧，如果你没有智慧，你只能杂乱无章地处事，你真的会上当受骗。

访谈者：你说的智慧意味着什么？

肯尼斯：它意味着，你应该知道，人们在什么时候可以，而且应该违反法律，在什么时候不该违反法律。我不知道（在其他方面）它是否有点像《罪与罚》（*Crime and Punishment*），因为拉斯科尔尼科夫（Raskolnikov）不仅将自己与法律相分离，还将自己与人们相分离，在这种情况下，你可能违反法律，但是你可以脚踏实地站在某块土地上。我无法解释我现在对法律的看法，因为我并没有脚踏实地的感觉。

根据建构－发展的观点，肯尼斯的困境仿佛涉及基本关系的混乱，这种基本关系告诉他，他是谁，以及他该如何了解与他一起生活的那些人。综合的失衡——用原有的已经置于脑后的平衡来认识他自己，使他变成一个异端的、超越善恶的人。根据这次访谈，很明显，他所谓"道德的"就是"形式的"（宗教规范、公民法、防止骚乱），而且结合他的生活环境，可以看到"放弃我的道德"不仅仅是为了将道德结构相对化。这里的含义是，自我的整个结构是一种系统、一种形式或一种法规，其中"我"是管理者，我必须使该结构保持原样，这就是"我"现在看待事物的方式。那些在法规性平衡中受到调节性系统内部控制的感觉，从旧我的观点看，可能会以一种混乱的或心理上无政府主义的方式挣脱出来，与此同时，从新的自我的角度看，一个人开始摆脱过分压抑的法规性自我的控制应该受到应有的尊重。这时（在这一失衡时刻，旧的结构正在被否定或被拒绝，新的结构尚未将之充分作为一部分内容而占有）"直觉"被看作与"判断"相对立的。为了让那种"直觉"的生活起些作用，一个人必须"暂停"判断，并且"随风而去"。但是，实际上暂停的只是一种判断的形式，一种囿于内部控制的权威形式。随着那种权威被视作相对的，情欲可能再次发挥作用。但是，在新的平衡得以实现之前，"直觉"可以被看作与"道德"相对抗的，而"直觉"的"胜利"是以一个人在尚未充分超越"道德"的情况下来理解情欲为代价的，情欲在这种情况下被体验为洪水猛兽、失控行为和邪恶的地下活动。法规性平衡的瓦解使一个人获得（或感兴趣于）与他人的亲密或共享关系，这种亲密自人际关系平衡以来尚未出现过（与此同时，意识到在新的平衡或阶段 5 出现的亲密与人际关系平衡中出现的亲密不相同，两者的差异在于自我的目的而不是自我的根源）。然而，正是这种平衡的瓦解（它标志着人类的相互渗透出现新的可用性），使一个人对于自我是谁和他人是谁的问题表现出暂时性的模糊。这种关于他人的可用性，意识到我还没有与他人结合在一起，以及害怕在新的亲密关系中失去自己，都可能使一个人感到孤立。正如肯尼斯在将自己与拉斯科尔尼科夫进行比较时所说的那样，他的"暂停"行为不仅使他与他的旧我相分离，而且使他与他人相分离。

在肯尼斯解决海因茨两难问题的最后尝试中，他根据正在形成的哲学观点，让我们看到一个演化中的有机体正在努力形成新的结构。

访谈者：你能不能谈谈你试图表达的东西，也就是你认为比法律更重要的东西？

肯尼斯：我的考虑将我置于许多不同的立场。它把我置于法官的立场，置于海因茨的立场。我可以把自己置于海因茨妻子的立场。我可以把自己于药剂师的立场。不同的立场对同一情境可能会有不同的看法。我认为，不管它是什么东西，它总比法律更广泛。它使所有这些人都卷入一个完整的事件，其中不存在正确的或错误的，但存在某种东西。

如果他指的是他正在寻找与每个人产生共鸣的方式，那么就可能表示他处于人际平衡之中，但显然在整个访谈期间，他在谈论的是理解它们关系的一种方式，这种关系并未被还原为它们对一种系统的屈从（在他看来，该系统被错误地置于它们的前面）。"存在某种东西"可被直觉地认为存在超越该系统的某种东西（"既不正确也不错误"）；而且，很显然，由于他先前拒绝把"同情"作为判断的依据，因此这不是对更高级的平衡的一种求助，这种更高级的平衡不为系统所控制，并且可以说涉及每个人。他直觉地看到的东西（"完整的事件"），是在系统之间移动的自我，或者说是存在于系统之间的一种动力，它既是对平衡 3 的关系定向的回复，又处于一个完整的新水平上，处于形式或系统之间的关系上。这样一种结构可以通过形成一种更加整合的"判断"来解决其在"判断"或"直觉"之间犹豫不决的情况，其最终目的不是保持法规性自我（对法规性自我来说，情感通常是管理上的"问题"），而是更具动力地实践**个人间的自我**（inter individuality），这种自我不是它们的责任、作用或法规，而是它们的"拥有者"。个人间的自我通过承认个人与他人的共同性或相互依存性而得到调节，这里的他人甚至可以在不违背个人"判断"的情况下转向"直觉"。

在这样一种新的平衡形成之前，肯尼斯被留在了危险的甚至可怕的转化的一面，他瞥见了一种全新的调整他自己和他的世界的方式，但是被这种方式的运动弄得疲惫不堪。巴塞奇斯描绘的对这种辩证的心理活动的发现和恐惧，在肯尼斯入院前不久所写的散文中得以充分地展现。

他离去，因为他所要的东西不在这里；他回来，因为只有在这里才能找到他需要的东西。他需要的是美，尽管这时他并不知道美为何物，但是美就在进出之间。可怜的人。他只能身处室内外或室外，因为人是不可能停留于某个状态之间的。为此，他不断地来回走动，进进出出。从而获得一种稳定的节奏。每次进出室内外，他总感到他正在接近他想要寻找的东西。他越是接近（或者认为他接近），他对这种追求越是热忱。于是他有了伟大的发现：美就在门口。他知道，他走得越快，他对它的了解也就越多。当他来回走动时，他的眼睛盯着它。但是有一个问题。到目前为止，他被进出的节奏完全束缚住，什么也做不了，只是任凭两边的力量把他拉进拉出。他无法看到这些力量，更无法与之抗争。在追求美的过程中，他必须依靠这些。这就意味着他必须出卖自己的灵魂。这就意味着见风使舵。而风辜负了他的信任。他只能走得越来越快，并且边走边设法使眼睛盯向门口去寻找美。但是，这样让他头晕目眩，最后不得不放弃转头的企图。他迷茫于不断加快的来回行走的速度，当美离开以后，他感到整个事情变得十分陌生。令他困惑的是，"我把自己给了风，风本应回应我美，但是，现在风却不让我得到美。我之所以走得越来越快，是想知道，如果我不是为了美，那么我处于这混乱中究竟在干什么。在这个世界上，还有什么东西是值得一个人为之而活下去的吗？如果不是美，至少也是善。它们是一回事，对吗？现在，我甚至见不到善"。哦，你可以想象发生了什么事情。他继续走得越来越快，感到越来越头晕。不久，他甚至无法思考，他变得越来越害怕，害怕有什么事情将发生在他的身上。上周四，他离开了。我坐在这里等他回来。我知道，总有一天他会回来的。但愿如此，因为他是一个好人。

　　并非所有感受到法规性平衡的局限性的人都能用哲学的方式表达他们的不适。他们可能很容易地谈到一种**同一性的丧失**（loss of identity），或者意识到"泄气"，或者变得情绪低落，背离他们自己，放弃他们自己。他们可能诉说自己感到孤独，伴随他们心理能力和自我满足的是可怕的孤独，或者说对亲密的恐惧。他们可能以这种或那种的方式谈到自我意识已经变得相对化的自我，他们现在发现自己正在无望地保护自己，或站得远远的（无论多么不稳定）。所有的失衡都是身份认同的危机（自我是什么？）。但是，只有在法规性平衡得以建构之后，人们才能用"生命的无意义"（the meaninglessness of life）或"认同危机"（identity crisis）等词汇来谈论一个人的危机，因为这是"自我"第一次把这种自我理解为冒险的自我。

　　我们在第三章里遇到过丽贝卡。再听听她的自白也许会有所帮助。这些话清楚地讲到了个人的权威和法规性自我的整合，讲到了超越人际关系的历史和演化的进步，讲到了个体面临其局限性时表现出的勇气和疲惫。

我知道我有着非常明确的边界，我十分小心地保护它们。我不会放弃丝毫的控制权。在任何关系中，我决定谁可以接纳，谁必须疏远，以及何时接纳或疏远。

……

我在害怕什么？我曾经认为我害怕人们会发现我的真实身份，然后不喜欢我。但我认为这种情况不会再出现了。我现在的感觉是，"这就是我。这是我的，这是我的成就"。也许，这是我消极的一面，但也是我积极的一面。——有很多这样的东西。它是我，它是我的自我——如果我让人们进入我的自我，也许他们会接受，也许他们会利用它，而我就完蛋了。

……

对我来说，尊重是最重要的事情。你不一定要喜欢我。你甚至不需要关心我，但你必须尊重我。

……

这个"自我"，如果我必须描述它，我想到了两样东西：一个是一根能穿透一切的钢钎，另一个是赛场中央的皮球，决定着赛事，如果不是这二者那你便一击即溃。

我并不总是采用这样的方式。我曾经有两套衣服，一套穿给我丈夫看，一套给经常来访的我母亲看。两这套衣服没有一套是我自己的，现在我穿上了自己的衣服。有些衣服虽然迎合目前的要求，但已经完全不同的。把这些东西放在一起变得多么累人。而直到最近，我甚至都没有意识到我在做这件事。

在咨询过程中，丽贝卡讲述了一个梦，这个梦似乎以高度的精确性表达了演化中的人在从法规性的、局限于形式的停滞中分离出来时不得不冒的风险：

我在拥挤的地铁站中匆忙地乘上一辆地铁去赶火车。我站着，身旁有一位妇女。她向我做了一个动作，我理解为讨钱。于是，我打开钱包，但结果发现，她要我证明自己的身份。我于是把所有的证件拿出来（我的社会保险卡、驾驶执照、身份证、健康保险卡）。我把它们一一递给她看。我一直在想，我要迟到了，可能赶不上火车。当我把证件给她看时，地铁到站了。我抓起所有的证件下车。我去赶火车。我走入一扇旋转门，门突然关上了，我的手臂留在门外，手里扒抓着一大把证件，而我身体的其余部分望着火车。我感到自己完全被困住了。我知道，如果我把所有的证件扔掉，让它们掉在地上，我就可以通过这扇门，并赶上火车。但这时我完全慌了。令我惊慌的是，我一边想着必须放弃所有的证件，一边想着我也许赶不上火车了。

与每一种平衡一样，这种平衡容易受到他人带来的复杂情况的影响，这些他人尚未通过意义建构方式而"被充分了解"。人们可能感到他们被一个处于阶段2的人通过了解他们的方式操纵，而被一个处于阶段3的人吸引。如果遇到一个处于阶段4的人，他们可能感到被调解，他们可能通过某种系统而不是直接与该人接触。虽然这个人生活在这样的平衡中，但是人们之间难免会直接接触。我们感到被操纵、被吸引或被调解的危险在于我们的（通常是不反映出来的）假设，即"真正的人"正在对我们隐瞒些什么，我们仿佛被控制住了，如果一个人不想被操纵、被吸引或者被调解，那么他就可以做到不被操纵、不被吸引或者不被调解。唯有到达这些平衡的终点，当演化的停滞得以重组时，才会开始有人在那里倾听（不论是否愤怒）这些抱怨。

因此，法规性平衡的标志——**自制**（self-possessiveness），也有它的局限性，即倾向于在爱情和亲密的私下领域而不是在工作和职业的公开场合更清楚地展示自己。正如处于唯我阶段的 10 岁儿童关闭其冲动，控制其外部行为的定义和实践一样，处于法规性平衡阶段的成人关闭了对人际关系的环境的依赖，控制了内在自我的定义和实践。10 岁时的胜利，在 16 岁时成了演化的压制因素。当青少年为公开（openness）的新形式的可能性进行斗争时，情形尤其如此。这种公开的新形式既不否认演化成果的完整性（不是回复到充满幻想的冲动性平衡的公开性），也不允许植入的自我中心成为一种过度延伸的生活方式。青少年在这场斗争中的成功，不仅与这段他们直面演化的风险和丧失的历史有关，也与当前的植入性文化为他们摆脱原有的平衡助一臂之力的意愿，以及未来的文化支持和承认新的演化停滞的可能性密切相关。处于法规性平衡阶段的成人以类似的方式，将一种新的开放的可能性体验为一种诱惑的、退行的和危险的举措，因为它有可能把一个人拉入沉浸于人际关系的一体化中去。埃里克森在论及那些处于这种演化困境中的人时说："在做爱或者性幻想中，性身份的放松是具有威胁性的。当一个人与另一个人融合时（这另一个人既是情欲感觉的搭档，又是一个人的连续的同一性的保证人），自我无力放弃对性欲和爱情的敏感性。"（1968，pp.167–168）这些话表明了这种开放［或者用埃里克森的话来说是融合（fusion）］与人际关系（存在一个独特的同一性）是多么的不同，与此同时，在转化时，法规性阶段的演化成果仍然得到维护（爱情不是同一性的俘虏，但同一性也没有丧失）。

在青少年早期的情境中，从思想上的成人化演化到亲密关系上的成人化的能力，不只是早期从分离到开放的转化的作用，而且得益于两个发展过程的支持：当前的心理社会对原有文化的弃置和新的文化的加入。

支持、承认和铭记法规性平衡的文化是一种思想意识的文化。这种文化在工作领域内表现得最明显，但也能（而且通常）在恋爱关系的建构过程中发挥同样强有力的作用，恋爱关系的建构围绕着实施和维护一方或双方的独立身份（self-contained identity）来展开。这种关系可以是相互支持的、温暖的和充满爱的，甚至可以是长期保持的婚姻关系，但他们无法做到亲密无间。我们在第七章提出的颇具争议并可能令人愤懑的建议是，有许多人在年龄上虽已届成年，但在心理上仍是少年。在本章中，同样的建议是，许多成人的亲密关系（尤其是婚姻关系）未能做到亲密无间。若要了解婚姻不能持久的原因（尤其当维持婚姻的许多非心理因素已经失去其潜力时），可以从下述方法着手，即了解亲密关系不受文化偏见、病态心理或对外部行为的武断分类制约［"与同一个人保持婚姻 10 年"（Vaillant，1977）；"相互之间达到情欲高潮"（Freud，1905）］，但却受到成人心理呈现的亲密意义的制约。我在后面将会继续讨论这个问题，现在要谈的是培养法规性平衡的文化问题，即思想的文化问题。不论在爱情领域内，还是在工作领域内，这个问题涉及法规性平衡如何将其价值传递至（或演化到）文化中，以支持个体独立性和亲密关系之间的**后思想平衡**（post-ideological balance）。

虽然工作领域适合于培养法规性平衡，但是能够鼓励、承认或支持那些超越法规性平衡的发展的工作环境是极少的。正如这种平衡的名称所提示的那样，为了满足上述要求，这种工作环境必须超越对法规性平衡的忠诚。它应该对一种自我探索、开放性系统信息的寻觅，以及其目标、实践和标准的重建感兴趣，这相当于一种"涉及亲密关系的法规性能力"。正如许多组织研究者和理论家提出的那样，工作场所（不论它们是生产定向还是服务定向）倾向于用一种式样来组织它们自己，这相当于对法规性平衡的强硬捍卫（Torbert，1972；Argyris and Schon，1978）。甚至以学习为定向或以任务为定向的组织也有被这种"价值取代"所损害的倾向，即组织相当迅速地从一种存在（为了表达或推广创建理想）移向另一种存在（为了维持这种组织）。

在我看来，对组织予以周全思考的一位学者是威廉·托伯特（William Torbert），他的著述以坦率的自我揭示和治学严谨而著称于世（1972，1976）。他关于组织的官僚主义结构和后官僚主义结构（post-bureaucratic structures）的理解，使他相当直接地谈到了工作环境之间的差异：一种是有助于促进比法规性平衡更高级的发展的工作环境；另一种是对这种特殊的演化停滞过于加固或支持的工作环境。与组织的常见特征相比较：

- 它关注预先确定的任务；
- 产品的可行性成为成功的主要标准；
- 标准和结构是毋庸置疑的；
- 它关注以已确定的标准为基础的量化成果；
- 现实被想象成是二分的和竞争的（成功－失败、团体内－团体外、领导－下属、合法－非法、工作－休闲、理性－情绪等）。

托伯特还提出了在组织发展中他认为属于质的演化的特征：

- 共同反映组织的更大的（更广的、更深的、更长期的、更抽象的）目标；

- 发展一种开放性的人际过程，揭示、支持和正视价值 – 风格 – 情绪性的问题；

- 评价组织中个人行为对他人的影响，以及该组织对环境的影响，对这些影响进行框架性研究（"社会解释"）；

- 正视和解决谬误（paradoxes），自由 – 控制、专家 – 分享的抉择等；

- 把这种特殊组织在特定的历史时刻的评价视作抉择的重要变量；

- 对冲突予以创造性的、超越惯例的解决；

- 精心选择结构，认同这种结构，使这种结构在参与者的经验中或在"类似的"组织中成为独特的存在；

- 强调水平的而非垂直的角色分化；

- 与组织发展对称的而非附属的关系。

清楚地是，这种转化既反映了巴塞奇斯等人所讨论的从认知向辩证的转变，又反映了我在本章中所讨论的关于个体从思想向系统间的转变（即从法规性平衡向个人间平衡的转变）。尽管托伯特遇到的第一种组织——典型的官僚主义环境，为法规性平衡提供了任何一种植入的文化所必须提供的控制功能，但它无法满足同样重要的矛盾功能。它可以迎接和支持那些新近进入法规性平衡的人，但无法反驳这种平衡的过分主观性，而且，根据那些长时期处于这一平衡中的人的观点，它与人格的防御一面相勾结，以抗拒演化的剧变。传统的工作场所过于支持理想化的成人，正像一位母亲或父亲过于支持一个 5 岁的孩子，无法反驳孩子的冲动与其父母的冲动存在"主观"混淆的问题一样。而且，正如孩子在还没准备好与父母分离时可能以抑郁或"恐校症"来表现一样，一个理想化成人在得不到比法规性平衡更高级的发展的支持时，会被过分地控制，或者不惜一切代价为摆脱这种植入的文化而奋斗，这时他容易产生抑郁，或者与抑郁相似的症状，例如"工作狂"状（workaholism）。

"工作狂"是相对于人际平衡阶段的**过分女性化**（hyperfeminine）而言的，法规性平衡阶段的**过分男性化**（hypermasculine）的表现。当然，这两种困境都不是男人或女人所特有的。"工作狂"的情形（一个人尽己所能投入成就、自尊、独立完成任务、自律和控制等活动）看来似乎是法规性演化的停滞处于危险之中，因此一个人不得不超时工作，以免分崩离析。我怀疑我们会发现许多"工作狂"已经达到个体间的或亲密的演化平衡。

法规性平衡所需的矛盾与过度分化的前青少年期的人际诉求相似。当父亲、母亲或潜在的协作者（不是合作者）坚持认为一个人必须信守诺言，坚持认为要对某种关系赋以价值，或者坚持把"我的"需要和"你的"需要一起加以考虑时，他们传递给一个典型的 12 岁儿童的信息基本上这样的："你应该从冷漠中走出来了；当你构建事物时，你也应该把我们也考虑进去，而且，你考虑我们的方式不是使我们成为你需要的奴仆；你必须看到，当你把你的自我满足与我们相混淆时，你已经犯了错误；我们并不按照你的需要而生活；我们不会迁就你的自我满足；但是，如果你承认我们的独特性，那么你和我们就能彼此交流。"对于过度分化来说，这既是一种纠正的信息，也是一种限制的环境，它与父母对待他们过分融合的 5 岁的孩子的做法正好相反。

托伯特的第二种组织模型不仅仅为个人间平衡的系统之间的能力提供确认，还为过度分化的法规性平衡提供了正确的矛盾信息。在它对组织的更大目标的关注中，注意到如何接收有关个体运作方式的信息，注意到面临的机会和悖论，在这样做时，产生了一种连续的信息，即一个人不要把特定的组织结构与其自身相混淆，一个人不应该让组织迎合他那封闭的、自我强化的自我系统的运行。新的文化似乎在说："又一次，你应该从冷漠中摆脱出来了。"与人际平衡的矛盾相对照的是，正如埃里克的父母对他所说的那样："你必须自己做出决定；你必须自己满足自己，靠自己的力量实现你的愿望。"法规性平衡的矛盾承认对过度分化的沉浸。"即使在你的自我界定中，你也必须摆脱这种形式的制约，不要把我们与它相混淆。当你承认我们（他人和其他组织）与你的形式的运行方式相比具有独特性时，你就可以发现你自己（和我们）以各自的形式在运动。在这样一个宽泛的背景中，我们能够探求经验，而借助这些经验，我们便可以继续改变我们的形式和系统，让这些形式和系统成为我们拥有的某种东西，而非我们就是这种东西。"这种特殊的转化就是阿吉里斯（Argyris，1978）在他所谓的"模型1"（Model One）与"模型2"（Model Two）之间进行区分的核心所在。在"模型1"中，个体是一个**单向学习者**（single-loop learner），只寻求对系统的维护和确认；而在"模型2"中，个体是一个**双向学习者**（double–loop learner），能够摆脱个人系统找出它得以矫正的信息。

当一个工作场所或组织既能培养法规性自我又能培养个体间自我时，这种场所或组织实际上是什么样子或者感觉像什么样子，我们可以留待他人来阐述。我们可以想象，它为我们反思"我们正在从事的工作方式"，"我们的目标所在"以及"我们如何做出那种决定"等创造了机会。与此同时，它也保证了工作的完成、目标的实现、决定的做出。阿吉里斯和托伯特等人，以及那些对工作场所的民主性感兴趣的人的观点（Heckscher，1978，1979；Mackin，1979），不仅告诉我们这些环境像什么样子，而且告诉我们有些实验——关于自我意识的实验，实际上是怎样的。总之，我们可以见到这种环境（恰恰与传统的官僚主义环境相反）是怎样支持一种性质上不同的意义演化的。在这些差异中，我们可以看到个体责任感的转变。与其说它是以对抽象的系统保持形式（自我的形式，或者公共机构的形式）的忠诚来表现自己的，倒不如说责任感是对个体的形式建构和转化负责。还有可能的是，一个人（在法规性平衡中）所拥有、谋求或信奉的那种可能性和可确定性，会被一种对后官僚主义的组织来说予以推崇的潜在性所取代。如果说法规性平衡唯恐失去"形式"（个人的或公众的形式）的稳定性和**自我存在**（self-subsistence），那么个体间平衡则唯恐失去任何一种特殊形式的、暂时的、预备的和自我建构的特性。这种情况再次相当于把工作场所作为一种文化，它进一步证明，在促进一个人对创造产品的过程进行定向时，用鼓励的方法来超越一个人对该产品的认同。在法规性平衡发现能够控制一个人的关系，并建立起如此做的组织的一个自我的地方，个人间平衡就会发现管理这种组织的一个自我。如果一个人想感受一下一种特定的演化停滞是如何有力地为维护自己而斗争的，如果一个人想了解一下认识论（epistemology）是如何与价值和存在发生联系的，那么，他只需密切地观察一个机构。即这个机构是否对"管理该组织的自我"的全体人员的发现感兴趣，是否努力地促进全体人员的发现。大多数机构将这样的信息视作威胁。

有些组织的领导者也许认为，他们的机构不特别适合于成人阶段真正的亲密能力的发展。我猜想，他们是心安理得地做出这样的自我评价的，因为在他们看来，工作场所并不需要起到这样的作用。也许，他们甚至还可能认为，亲密关系在某种程度上会影响组织的顺利运营。通常，自我的分享、亲密和遗弃是一个人"个人生活"或"私生活"的一部分。但是，这种公开和私下、职业和个人等两极化的概念本身可能就是思想性演化平衡的一种功能，一些组织的领导者过分地沉浸于这种平衡中。如果认为大多数工作场所并不适合于真正的亲密关系的发展，这种想法对那些塑造工作场所的人来说是心安理得的，那么认为工作场所无暇顾及个人的成长这一想法可能更加如此了。在发展的某一时期，主张第一种观点就相当于承认第二种观点。无论在何种情况下，任何一种工作单位必须做出的一个决定（不论是有计划的还是迫不得已的），与一个团体、家庭、婚姻或任何长期的人类环境（这些人类环境，不论你喜欢与否，都是个体成长的文化）完全相同。这种决定简单地说是这样的：究竟是关注个体目前的演化状态，还是关注演化过程中个体的，更为广泛的图景？有些家庭，过于关注孩子特定的演化停滞，不理智地专注于反对孩子更大的生活计划，这样做会使孩子和家庭都将付出很大的代价。对我们大家来说，这种情况并不陌生。但是，这种情况实际上在工作单位中也有反映。那些忽视雇员成长的工作单位，往往迫使雇员在工作和他或她的生活计划之间做出选择。许多工作单位甚至令人惊讶地漠视这种选择，因为这种选择所需的成本完全由雇员承担。由于维持这个系统是首要的，所以人们认为，寻找能够融入系统的新人，要比回应那些在成长中遇到挑战的人更为重要。在职业领域，更具进步意义的做法是允许人们"告别"。这里，我们已经认识到，雇员需要一种新的文化，而公司却无法借助自身的演化来提供这种新文化。虽然公司可能认为雇员的流失（或告别）对它的连续发展是有利的，事实上，它所干的事情，就是把组织本身与最佳的信息和继续成长的丰富资源割裂开来。

　　如果说在工作领域倡导超越思想的发展是一个巨大的，且相对来说不同寻常的挑战，那么我们可以认为，在爱情领域也是如此。这是因为，工作单位并不能促进个体间平衡的发展，个人难以实现这种个体间的平衡，而这里所说的个体，也正是在亲密和爱情的私人领域中的我或你。

尽管亲密的定义给我们这样一种印象，即一个人与另一个人保持持久的婚姻关系（Vaillant，1977），但也有这样的可能，即一个人与另一个人形成长时期的成人性质的爱恋关系，这种爱恋关系不仅不是真正的亲密，实际上还可能倾向于对允许亲密的一种演化予以拒斥。本书提供的框架不仅有助于增进我们对组织发展的了解，而且有助于增进我们对婚姻现象的了解。我在这里将只考虑该理论所提示的许多婚姻关系建议中的一小部分。有两种情况，不论他们的经验多么丰富，职能多么分散，都有助于维持配偶关系中的一方或双方的法规性平衡。这些描述（以这种方式呈现出来）将具有一切可以引发异议的"类型"特征。它们抓住的不是一个人的特征，如果它们在某种程度上是正确的，则它们可能暗示着一种有这些特征的顺序或含义。

一种情况是，婚姻是处于法规性平衡与人际平衡之间的两个人的关系。虽然这种婚姻对双方来说具有相当不同的意义，但这些意义可能是和谐的或互补的，配偶关系也是稳定的。概括地说，处于人际平衡的配偶可能找到一位伴侣，通过他或她达到一种自我界定；处于人际平衡的配偶能沉浸于婚姻之中，并且，也许会在双方的关系，以及婚姻旅程中超越一对一关系的其他东西（如工作、朋友、房子、孩子等）体验到一种直接性。另外，处于法规性平衡的配偶可能寻求一种能进一步证实、维护甚至赞美他或她的自制的关系。法规性平衡的配偶很有可能将婚姻置于他或她的自我创造的系统之中，这种自我系统将调解与关系、另一方以及与婚姻相关的各种东西的体验。尽管人际平衡的配偶是"过分包容的",而且,可能对他或她的"过分自主的"配偶感到失望,但是这种张力之源并不直接地或经常地对婚姻的联结程度产生致命的影响。原因可能并不基于这样一个事实,即人际平衡的配偶希望自己处于这样一个领域,在那里,他或她能够安全地体验长期关系的强度和密度。配偶可能体验到一种距离感,但仍能以某种令人舒适的方式"控制"这种距离,尤其当配偶不顾他或她的有距离的参与,仍然愿意支持甚至欣赏对方的张力或直接性时,情形更是如此。与此同时,人际平衡的配偶对亲密的渴望,并不一定对法规性配偶的过分自主的平衡产生致命的影响,这是因为,以同样的方式,后者的最大渴望可能是安全地体验他或她的独立性和独特性。如果说这些渴望有其危险的一面,或不易对付的一面,那么对于法规性平衡的配偶来说,他或她如此追求独特,以至于完全地和不可避免地感到孤独;对于人际平衡的配偶来说,他或她如此追求亲近,以至于失去自我——当然,这些消极的影响会被配偶持续的影响抵消。这样两个人之间的联姻,可能充满热情、爱情、支持和相互尊重,但也是彼此保护的,以免自我受损或者防止被他人的自我取而代之。这其中的风险是显而易见的:①在某种程度上,一个人将自己的配偶与自己难以接受的一面混淆起来;②一个人自身演化的可能性受到削弱,因为成长取决于一个人发现自我的稳定方面,双方都想保护这一领域,不被对方发现;③婚姻从成长的环境变成了支持特殊的演化停滞的环境,成长的代价可能变得和失去婚姻本身一样昂贵。

若想保持人际平衡,则人际平衡的配偶不该做的事情包括:在表达他或她的亲近时,要求对方放弃其距离(要求对方更像人际平衡的配偶);在摆脱人际平衡的过程中,对婚姻的定义和运作提出平等分享的要求(要求对方把人际平衡的配偶看作像他或她一样的人)。对人际平衡的配偶来说，存在对他人的距离予以占有的意识，而对法规性平衡的配偶来说，存在不愿放弃这种距离，否则，就会威胁到生存的意识。当然，这种模式是某些强有力的文化的支持结果，在这些文化中，人们被教导说，女性配偶应该是人际平衡的，男性配偶应该是法规性平衡的。男性的这种距离感，既没有被女性也没有被男性视作涉及婚姻的一个问题；这是一个在男性看来涉及其本质的问题：他必须是家庭这艘船的船长，必须是家庭的保护神和支持者。就配偶双方而言，作为一个内在的伴侣，他是有距离的，但是他可以作为一个外部的支持者而存在。当妻子从人际平衡过渡到法规性平衡时，她实际上开始对丈夫的独断或距离有所放松，正是鉴于对这些情境的反应，丈夫发现，他所扮演的这种角色既对传统的文化期望做出反应，又服务于他自身的心理需要。

对法规性平衡的配偶来说，他或她不该做的事情是，要求对方在婚姻关系中保持一种心理上的独立性，或者（如果他或她正处于从这种平衡的沉浸状态中摆脱出来的关键时刻）要求对方从"内部"对他或她进行观察，而不是仅仅关注内部如何发挥作用的结果。让我们运用同样典型的一个例子，它涉及过分女性化的妻子和过分男性化的丈夫。如果丈夫停止证实妻子对他的认同，坚持两人之间的区别，坚持认为她的情感首先是她的，而不一定是他的或者是婚姻的，则妻子可能经历一种对其意义的冒险。同样，如果丈夫要求妻子理解他的内部世界，正如他所体验的那样，以便从实施控制的理想角度来结束所有的怀疑与不满，那么他实际上可能威胁到她虽然不知道但却需要的一种安全，他可能在她的眼里变得软弱和乏味。

人际平衡－法规性平衡的婚姻在那些相对成熟的成人中间可能是很普遍的，尽管就亲密和支持的程度而言，这种婚姻与亲子关系，尤其是父女关系具有明显的相似性：其中的一方扮演着热情的、具有一定距离的保护者和解释者的角色，另一方则扮演着可爱的、令人羡慕的、无所要求的附属者的角色。在一个广泛支持成人阶段超越人际平衡的发展的年龄里，这种婚姻持续的时间可能是越来越短暂的。然而，这里需要重点考虑的是，这样一种婚姻是如何既阻碍了一方向法规性平衡的发展，又阻碍了另一方对法规性平衡的超越。

　　我之所以把这个附带讨论的问题作为对婚姻动力的意义演化的分析，部分原因在于：对于成人亲密关系的发展和实践来说，"爱"的领域（the domain of Liebe）比之"职业"领域（the domain of Arbeit）并非是一种更好的文化。我们可以将此进一步展开，考虑另一种能够用来抵御亲密关系发展的婚姻，即处于法规性平衡的配偶之间的婚姻。与前一种婚姻相对照的是，法规性平衡的配偶能被期望分享婚姻的共同含义。每个配偶的心理自主性和独特性得到进一步确认、支持和欢迎；与此同时，每一方都提防着对方，以免越过这些边界。如果婚姻运行顺利，这种婚姻一般会具有以下特点：亲近，相互支持，相互爱慕，相互尊敬，赞赏性合作，以某种基本的方式保证对彼此行为的不干涉，这种基本的方式既可以是内隐的也可以是公开的。从其发挥作用的积极意义而言，这种关系促进双方所需的自尊感，来自别人的尊重，以及个人的成就感，与此同时，通过亲近的联姻关系，对法规性阶段出现的不易对付的威胁（由于分化，导致一个人感到极端的孤独）做出防御。这种关系之所以能够成功地维持，基本的一点是，彼此之间都向对方做出保证，保证自己是对方的观众中一个颇具欣赏能力的成员，而且其中一方不会侵入另一方的舞台。

　　从一种婚姻向另一种婚姻的转变（或者该理论提出的任何一种转

变），究竟是描述了婚姻关系发展史上的一次演变，还是描述了一种特定的婚姻最终宣告结束的原因，这是一个十分困难的问题，它取决于一个人是否发现他当前的渴望为什么如此平静。可以肯定的是，这是一个关于这些发现在过去为什么不会产生的问题，但是同样可以肯定的是，目前存在某些支持，可以帮助人们认识到他们在婚姻中经历的剧变可能是他们自己造成的，或者是配偶双方自然演化的结果。

在这些支持中，我们研究得最少，又是我们最需要了解的，是为个体或夫妇的演化提供帮助的支持。这种支持不仅表现在配偶双方可以彼此保证对方的独特身份，而且允许配偶双方共享他们的身份。这种对专制形式的超越（本章的主题由此开始）可以根据辩证的思想建构从认知角度予以证明，或者根据**后思想的建构**（postideological construction）从社会心理角度予以证明，但是，在心理自我的宽泛领域中，处于核心地位的是一种建立真正的亲密关系的能力。对成年人来说，无须在以牺牲身份为代价的亲密形式和以牺牲亲密为代价的身份之间做出选择。虽然经典的弗洛伊德理论认为，亲密是以情欲的相互性自居的，从而给亲密套上了压抑的缺乏幽默的感觉，但是，至少从象征角度来说，存在强而有力的一种形象，即能够立即满足自我（而不是把自己的快乐置于他人的快乐之下人对另一个人的取悦），与此同时，它以辉煌的结局超越了我们分离的孤立，我们的二极性，以及我们长时期沉浸于某种文化的状态。用埃里克森的话来说，它"提供了对复杂模式进行相互调节的例证，并且在某种程度上，平息了由男性与女性的对立、事实与幻想的对立、爱与恨的对立、工作与休闲的对立等日常证据所引起的潜在的愤怒"（1963，pp. 96–97）。

这种拥有真正亲密的成人关系的形象，既表现在两性方面，也表现在其他各个方面，再次展示了我们在人际平衡中首次见到的互易性（reciprocity）这一主题。当意义演化超越熟悉的心理领域，进入个体间的平衡时，在新的复杂水平上会遭遇类似的主题。现在，互惠性成了相互保护对方的独特性的问题，配偶之间相互依存地形成了一个更大的环境，在这个环境中，各自的身份相互渗透、相互调节，而且，个体投入了与他们各自的身份相伴随的爱情。互惠性现在也成为一个保持和被保持的问题，互相保护对方有机会去获得经验，处理生活的基本张力。配偶之间没有必要再向对方表达自己是否渴望让眼前的生活持续下去，相反，双方可以大声表达对方的渴望。这时的婚姻，已非在配偶演化的特定时刻介入双方的生活，致使婚姻仅仅停留在相依为命的水平上（这种相依为命的思想是一种防范成长的思想），相反，这时的两人关系是一种彼此分享生命运动的关系，双方不会让岁月消磨婚姻，而是让婚姻为岁月增色。

第九章

自然疗法

人们常常会形成这样一种印象：如果心理治疗真的实用，那么解决生活难题的办法便可以在普遍的心理治疗中找到。至于对家庭、同伴群体、职业角色和爱情关系的自然支持，只被看作相对于专业智慧而言的一种业余措施。从发展的角度来看，这种见解是相当落后的。发展理论一直认为自然是智慧之源。例如，发展理论在学校教育方面做出的最重要的一个贡献是，它揭示了儿童的"自然课程"（natural curriculum），这是一个积极的意义建构过程，阐释和规定了儿童发展的目标。儿童既不是接受课程的被动容器，也不是以被动的方式开始其学习历程的。相反，发展理论家要求课程设计者和教师首先认识儿童业已开始的议事日程，教师只能基于这种议事日程进行促进或阻碍，不能无视它进行发明创造。

发展理论似乎有某种类似的建议，可以从心理上帮助人们。心理治疗的实践不是一切帮助措施的检验标准，它的目的在于探究那些自我意识不到的"治疗"（unselfconscious "therapy"）在自然界反复发生时的意义与结构。这一建议不仅对个体及其训练计划具有意义，而且对个体实施亲密关系，对制定广泛的社会政策，对那些试图帮助人们摆脱痛苦或困境的人，对那些力求避免那些原本可以避免的心理痛苦的人，对那些寻求专业帮助以便改善角色的人，以及对那些寻求理智基础以便发展新角色的人同样具有意义。不论实施"非自然的"（自我意识的）治疗有多么重要、多么有价值，在发展理论看来，**非自然疗法**（unnatural therapy）不是治疗现代心理病症的灵丹妙药，实际上，它只是一种次要的支持手段，而且有迹象表明，发展的自然促进已有某种理由使"非自然的"（自我意识的）治疗成为次要的支持手段。

对"自然疗法"（人际关系和人类环境为人们提供自发的支持以帮助人们度过有困难的成长和变化过程）的理解，不仅为预防心理学（preventive psychology）提供了一种考虑个人支持的复杂方式，而且通过揭示这些相互关系的一些细节（成功的疗法在这种相互关系中重复出现是完全有可能的，不论它是否被认识到）为治疗实践提供了一种新的指导。根据对心理治疗结果的研究，我们有充分的理由相信，治疗的成功既不是一种特殊的人格理论的作用，也不是治疗师喜爱的某种疗法的作用（Smith and Glass，1977）。从这一研究中得出的普遍结论是，"其作用在于治疗师而非理论"，因为成功的疗法主要是一种难以言表的方法。还有这样一种可能，即如果治疗过程并未依据理论而是依据自然，那么把理论（以及由此引出的方法论）看作结果的决定者，不能不说是一种错误。试着去了解一种治疗过程如何起作用（这种治疗全然依靠治疗过程本身，专业人员可以不参与），然后评估哪些专业人员能以某种方式促进或重复这些过程，这样做是否更有意义呢？

本书勾勒的理论提到了温尼科特在谈及婴儿时所提出的所谓"抱持性环境"的生命历程。我认为，在我们的一生中，随着我们的演化，我们会被不同的方式"支持着"。这种被支持的情形，并非反映了婴儿期脆弱的状态，而是反映了我们沉浸于某种文化的演化状态。不论我们如何演化，我们总是受到某种文化的制约。在生命历程的任何一个阶段，发展既涉及从一种**心理生物的演化状态**（psychobiological evolutionary state）中摆脱，也涉及从一种特殊的人类环境的沉浸状态中摆脱。这与超越我的文化相似，也就是说，在文化对于我的定义和"真正的我"之间做出区分［所谓"真正的我"（really me），总有一天会被发现是此时此刻对我们来说尚不能获得的另一种"文化"的定义］。我们所沉浸的各种文化，可以为埃里克森所谓的"心理社会发展"（psychosocial development）提供补充性理解。本书所勾勒的框架提供给我们一个有关"心理社会"的概念，它是个体（"精神"）的组成部分；但是，从另一种角度看（在将来某个时候包括个人自己），它也是"社会的"组成部分。这种理论阐明了为什么说这些心理社会背景要比那些仅仅用来帮助一个独立的个体的社会的或心理的支持包含更多的东西；在这个人看来，这些心理社会背景就是他或她自己。

虽然对我们所沉浸的文化的丰富性理解还有待仔细探索，但是，表 4–1 所勾勒的轮廓就其内涵来说，至少是丰富的。它为**心理支持**（psychological support）的评价提供了一种框架，不论一个人考虑的是对 5 岁的孩子的支持，还是对 45 岁的成人的支持；不论一个人将这种支持系统用于单个的个体（如一位母亲），还是用于复杂的组织（如一所学校），这种支持都具有同样的理智和心理上的一致性。如果说宫内环境为生长的有机体的发展提供了媒介模型，那么这种框架为终生"心理羊水"（psychological amniocentesis）提供了一种基础，通过这种基础，可以对支持环境的质量，以及其滋养和保持其"演化客人"（evolutionary guests）的生命工程的活力的能力进行评估。以自然疗法为背景的历史出现了：抚育者；家庭；有关家庭、学校或同伴团体的角色定位的机构；互惠的一对一的关系；为公众认识而实施的自我调节，即证实同一性的环境（典型地表现在工作环境中，在"恋爱"关系中也是如此）；亲密的成人关系（典型地表现在恋爱关系中，在工作关系中也是如此）。个人所沉浸的文化怎样充分发挥其确认（confirmation）、矛盾（contradiction）和连续性（continuity）的功能？这个问题可以在终生发展的任何时刻提出来。

抚育者的文化是否顾及新生儿？它是否为婴儿的身体提供一种温暖的、亲密的、舒适的物理环境？它是否接受婴儿的依赖？抚育者的环境是否能在适当的时间识别并促进学步的孩子从这种植入性文化中摆脱出来？它是否设法去拒绝孩子的每种需要？它是否停止喂奶，并减少拥抱？它是否承认孩子的独立表现和富于意志的拒绝？它能否使抚育者接受这样的现实，即自己在孩子的眼里成为"他人"？它是否允许孩子把抚育者作为他人来回忆？它是否在过渡时期避免长期的分离或心理上的遗弃？

双亲的文化是否承认和培养孩子幻想的能力？它是否接受孩子的强烈依恋和家庭内的竞争？它是否接受孩子对父母内部运作的心理依赖？双亲的环境能否在适当的时间识别和促进孩子从植入性文化中摆脱出来的行为？它是否支持孩子对其行为负责？它能否确定和指出儿童思想感情的来源？它能否使孩子不受父母婚姻的内部运作的制约，不再与父母睡同一张床，并在上学时间不再恋家？它是否承认儿童的自信表现和自制表现？它能否使父母接受这样一个现实，即他们成了孩子眼中的"他人"，它是否允许孩子将他们作为他人来回忆？它是否在孩子与双亲的文化进行分化时避免双亲文化的解体（婚姻出现裂痕、离婚、分居，尤其是在离婚或分居时孩子与父亲或母亲失去联系)?

角色认知文化(role-recognizing culture)是否支持和承认儿童关于自信、能力和角色分化的测试与练习?家庭或学校是否为儿童提供对公共生活,尤其对家庭或学校的决定发表意见并被采纳的机会?它是否为儿童提供个人负责、个人决定、个人控制的机会(例如,父母是擅自给孩子买一块手表,还是与孩子商量;是否容许孩子选择他自己的衣服,以及早晨不再让父母来叫醒他)?家庭或学校是否设法发现并支持孩子的至少一项活动——如体育、艺术、学术或事业,并让孩子在该活动中能不断得到成功的自我表现的机会?它是否能容忍孩子把自我表现与维持孩子的竞争相混淆,把自我表现与实现孩子自身的需要相混淆?这种角色认知的文化是否在适当的时间识别和促进青少年从其植入的文化中摆脱出来的行为?它是否反对不考虑别人的那种自信的合法性和可接受性?它是否坚持青少年应该保持他的信任和赞同的目标;它是否寻求内部状况的报告而不是外部的倾向;它是否把新的同一性和新的认同视作相对的?这种角色认知的文化是否以某种方式允许成长中的个体不仅能抛弃它还能恢复它。例如,如果青少年在过渡时期必须转学(通常,在中学阶段会出现问题性的孤独),那么他能否继续维持与同伴的联系?

互助的文化(culture of mutuality)是否承认和支持个人在合作、自我牺牲、亲密关系的调节以及理想化的人际关系等方面表现出来的能力?它是否分享一个人的内在主观状态、情绪、情感、内心想法等?它能否容忍个体把这种主观状态与他自己相混淆?它能否识别和促进一个人从沉浸于人际关系的状态中摆脱出来的表现?它是否拒绝与不同的个体相融合,一方面坚持认为人与人之间有区别,另一方面仍然承认亲密无间的可能性和价值？它是否要求个体对自己的主动性和喜好承担责任，对自己心理的自我界定承担责任？它是否把这种正在出现的个人权威视作相对的？是否存在某些重要的人际伙伴，他们在过渡时期，在新的心理环境中，继续扮演着某种角色？

自我认同的文化（culture of self-authorship）是否认可和支持个体所实施的心理自我界定的行为？它是否确认个人把自己的意识作为其意义和目标的根源？它是否承认自己在“公共竞技场”是一名选手，在其中可以实施其个人的权力，并表达对成就和自我提高的需要？它是否向个体提出要求，允许他实施影响、运用权力、承担责任？它是否为个体提供忠于并投身于某种信仰体系的机会？它是否接受个体对其分享的意义的认同？它能否识别和促进个体从沉浸于独立的自我界定的状态中摆脱出来的表现？它是否坚持与一个正在实施精神管理、拒绝接受调解、讨厌亲密关系、喜欢隶属关系的人保持某种关系？这种理想的文化是否把协调形式、系统和组织的更大环境视作相对的？当一个人在工作如常、身体健康、配偶没有离去的情况下开始摆脱对它们的认同时，这种思想的支持是否继续存在？

亲密关系的文化（culture of intimacy）是否承认和支持相互依存的要求（甚至是相互依存的自我界定），抛弃受制于形式的自主性自我，实施同一性比较？建构–发展的方法提供了一种评估个人心理支持的性质的方式，这种心理支持既超越了对他人表示关心的数量，也超越了对他人表示关心的强度，它以一种区分的方式考虑那些支持的结构性。是否存在“认识”一个人的他人？是否存在能够看见、认识和理解一个人是谁，以及他正在成为何人的他人？这种支持不只是一个“情感的”问题，还是一个“认识的”问题；它是一个既具形态又具强度的问题。

但是，除了对个体发展的特定时刻提供支持，该计划还谈到了作为整体的群体的性质。如果把每一种植入的文化都看作与下一种植入的文化不同并且有所区别，那么这将是对该计划的误解。各种植入的文化除了互相衔接，还倾向于彼此演化，每一种文化都包容（或潜在地包容）前一种文化。抚育者的文化成为双亲文化的组成部分；双亲文化成为角色认知文化的组成部分，正如家庭是自制的新的停滞（new truce）得以体现的重要领域一样。但是，母亲、配偶、学校、好友等实际上都是群体的组成部分，它们充当着群体交流的媒介。其中，一个最为重要的交流内容是承认一个人的成长和变化。每当一种特殊的文化实施"控制"时，它确保了这个广泛的群体的完整性（个体只是该群体中的一个部分）；每当一种特殊的文化实施"放手"时，它证明群体更忠于发展中的个体，而不是个体业已建构的自我。如果充分发挥这两种功能，就既能保证个体生存于群体之中，又能保证个体继续参与群体的活动。我们生活在一个变化的世界之中，同时我们也在改变着自己。我们需要对那些从私下到公开的关系寻根究底。当我们不能这样做时，时间本身就被亵渎了；如果我们与自己的发展相隔离，那么我们的生活就会受到威胁。真正的群体，存在象征、庆祝、礼仪甚至姿态，通过这些东西，我们在发展过程中被人了解；通过这些东西，我们得到帮助，以便认识自己。提供支持的群体总是寻找各种方式来认识人们的成长和变化，付出昂贵的代价认识人生命运，如果它不想付出失去其成员的代价，那么群体本身必须有能力"重新认识"。它必须在许多演化水平上进行操作，把自己奉献给演化过程而不是任何一种演化水平。

我认为，所谓的支持不仅仅指在特定的发展阶段发挥其三种功能的特定文化，同时我们生活的连贯性在一个具有相当延续性的群体生活中得到增强，也在一个具有时代特征的支持性表达的群体中得到增强。当今的许多压力和心理紊乱都是发展性的，从这个意义上讲，它与我们在本书中探讨的成长、变化和过渡等过程有关。对我们来说，我们通过使我们自己与旧的意义相分离经历这些过程，以及通过使我们自己与代表这些意义的人（或信奉）相脱离的办法经历这些过程。这是一种代价极其昂贵的生命历程。它的改进需要纵向基础的支持，也就是说，在人们过渡之前、过渡之时以及过渡之后了解和支持他们；它们承认丧失，并对丧失表示忧伤；它们承认收获，并对收获表示庆祝；它们帮助个体（或家庭）承认它们。

在未来的几十年内，心理学家必须找到更好的方法来支持个人、家庭和群体（它们由于现代生活的复杂性而处于巨大的压力之下）。生活领域中出现的压力，在爱情和工作的文化，即家庭和工作场所中表现得最为明显。心理的和精神病学的系统对我们目前的社会安排的代价和损失做出了反应（以一种意图明确但控制过分的方式），但是并不真正关注安排本身。临床心理学和"专业的心理学"试图训练人们在心理实践中取得领导地位。它们是否应该像目前所做的那样，通过培训"具体"的人来取代现在存在的心理服务系统呢？那个系统是否代表了正在被培训的"具体"的人们呢？一个专业心理学家应该如何接受教育的和一个专业心理学家应该做些什么本质上是同一个问题。如果认为应该重建这个系统或者从定性的角度重新阐述它的活动范围，那么临床心理学和专业的心理学理应创建新角色，以便人们在采择这些新角色方面有所贡献。为了做到这一点，需要一些理论支持，这些理论既有助于人们理解正常的发展过程，又有助于人们理解发展过程的障碍。在各种理解中间（这里提出的理论允许严谨的探索），我们缺乏的是文化的和社会的安排是否根据危机、痛苦的改变和代价昂贵的成长而提供自我意识不到的治疗支持。对自我意识得到的治疗服务的不断要求和需要，是这类支持得以消失或丧失的标志。

在人们接受这些**自我意识的治疗服务**（self-consciously therapeutic services）的同时，他们也从无意识的治疗中获得一些指导。本书提出的框架暗示了一种治疗的理论，简单地说，这种理论把治疗的环境视作促进患者演化的主要文化。我想在这里详细阐明的是，这种可以针对任何年龄或任何阶段的人们的治疗观点意味着什么，以及它关于不同演化环境之间的区别又意味着什么。

我们不妨回忆一下本书第四章讨论过的维奥莱特的例子。维奥莱特的母亲不适当的"控制"，致使维奥莱特两岁半时仍未能成功地走出婴儿的**一体化世界**（incorporative world）。虽然她无法主宰生活的安排，只能留在尚未分化的状态之中，但她调动一切力量，拒斥来自世界的任何"信息"（"她是一个哑巴，她的面部表情显得茫然和缺乏生命力，她从不关注任何事和任何人"——Mahler，1968，p.152）。也许，像所有处于精神病状态中的人一样，由于维奥莱特相信自己的生存方式，她转而反对自己的生命计划，即自己的演化运动。

我发现，马勒描述的疗法对维奥莱特及其母亲都有帮助，而且，他的描述令人着迷和感动。最使我着迷的是，它复制了为大多数婴儿提供的植入的文化。虽然我已经开始系统地表述当"演化的客人"（来访者、病人）把语言当作自我表述的核心媒介时（大多数人超过 10 岁），演化文化中心的疗法可能是个什么样子，但我对演化的先前时刻应该怎样应用同样的主题却没有把握。对我来说，马勒的疗法似乎反映了一种关注，面对一个不会说话的来访者，对一种植入性文化的功能的注意（这也是我面对那些会说话的来访者时一直在关注的）。

维奥莱特的治疗似乎经历了不同阶段。在第一阶段，治疗师把自己看作试图跟随在孩子后面的人，不去侵入孩子的"领地"，但他会注意孩子的言行，当然，也不要求维奥莱特去承认自己与众不同。这样做的目的在于，让孩子能够逐步接受治疗的现实，把它作为一种抚慰，一种令人舒服的东西。在我看来，婴儿借助身体来表演的一些主题，在其以后的一生中都会以一种隐喻的形式表演出来（失去和找到，走进平衡和走出平衡，认识和被认识），因此治疗师这时看来必须对治疗的开端做出选择。这里所谓的治疗，是指一种借助身体运动来感知的谈话，我认为它在任何一个演化时刻都具有同样的意义。治疗师站在维奥莱特背后（或旁边）与她交谈，而不是面对面地与她交谈。当维奥莱特开始接受治疗师，不再把治疗师当作分离的他人，而是作为一种呈现给她的"礼物"时，治疗师开始成为维奥莱特的"可以控制的环境"。治疗师充当一把椅子，她的胸脯就是椅子的靠背；维奥莱特可以靠在上面或陷在里面；治疗师的双臂是维奥莱特双臂的延伸，以便后者获得无法触及的东西。当然，治疗师不会被视作分离的他人，因为他们之间没有过任何形式的面对面的交流（甚至间接的和偶然的视线接触，也是必须避免的，因为当维奥莱特在镜子里看到治疗师的形象时，她有可能惊慌不安）。但是，治疗师却以某种其他的方式被接受，我把这种方式称为"植入的文化"。治疗师已经作为一种心理上的羊水环境而被接受，在此环境中，维奥莱特可以"飘浮"，她的生命计划获得了前所未有的浮力。在我看来，接受植入的文化标志着第一阶段治疗的完成，不久我们将考虑它的动力，以及它在不同发展阶段的不同表现。

只有在坚持为这种植入性文化的第一种功能提供足够的时间以后，

接下来的治疗阶段才可能开始。现在，治疗师作为分离的一方逐渐与之接触。她参与平行的游戏；她与孩子轮流在台子上击鼓；她们一起唱歌；她们互相吹肥皂泡。借助这种温柔的接触，治疗师开始说话，但仍旧避免面对面的直接接触。在治疗的早期阶段，治疗师很少说话；现在，她开始用言语描述孩子的感觉了（"噢，好疼"）。根据我的观点，治疗师从不说话到说话这一转化的成功是维奥莱特自身的演化起到的作用。如果予以及时的支持，她就更有可能重新参与她自己的生命计划；她可能感到，她可以从植入的文化中摆脱出来，而无须丢失自我。治疗师在将自己作为分离的他人而出现时，她可能认识到维奥莱特正处于成长的边缘，这是维奥莱特自己可以意识到的一种分化。治疗师在用言语描述维奥莱特的感觉时，她可能正在帮助维奥莱特摆脱植入的文化，以发现"真理"的矛盾。

从很大程度上讲，对于建构－发展框架的核心以及成长，它的潜力之源并不在于意义组织的阶段或序列，而在于渐进的过程（我们称之为"意义建构""适应""平衡"或"演化"），这一过程很可能是人格发展的基本背景。相应地，正是这一过程及其带来的体验（而非它的阶段）是我关于建构－发展咨询的注意所在。当我在咨询中遇到特里、黛安娜或丽贝卡时，我对她们的基本感觉并不源自我关于"阶段""病人""患病的人"，甚至"有问题的人"等定论，而是源自我关于"人的演化"的认识。

因此，我对我与之交谈的一个人的最基本的定向，源自我的这样一个信念，即此时此刻我与来访者正在共同分享一种活动或过程，既非一种对我来说陌生的过程（例如"神经错乱"），也非我"经历过"的一种活动（例如，以前当我处于痛苦时经历过的一种活动）。那种活动不能被假定为某些人的发展的停滞，或者被假定为由于我们生活中遭遇巨大混乱，他人了解我们的方式发生了激剧的变化，致使我们发展的某个时期被迫停滞。我们既无法摆脱我们作为一个终生的意义建构者的命运，也无法避免与那些认为命运是一种负担的人终生相处。我认为，我们都将受制于单一的命运，我们不能像命运分享我们那样去分享命运。

当命运严峻地考验我们的时候，它往往以"问题"或"危机"的形式表现出来；但是，它们究竟是什么东西？所谓危机（离婚、亲人的去世、经济崩溃、脱离熟悉的群体而进入一个陌生的群体）可能并不总是危机。人们确实经历过这些体验，并由于这些经历而受苦；但是，他们并不会一直感到痛苦，也并不会总是遭受那种使他们怀疑生活的方方面面的痛苦（"仿佛各种事物都处于危险之中""我好像第一次感到没有把握""一切都好像垮下来了"）。这是否由于不同的人感受事物的强度不同（受事物的影响不同）？或者说这是不是一个结构问题，一个如何赋予事物以意义的问题？危机是否就是失去亲人，或者不知道如何建构事物的意义？是由于我的悲伤使我的整个世界失去平衡，还是由于我的整个世界失去平衡才使我感到悲伤？所谓经验，是指发生在我身上的事情，还是指我对发生的事情所采取的行动（或者说是我不能采取的行动）？危机是不是成长的一种机会，或者说成长是危机的一种机会？在这些危机和问题中，我们也可能听到另外一种声音："我不是我自己""我无法相信我会这样""如果我的朋友看见我这样，他们是不会相信的"。这种声音似乎在说："我无法认识自己。"我想说的是，这种自白非常精确地命名了正在发生的事情：一个人无法重新认识自己和自己的世界，无法重新了解自己和自己的世界；一个人体验到的不是自己的内部事件，而是发生在自我之外的事件。

痛苦（不仅是心理上的，还有肉体上的）源自我们对生命运动的抵抗。我们试图否认已经发生的事情和正在发生的事情，这造成了我们的痛苦。我们拒绝接受背离我们计划或背离我们期望的东西，这也会造成我们的痛苦。当身体紧张并抗拒改造时，会产生比改造本身更大的痛苦；比如我们的大脚趾不小心被石块砸了一下，只要放松下来，通常疼痛就会减弱。对构成现在状况和过去状况的运动过度细究或过度防御，会造成我们的痛苦。我们是生命的运动的一部分，我们被牵涉其中，我们对此负有责任，一旦某种运动使得我们阻碍生命的运动，就会造成我们的痛苦。在防御已经发生的损失时，在防御悲戚和忧伤的体验时，我们所蒙受的痛苦要大于损失本身。悲戚和忧伤不是真正的痛苦；它们是我们对生活本身的认识，是我们对生命运动的认识。焦虑和忧郁会使我们阻碍生活，无论变化会造成多大的损失，焦虑和抑郁是一个比变化本身更大的痛苦之源。

在危机和问题中，我们可以听到危险和死亡，但是，对谁构成危险？什么东西会死亡？我说过，在中文里"危机"具有两层含义：一层含义是"危险"；另一层含义是"机会"。这两层含义确切地表达了危机的特性。由于危机处于意义的转化之中，因此，作为演化的代价，我们所听到的死亡实际上是指已被置于脑后的旧的自我的死亡。在心理治疗中，人们所谈到的分离和个体化也是指与旧的平衡的分离。

我们可能听到忧伤、悲哀和丧失，但是，这是一种不再发挥作用的，了解世界的方式的消亡，即旧的一致性已经丧失，但新的一致性尚未出现来取代其位置。然而，我们应当看到一种新的平衡随之出现。这是一个难以置信的奇迹，它使临床工作拜倒在这一伟大的神话面前。可是，这仍是一种新生命，不是旧生命的回归或恢复。当我们体验到自己被置于陌生人面前的那种痛苦时，渴望回到正常状态的思想是十分普遍的；这种极化的现象学类似于心理痛苦方面的健康和疾病的类别。当**失衡**（disequilibrium）经受考验之后，它可能开始导向一种新的组织得更好的世界结构，这种世界结构与我们对先前平衡的理解既有分化又有整合。让我们回忆一下尼布尔说过的话："我们了解我们记得的东西，我们记得我们忘记的东西，先前看来陌生的东西现在变得熟悉起来了。"我们不可能回复到过去的平衡，但是，我们可以达到一种新的平衡。我们不是在倒退，而是在前进，走向新的整合和新的目标。建构－发展的观点有助于专业人员听取来访者向他诉说的痛苦，或者说有助于专业人员从新的视角听取来访者诉说的痛苦。它也为人们提供了这样一种信息，即诸如此类的危机不能仅仅作为"疾病"加以理解，而应该更好地理解为走向成长的运动。我们可以学会在自己的一生中对这些危机抱有期待，并教会其他人也这样做。我们可以理解他的观点："所有的崩溃或瓦解都不都是病理性的；有些崩溃或瓦解是一种突破。"或者，正如我指出的那样："你实际上没有疯，只不过，你的思想可能有点出格。"

我和我的同事访谈过 39 位住在精神病院病房里的人。我们使用科尔伯格的两难问题分析他们的自我－他人的分化水平。我们也曾得到病人的允许，了解他们入院时的情形，即入院之前他们的生活是什么样子的，以及住院期间发生的事情。根据这些记录，我们发现了三种异质的抑郁：

类型 1：基本上关注的是我的需要的丧失，或者在试图满足自己的需要时，由于必须付出日益增长的个人代价而感到不快。当这种思想指向外界时，我可能感到被约束、被剥夺、被控制或被干预，这些感觉常常发生在我试图满足我的需要、意愿和欲望之时。当这种思想指向自我时，一方面，我感到自己的不负责任是不可避免的，我成了我自己兴趣的奴隶，我开始变得迟钝；另一方面，我感到自己仿佛被抛弃，或者我已经丧失自己所具有的独特的人格。这两种感觉之间存在一种张力。总的来说，随着失去我所需要的满足，我可能不再是我了。该类型的危险在于（不论是直接的还是潜伏的），其所谓生命的意义首先定向于"我的需要"。

类型 2：基本上关注的是人际关系的丧失或损失。当这种思想指向外界时，我可能感到难以忍受的孤独，自己好像被抛弃、被背叛、被遗弃、被玷污。当这种思想指向自我时，一方面，我感到自己由于一体化而被融合，因此作为我的自我已经丧失；另一方面，由于我把自己放在首位，我感受到自己自私、没良心、冷酷无情、骄傲和不关心他人的一面。这两种感觉之间存在一种张力。总的来说，随着我的人际环境的分裂，我可能不再是我了。该类型的危险在于（不论是直接的还是潜伏的），其所谓生命的意义首先定向于人际关系。

类型 3：基本上关注的是对自我概念的打击，即未能符合我自己的标准，未能如我预期的那样表现或控制自我。当这种思想指向外界时，我可能感到屈辱、空虚和失控，感到这个世界不公平，生命毫无意义。当这种思想指向自我时，一方面，我感到自己易于受到自我攻击，认同我的表现，在自我封闭中感到孤独；另一方面，我感到虚弱、无能、失控、邪恶、颓废和没有边界。这两种感觉之间存在一种张力。总的来说，随着我的自我意识的精神组织或权威的瓦解，我可能不再是我了。该类型的危险在于（不论是直接的还是潜伏的），其所谓生命的意义首先定向于维持这种精神的管理。

每个被试在实验者不知道他的主体 – 客观水平 ① 的情况下被归入一种抑郁类型中去。将主体 – 客观水平与抑郁类型相比较时，可以发现，阶段 2 或阶段 2 ~ 3 的人与第一类抑郁之间存在显著的相关性，阶段 3 或阶段 3 ~ 4 的人与第二类抑郁之间存在显著的相关性，阶段 4 或阶段 4 ~ 5 的人与第三类抑郁之间存在显著的相关性 ②。这种相关性虽然是显著的，但是缺乏说服力。首先，还需在更为广泛的范围内加以复制，以证实这种现象；其次，即便得到了证实，这种现象也只是揭示了一种关系而非原因。我和我的同事目前进行的研究不仅要证实这种现象，而且要通过纵向调查对下列假设进行检验，这种假设认为，抑郁是由于对特定的演化停滞的平衡产生威胁而引起的，或者说是由失衡引起的。除了这些数字和相关性，目前的研究仍能告诉我们许多东西。尽管它非常需要详细的说明和证实，但是有一点是十分清楚的，那就是存在连续的转化过程，以及演化的个体在这些过程中所付的代价 ③。

我的观点是把抑郁的概念描述成极端的怀疑。所谓极端的怀疑，是指一种终极的观点：世界和我是怎样一致起来的？主观是什么？客观是什么？应当看到，这样的概念并不拒斥关于抑郁的不同理解，反而可以把这些不同的理解组织成更为统一的整体。所有的理论家都同意抑郁的

---

① 科尔伯格的计分（包括阶段 2 或阶段 2 ~ 3 的过渡，阶段 3 或阶段 3 ~ 4 的过渡，阶段 4 或阶段 4 ~ 5 的过渡）在两位等级评定者对个案进行评定时有 94% 是一致的；对抑郁症个案的评定，也有 84% 是一致的。

② 肯德尔（Kendall）的检验结果是：$T=0.815$，< 0.001；卡方 $+46.43$，$8d. f.$，$< 0.00l$。

③ 有趣的是，当其他一些研究抑郁症的人用不同的理论和方法研究被试时，他们所描述的抑郁症的表现听起来很像我的阶段 2 和阶段 3（Blatt，1974；D'Afflitti and Quinlan，1979；Arieti and Bemporad，1981；Beck，1981）。

基础是"丧失"。自我心理学把它看作自我的丧失；客观关系理论把它看作客体的丧失；存在主义理论把它看作意义的丧失。当平衡的活动被视作人格发展的基本现象时，当抑郁被理解为对演化停滞的威胁时，抑郁必定涉及对自我和客体的威胁，而且，由于它是构成意义的自我和客体之间的关系，因此它也是对意义的威胁。

表 9–1 把这一概念程式化了。表中列出 5 类抑郁症，每一类抑郁症都以一种特殊的关注为特征，而每一种关注又可以根据该关注面临的"威胁"或"问题"而被定向。前一种定向涉及关注本身，后一种定向涉及关注的内因和外因。无论是前一种定向还是后一种定向，问题都出在"怀疑"上。"怀疑"需要我们同时掌握一种命题的有效性和无效性。如果我们不把两者当成一回事，我们便没有怀疑；我们就可以控制这两个我们无法了解的东西。

以"威胁"的定向为特征的抑郁将自己置于这一命题的客体一方。这样做并未消除怀疑，只是将它置于外在世界之中。这个世界变成可疑的；我所怀疑的是我继续生存于这一世界上的能力。我怀疑我是否有能力接受目前的现实。我体验到一种退缩或自我的减弱；但是，需要明白的是，也是我最需要明白的是，"谁"正在怀疑，以及"我"是谁。对"我"来说，"我"怀疑的是，面对这个世界的变化，"我"是否能使自己保持完整，使"自我"保持完整。根据我的范式（paradigm）观点，这句话的意思是，我怀疑我能否使自己保持完整或者我能否保持平衡。实际上，根据我们的观点，我正在怀疑的是**继续认知的能力**（the capacity to continue knowing）；根据自我的观点，从现象学角度看，这种继续认知的能力包含**继续存在的能力**（the capacity to continue being）。

以"质询"的定向为特征的抑郁症把过激的怀疑引向自我本身；于

是，世界和自我，甚至它们之间的区别都变得可疑了。"我"是谁已不再清楚，尽管对"我"不是谁倒是清楚的。我所怀疑的不是我是否将继续了解，而是我是否该再次了解。我可能会说，我不知道我是否会再次整合起来；根据我们的观点，这一陈述的意思是，一种主体－客体的平衡是否会重新恢复是值得怀疑的。

表9-1 抑郁症的发展结构

抑郁的类型	对平衡的"威胁"	平衡的"问题"
（自我 0/0—1）被抛弃的抑郁（对一体化平衡的打击）	"分离的焦虑"（抑郁的对应物：不能茁壮成长的综合征）	在下述两者之间存在张力："不！"——反依赖的抗拒性，维护和宣布独特（自我愤怒）的必要性；对未分化的一体化的渴望，并且感到丧失这种未分化的一体化（自我丧失）
（自我 1/1—2）幻想破灭的抑郁（对冲动性平衡的打击）	脱离、中断、不再包容、分开，感到他人"已经能够自作主张"（抑郁的对应物：恐校症；坚持幻想）	在下述两者之间存在张力：感到无法约束或控制我的冲动，要求自力更生，自作主张（自我愤怒）；感到丧失了决定现实的自我意愿的能力，丧失了来自他人的关注和调节（自我丧失）
（自我 2/2—3）自我牺牲的抑郁（对唯我性平衡的打击）	感到被约束、被剥夺、被控制、被干预（抑郁的对应物：有计划的懒怠行为）	在下述两者之间存在张力：感到不可避免地失职，成了自己兴趣的奴隶，变得迟钝（自我愤怒）；感到被抛弃，失去自己的喜悦和独特的人格（自我丧失）
（自我 3/3—4）依赖性抑郁（对人际性平衡的打击）	无法忍受的孤独，感到被遗弃、被背叛、被玷污（抑郁的对应物：神经性厌食）	在下述两者之间存在张力：感到自己被一体化、被融合，作为我的自我丧失（自我愤怒）；由于首先考虑到自己，结果感到自己自私、没良心、冷酷无情、不关心别人（自我丧失）
（自我 4/4—5）自我评价的抑郁（对法规性平衡的打击）	屈辱、空虚，感到失控、被抛弃（抑郁的对应物：为了避免被辞退而过分卖力地工作）	在下述两者之间存在张力：感到自己易于受到自我攻击，认同我的表现，在自我封闭中感到孤独，无法使自己与他人更接近（自我愤怒）；感到虚弱、无能、失控，尽量不与他人结为一体；感到邪恶、颓废、丧失同一性、没有边界（自我丧失）

这两种定向仅仅出现在正在进行的动力活动的某些时刻。我们可以看到，在这两种定向之间可能存在对自我实施攻击的一个时期。在这个时期里，一个人不是通过将其"置于世界之上"，而是通过将其置于自我之上来解决怀疑。这样做净化了世界，使它更适合居住，至少在理论上如此。这些"定向"并不稳定，因为正如我说过的那样，它们只是对一个发展过程中的某些时刻的命名。对那些组成类型的关注稳定地存在于任何一种特定的抑郁症。当然，这是因为在我看来，抑郁症反映了失衡和重新平衡的过程。那些在面对威胁、混乱或问题的环境中体验抑郁的人，被认为正在维护一种受到威胁的平衡；而那些以自我批判的方式来体验抑郁的人，已经开始与旧的自我分离，并且处于一种批判它的地位（也就是说，他们的分离就是他们的批判；我在这里所说的东西并不意指任何一种自觉的、经过审慎考虑的活动）。例如，处于过度防御阶段2的人，看来更有可能识别他们在与他人相处时所遇到的问题的根源（这些所谓的他人正在为难和剥夺"自我"）；而介于2～3过渡阶段的人，看来更有可能因为不能从事完成为保持关系融洽应做的事而发言。处于过度防御阶段3的人看来更有可能把他人看作推动他们成长的动力，或者放弃他们的关系，却又找不到任何东西予以替代；而介于3～4过渡阶段的人，看来更有可能了解到需要放弃的不是关系，而是他们对这些关系的依赖。处于过度防御阶段4的人，看来更有可能认为这个世界无法信守承诺，展示的不是真实的东西，也就是说，它已不是它看来的那个样子；而介于4～5过渡阶段的人，看来更有可能根据他们的自卑、空虚和毫无意义而发言，或者根据他们试图超越这种交易的需要而发言。总之，那些感到他们"不起作用"的人，就是那些处于过渡阶段的人；而那些感到如果他人振作起来自己就能充分发挥作用的人，实际上就是那些正在防御一种特殊形态的人①。

　　上述说法概括了抑郁症的一些共同特征：它们是对打击的自我体验，这种打击可能来自外部（"威胁到……"），自我预期到失败；也可能来自内部（"……的问题"），一个人从自我中分离出来，陷于旧的自我的遗弃（作为主体）与恢复（作为新的客体）之间的失衡状态。在表9–1中这些体验的区别已由平衡水平来概括。5种抑郁症对应着5种演化状态面临的"威胁"与"问题"。正如我们能够看到的那样，"问题"状态表现为自我愤怒的感觉（批判或反映旧的自我）与自我丧失（旧的自我尚未作为客体而恢复，新的自我尚未重建）的感觉之间的一种张力。自我丧失的体验是指"特殊性"（specialness）阶段的建构，这种"特殊性"主要投入于对旧的自我的防御；它对"害怕成长"特别敏感，正如它在发展的每个关键阶段所体验到的那样。在 4 ~ 5 的过渡阶段，一种正在逼近的特殊性的丧失感觉可能与整体的自我感觉相联系，或者至少有此想法（例如，追求完美）。在 3 ~ 4 的过渡阶段，更有可能面

---

① 同样的区分也提出了一种观察抑郁性睡眠失调的方法，它像所有上述的内容一样。当然，未来的研究既有可能证实它，也有可能否定它。抑郁症患者大多睡眠失调，一般来讲，具有一种稳定的样式：他们或者嗜睡，比普通人每日多睡许多小时；或者过度清醒，往往要到凌晨 4 时方能入睡。嗜睡或过度清醒这两种现象，十分有力地反映了对我的意义建构方式的最终威胁这一意识。前者试图把无法解决的不一致的冲突环境封闭起来；后者则对怀有敌意的世界时刻保持警惕。可是，为什么有些人会持续地以一种方式做出反应，而其他人则以另一种方式做出反应呢？一方面，我们可以考虑这些防御对于阶段防御者的适合性，另一方面，我们可以考虑过渡性。当我感到世界正在对我构成威胁时，我必须高度警惕；清醒是一种外向的行为，意味着对他人的防御。但是，一旦我批判了目前的阶段，我便成了自己的敌人（我既是我又不是我，这是过渡的实质所在），而外向的警惕性便不再起作用。嗜睡是一种内向的行为，意味着对自我的防御。

临一种所谓考虑周全的、无私的、完全慈善的理想化自我意识的丧失，或者至少有此想法。实际上，2～3过渡阶段的成长是重新考虑把自我作为决不妥协的独立自我这一理想。当这种自我丧失重返螺旋形的另一侧时，它可能被体验为先前平衡的一种恐怖的回声；当某种痛苦的东西逼近一个瓦解的体系时，这种东西可能是对先前平衡的一种记忆，或者是对过去与当前相似性的一种错觉。例如，当自我的阶段3的平衡正在让位，人格正在考虑宣布它独立于环境的权利时，回忆一下被它置于脑后的阶段2的世界，难道不会感到自私吗？难道不会把放弃人际平衡看作对重建阶段2这一认识的放弃吗？或者当法规性平衡开始瓦解，人格正在考虑给附属的或情欲的冲动以更加自由的管理时，难道不会把正在逼近的混乱或丧失边界看作回到了阶段3的平衡（这种平衡现在正以缺乏一个自我为其最大特色，即缺乏自我意识或系统的自我）吗？

如果说眼睛是心灵的窗户，那么我们可以说，特里、黛安娜和丽贝卡提出了像她们的眼睛那样能被更好地理解的问题。每个女人前来求援时都会通过眼睛观察，而我们也可以通过眼睛瞥见她的内心活动。正是"问题"本身的特殊性，使得来访者和咨询师双双进入贯穿一生的意义演化的活动之中，对于这种活动，在状态处于平衡时，很少被来访者注意，也很少被他人察觉。由于心理治疗的目的在于发展这种平衡活动，以"建构－发展"为依据的咨询师知道这就是他们所要从事的工作。如果"问题"成了他们两人的工作，那么应当承认"这项工作"从一开始便更多的是咨询师的议事日程而不是来访者的议事日程。事实上，当黛安娜提出问题时，来访者和咨询师与这一问题之间的关系并不相同。不管黛安娜的问题多么复杂，不管她多么清楚地了解到这种心理治疗的关系不仅由咨询师的治疗或问题的解决所组成，她仍然像大多数人一样，希望问题得到解决，这也是她来求助的一个原因。她被她的生活现状折腾得十分痛苦，为自己失去自我动员的力量而感到害怕和震惊，认为她正在失去某个部分，即以往用来振作精神的那种"干劲"。我们双方都清楚，她的到来不是为了获得"一种有价值的学习经验"，而是为了使自己从困境中解脱出来。

但是，咨询师面对她的问题，并不怀有同样的迫切心情。恢复，毕竟意味着某种东西被重新覆盖，我们都知道这一点。艾略特在《烧毁的诺顿》（*Burnt Norton*）中说道："抓住过去和未来／编织虚弱的身躯／若想保护人类不入天堂和地狱／肉体无法忍受。时间的过去和未来／虽给意识让出一席之地／但是意识不是时间。"虚弱的身躯不允许过多的意识，但它确实给意识留出了一席之地。"建构－发展"的临床工作人员有一个基本的作用：为意识争取机会（为意义演化争取机会）对此意义演化，来访者却把它当作"问题"看待。咨询师并不要求（也无法要求）来访者做任何事情，选择权始终属于来访者。咨询师的任务是设法保护这些以"问题"形式表现出来的选择。这些问题就是上述的"特殊性"，总有一天，它们会被克服。对来访者和咨询师来说，这些痛苦和羞愧的"东西"都是一种资源。它们是来访者成长的机会，也是咨询师研究成长的门户。同样，咨询师在选择这类问题所需的体验并对该体验做出反应时，会向来访者敞开成长的大门，而不是帮助他解决问题，或者试图减轻体验的痛苦。他之所以选择现象学的观点，是出于对一个正在从事意义建构的人的忠诚，而不是忠于那些阶段或过程。他重视作为意义建构的人，甚至在来访者最为痛苦的时候（所谓"无条件积极关注"，意味着一种建构－发展的观点），他首先谋求的不是减轻痛苦，而是让来访者进入"他是谁"这一基本的认知领域。乍一看，这样做与来访者的需求相悖。确实，如果来访者把咨询师的邀请看作问题的扩散，那么来访者可能回过头来关注问题；毕竟，来访者想控制问题，以防它们扩散到他的整个生活中去。要使一个人把问题撇开，并开始演化地认识活动，需要何种天赋和恩赐？要使一个人开始"聆听"来访者的问题而不是观察问题，又需要何种天赋和恩赐？你们不要以为拥有某种与此活动相关的观念是一件简单的事情。

一个人要想"聆听"问题，就必须设法让自己停止去对抗这个问题。在实施这一活动时，需要注意的是，咨询师必须意识到，来访者可能会暂时"撇开"这个问题，不再担心这个问题会把她毁掉。不论"这个问题"的内容是什么，所有的临床问题都具有某种相似性：它们都涉及建构性自我崩溃的威胁。当一个人面临这类问题时，允许其游离于问题内外，是基于这样一种意识，即自我仍能把握"我"自己，即使"我"开始注意其他东西，自我仍将继续保护自己不受威胁。一个人是怎样获得这种意识的？这就是咨询师开始涉足的地方，因为认知的过程是一种社会性的过程。

防御中的黛安娜出现了，为了保持平衡，她不得不大幅度地改变其姿势：她把左胳膊肘贴近体侧，左手掌却向外伸出，以便抓住她觉得必须抓住的任何东西，与此同时，她弯腰支撑背部的重量，她的右手放在背后，好像也在支撑着什么东西。这种姿势使黛安娜几乎无法行走；但是以此姿势站着，已足以保持身体平衡。然而，当黛安娜感到左手下面有某种依托时，将会发生什么情况呢？原来这是咨询师的手，它位于黛安娜几周来一直保持着的那种姿势的左手的下面。她从体侧松开胳膊肘，在确定胳膊肘仍以足够的重量悬着之后，她开始小心谨慎地将左手移开，并让咨询师托住左胳膊肘。左胳膊肘并未伸直；手臂却是自由的，无论何时都是自由的。"这只是短暂的休息。"她自言自语道。手臂重新获得自由是件好事。虽然手臂是自由的，但谁知道在它进行探索时又会发生什么情况呢？同样，她置于背后的那只手也必须移开，以便她挺直身子。这一过程可能要持续几个月，但是有些时候，黛安娜可能会意识到，她并不是暂时离开这些重物，而是彻底摆脱它们。当然，它们是旧的平衡，也就是旧的黛安娜，她曾不惜一切代价试图保持那种姿势，但是，她也开始逐步与旧的黛安娜相分离。杰西·塔夫特（Jessie Taft，1933）说过，治疗师是"贮藏陈旧自我的仓库"。但是在我看来，治疗师更像银行储蓄的收款人，而非铁锈斑斑的垃圾箱：他的真正作用是充当从主体移向客体的"桥梁"，即一个促进重新平衡的人。他是贮藏陈旧自我的仓库，但是新的自我最终将会重新聚集在这一仓库里，而且是颇具兴趣地重新聚集在这一仓库里。

由此可见，"建构-发展"的治疗师应该成为"现象学的"治疗师、"存在主义的"治疗师、以来访者为中心的治疗师。为什么这样说呢？因为他试图以不同的方式成为来访者平衡活动的参与者。我与之发生关系的任何一个人都是我平衡活动的组成部分，从这个意义上讲，他们成了他人；我根据我目前的平衡水平了解他们和把握他们。当治疗师并不根据保证（或它的解决，或它的解释）来对问题做出反应，而是根据拥有问题（或存在问题）的经验来对问题做出反应时，他们实际上正在向来访者提供一种最为亲密，而且未曾预期过的伙伴关系。这个伙伴并非作为世上的另一个客体，而是作为一个在平衡中密切配合的伙伴，一个帮助我了解意义建构经验的伙伴，一个在特定时间使我产生再认识的参与者。治疗师正在为来访者提供一种促进成长的文化。

这一情况表明，任何一种发展的干预，不论是教育的，还是临床的，都需要对他们所谈论的对象有一个更宽泛的概念。发展性教育模型已经提供了一种经验，它可以告诉一个人（他或她）建构的这个世界的局限或矛盾。这就是杜威（Dewey）的渐进说（progressivism）（1938）。借此理论，教师试图在极短的时间内帮助个体完成自然状态下需要一生甚至几生（假设他有几次生命）才能完成的发展。该模型与本框架是一致的，但是，其实它是不合适的，因为它未能全面地反映一个人的发展图景。一种旨在引发争议的干预，谋求的是提供一种可以诱发失衡的不一致。这种干预基本上是对平衡中的个体提出的，假定该人陶醉于平衡的自豪之中，需要一种崇高的苏格拉底式的渴望。这一概念在环境面临一种特定的意义平衡时，把干预者置于环境这一角色上；它把教师视作一个"有目的的环境"（intentional environment）。

我喜欢有关教师的发展性角色的概念，但这不是问题的全部。当世界具有足够的创造力以支配我们容易被激怒的注意时，我们一生中仍有许多时间处于失衡的状态。在这样的时间里，对演化性访谈来说，哪个参与者（环境还是意义建构者）最需要特别的支持？现在，发展论者对于如何参与到刺激发展的环境中去，已经有所了解；但是，我们是否知道，当意义建构者面临一个充满刺激甚至造成意义威胁的世界时，我们又应该怎样参与到意义建构者的活动中去或与他们做伴呢？

对当前的发展性干预模型最大的局限性在于，它是对某个阶段而言而非对个体。特里、黛安娜和丽贝卡都是个体，而不是阶段。唯我的平衡、人际的平衡和法规性的平衡描述了这三个女人正在分离的意义系统的一些情况，以及她们曾经赖以生存的生物系统的一些情况。这些系统是她们的创造物，但是特里、黛安娜和丽贝卡究竟是谁？她们是创造者，是意义建构者，而不是业已建构的意义。现存的发展性干预模型很容易地将目标变成"使人们达到先进的阶段",即异常地把关系还原为意义建构的演化。这些阶段(即使当它们处于最佳状态时)只是发展的指标。为了定向于这些发展的指标,就要冒失去"个人发展"(person developing)的风险,但是,比起我们与过渡阶段的人做伴(他们可能感到自己正在失去个人的发展),这种风险更不可接受。让我把个体参与意义建构的经历(而不是以这种或那种方式参与他们业已建构的意义)究竟意味着什么这一问题说得更加具体一些。从某种意义上说,治疗师把治疗环境作为一种植入性文化的意图实际上是一种共情的表述,这种表述长期以来与卡尔·罗杰斯的思想联系在一起,而且最近,根据不同的理论传统,它也与海因茨·科胡特(Heinz Kohut,1977)的思想联系在一起。我认为,这两种观点从共情(empathy)的角度考虑这些关系,确实可以有所收获。我认为,罗杰斯的**"来访者中心"**(client-centered)是最易被误解的一种技巧。问题出在罗杰斯身上,他未能把"来访者中心"与其人格理论清晰地联系起来,致使这种技巧不仅不恰当,而且变得更易受到抨击。尽管运用这一技巧的许多治疗师和咨询师不一定像我那样发表看法,但是,"来访者中心"显然不同于"把来访者对你说的话还给来访者""激发情感"或"提供支持"。和任何一种技巧一样,当它被一个具有特殊思想和希望的人具体化时(这个人正在设法把这些思想和希望通过这种"技巧"的中介带进他自己的生活中去),它就不再是一种技巧了。

从建构–发展的观点来看,治疗并非一件易事,但也不是不可能的。它的微妙之处在于下述事实,即治疗师实际上试图以一种异常亲密的方式参与另一个人的事务;他正在设法成为对来访者的演化有帮助的组成部分。治疗师需要创设这样的环境,不论他可能还要做其他什么事情,建立这样的环境是当务之急。在语言成为交际中的核心媒介的情况下，我不知道是否还有比"来访者中心"更加有效的建立环境的方法。倘若予以恰当的理解，它不失为一种极其有力的工具。

现在，我们探讨三个简单的例子，它们可以帮助我们在情境的治疗性反应（业已建构的意义）、情境的解释（对业已建构的意义的解释）和情境的体验（意义建构的体验）这三者之间做出区分[①]。让我们想象一下，我们正处在与洛兰（Lorraine）谈话的最初阶段。她一直在谈论她与其母亲和男友关系的变化：她认为在她的身上存在一些奇怪的行为，并对这些行为印象深刻。例如，她拒绝穿母亲为她买的她所喜欢的衣服；即使她知道与理查德做爱可以获得巨大的欢愉，但仍然缺乏性欲。思考一下以下的对话（洛兰和治疗师分别用 L 和 C 来表示）。

L—1：现在，已经到了这样的程度，差不多每件事都令我生气。

C—1：你怎么啦？

L—2：我也不知道……

C—2：你认为是什么原因导致你不穿母亲买给你的宽松裤？

L—3：我不知道……实际上，我对她并不生气。我更加在意理查德，不知怎么搞的，他的每个主张都使我发火。

C—3：请原谅我说出这样的想法，看来你好像对他们两人都生气，只要他们对你施加影响，你就发火。

L—4：哦，也许是这样的。可是不只母亲和理查德，还有许多人也对我施加影响，为什么我就不发火。譬如，我对贝齐（Betsy）就不发火

---

① 我能提出这一划分方法的思想，应归功于威廉·佩里，是他告诉了我这一信息。

（贝齐是洛兰最好的朋友，也是她同寝室的室友），我对肯（Ken）就不发火（肯是计划顾问）。

任何一位治疗师的反应都揭示了他的"所在"（where），在来访者向他传递信息时，他意识到，他"在"哪里，或者想在哪里。上述摘录的谈话是洛兰在陈述她感到生气，而治疗师的反应是把谈话从情境层面（不愿意穿宽松裤）引向了解释层面（为什么洛兰不愿意穿母亲为她买的裤子），于是谈话最终离开了其起点，显示出双重性。很显然，治疗师的"所在"似乎在"家"里，进一步说，很显然他的假设是，这种谈话应该在他的"家"里继续进行。相应地，作为一个好主人，他负责他们之间的共同体验，并在主人控制的环境里给来访者/客人以选择权。C—1和C—2的提问表明，他在引导来访者参与一种相互解释的过程，但是这等于要求来访者和他一起对来访者的经历进行审视。在L—3里，来访者/客人接受了这一邀请（在别人家里吃一顿饭总要比自己在家里准备一顿饭更容易），开始采取一种协助解释的姿态，但是在C—3中，治疗师明确宣称洛兰是所有宾客之最，菜单也已经准备好了；也许，治疗师在心里已经对此有所安排。到L—4时，来访者已经稳稳当当地处于客人的位置，而且跟着指挥者、治疗师、主人在屋里兜圈子了，从而实现了现象学所提示的临床路线的逆转：在一开始，谈话从体验转向情境，然后转向解释；到了中间，"家"被假设为是治疗师的，于是治疗师处于主导地位；到谈话结束时，来访者开始与治疗师一起顺利地检查和清理屋子内部了。

现在，请看第二位治疗师的交谈内容。

L—1：我现在甚至无法做出决定，要知道，我原来不是这样的。我已经习惯了这一点，那就是我知道我想干什么，但是，现在我似乎觉得，不论我走向哪里，我都将丢失某些东西。所有那些引导我的目标，我猜想我已经全都失去了。

C—1：那些帮助你做出决定的目标是什么？

L—2：我不知道，我也讲不清楚，总之，像"我准备成为一名医生"之类。以前，我感到这些想法是对的，我也是对的，或者我可以使这些想法成为对的。但是，现在的情况似乎有些不对劲，我感到好像有些东西会爆炸，可能就是我。

C—2：你也许对为什么会发生这种情况有些想法吧？

L—2：对……哦，实际上没有一件事是有意思的。（停顿10秒）我猜想这就是我来到这儿的原因。你觉得怎么样？

这里，在洛兰的最初陈述中，她既传递了情境又传递了某种内在的体验。所谓的情境，是指她变得无能为力；面对选择，她已无法可靠地与自己商量。在内在体验上，她所说的意思也许是，"我觉得地皮好像在我脚下裂开了；我没有结实的地方可以站立。不论做什么事，我都会伤害到自己或别人，可是，无所事事也会造成伤害。比起以前的我，我现在成了十分不同的人，我不喜欢这样。我感到，我必须在失去的东西和我不能选择的东西之间做选择，而我已经失去了一些我所珍视的东西——我的方向、我的目标"。

治疗师的反应（C—1）表明，他的"所在"不在于来访者的内在体验，而在于她的情境中；不是她建构意义的体验，而是她业已建构的意义。治疗师可能认为他的任务是解决洛兰的问题或是帮助她自己去解决问题。治疗师还可能感到，沉湎于不良感觉并不能解决问题，而是需要寻找内在的力量和源泉来驱散沮丧和失望。相应地，他可能会从洛兰之前的目标中找到这个力量和源泉，以此引导对话，帮助她找回失去的东西。在洛兰的回答中（L—2），她不仅回答了相应的提问，而且补充了一点东西：现在，没有一样东西是对的；她与这个世界所具有的不论什么渐变都已告结束。她的内在体验（焦虑、拘束、惊慌、孤独，以及与以前的不同）未被听到，在她与治疗师共享的空间中也未被见到，因而再次要求被认可。但是，治疗师坚持他的话要被听到（C—2）。比起上一次谈话中从事解释的治疗师，他更深了一层，但是，他仍然定位于情境。也许，他有一种解释，但是，在情境得到解决之前，他不相信它会被听到或者洛兰会对该解释做出反应。他甚至可能有意使洛兰不能回答问题，从而把他视作"良师"，这位良师在"学生"的问题尚未提出之前，不做任何回答。在洛兰的最后回答中，她说她无力解决问题，但是她已经发现，无论如何，谈话的中心只有一个，那就是解决她的问题。她的提问部分，即使她不知道是否被听见，但事实上已被否认了。因此，到了最后，那只在她看来坚持要玩的皮球，传到了治疗师这儿。一个可能的结果是，治疗师将操作这只皮球（如果他希望它能一直吸引来访者的注意），或者，由于天黑而使球赛中止。

请看第三位治疗师的交谈内容。

L—1：现在，到了这样的程度，他所说的哪怕是再小的事情都可能使我发火。

C—1：噢，你就是因为这个才到这里来的吗？

L—2：对……哦，不完全是，我……我不知道，我猜想……［沉默了10秒］

C—2：也许，所谓的小事有可能迅速地变成……

L—3：说得对，这些小事把我控制住了，它在我体内生长。例如，他说了一些事情，可能是小事，诸如我们是否应当学点中文或吃海鲜等，而我就把它放在心上了，并且感到它在我体内扩散。我不喜欢那样。

C—3：于是，你就觉得现在无法太接近他了？

L—4：正是。好像他成了一种威胁，可是这是另一回事，实际上这不是他的过失，我的意思是说……

我们可以根据情境或洛兰描述的问题考虑她最初的陈述，我们也可以根据经验考虑她最初的陈述。在治疗师的回应中，他选择后者作为他发言的切入点，而且他十分清楚，这就是他的"所在"应该驻足的地方。但是，这不是他的"家"，现在他成了客人。他感到陌生，并且模糊地观察。相应地，他第一次试图让洛兰知道，房间里有另外一个人存在未必是件好事。她并没有真正地按他设计的方式做伴；那也不是她想进入的一个空间。不要以为她有一大堆愤怒等待着被释放。治疗师的话具有制止洛兰的效果，她现在站在治疗师指出的这条小胡同里，而治疗师现在能够更加清楚地看到的，恰恰就是他曾经没有能清楚地看到的东西。他知道，所谓的沉默是"他的沉默"。他的时间不多。他用不同的方式进行尝试，在他找到适当的方式之前，洛兰却走了。第三位治疗师像前两位治疗师一样坚持实施他的假设（何处该是他的"所在"）。唯一的区别在于：由于他的假设取决于洛兰，他是三位治疗师中唯一能从某人的谈话中发现自己并未完全达到目标的人，这里所谓的某人，当然是指洛兰。

当治疗师从正在了解的角度而不是业已了解的角度着手时，对来访者来说，这可能意味着一种失落的体验。我失去了我的防御性平衡希冀控制的这个人，通过他，我也希望控制那种平衡。但是，如果治疗师能够建立这种不同寻常的联系，那么他对主体而不是客体的把握（联结自我而不是他人）可能最终促使来访者从植入的文化中［"有某个人正在控制着（旧）我"］摆脱，并且可以发现，治疗师原来是世界上以新的方式存在的新的他人。

这就是建构 – 发展观关于转化的思考方法。来访者 – 治疗师的关系重塑了当前关于意义建构的方式，如果咨询涉及意义建构的演化，那么来访者 – 治疗师的关系也将重筑。当然，这种联盟的具体情形在不同的阶段也会有所不同。在这个过程中，治疗师通过了解他正在与哪种新近显现的平衡寻求联系，以及正在与哪种设法回避的防御性平衡成为同谋，从而获得帮助。演化的自我平衡的序列揭示了设置圈套的历史，来访者的失衡可能因为治疗师的轻信而建立（更别提治疗师的猜疑了）。这里所谓的圈套相当于诱惑，它是治疗师永远难以对付的敌手，因为在咨询活动中，诱惑就意味着放弃。

例如，在与特里的谈话中，特里的"问题"为她带来了超越唯我平衡的发展机会，问题是她与治疗师是否必须实施一种沙利文所说的"合作"（cooperation）（两个操作者都在花时间，意欲从对方那儿获得自己想要的东西）或"协作"（collaboration），在这种协作中，双方关注的是对方的经验以及关系的增进程度。在任何一个发展的关键时刻，治疗师必须区分他应该提供给来访者的方式，以及他不该提供给来访者的方式。在这样一个特殊的关头（2 ~ 3 转化阶段），我希望我的言语和行动由一种内在的会话来传递：我不会放弃她，我不会跑出房间，我不会由于她对我说了些不中听的话或向我提出了什么要求而拒绝她，也不会由于她表现出那种设法拯救自己生活的态度而对她横加指责；我将试着去识别她关于安全和控制的渴望，甚至这种渴望意味着对我实施控制，也不会在乎；但是，在我与她合作时，不论她是否在实施她的旧我（旧的整合），还是在试图操纵我的自我，我都不会放弃她。

我不想对特里的鉴定者撒谎；我不愿意无休止地容忍特里的迟到或毁约；我也不会借给特里 5 美元。为什么呢？我之所以这样做，与我担心被特里所利用的事实无关（尽管我确实担心过）。那么，到底是为什么呢？借给特里 5 美元可以被视作发展上的一种合适的姿态，一种对她表示信任的方式，一种向她提供支持的机会，以便她担负起两人关系中自己所应负的责任。如果我们探究这种观点，它可能有助于我们在发展的临床治疗师和发展的教育者之间做出区分。首先，借钱一事使治疗师从成长机会的保护者转变为成长机会的创造者。在咨询关系的初期，若想扮演创造者的角色，就一定要冒保护者这一角色的风险，因为它会将一种"检验"性质渗透到关系中去，并会给来访者带来负担，因为来访者会觉得治疗师对来访者的行为和选择是有某种依赖的。这从根本上改变了他们之间的关系。其次，借钱的想法误解了目标，即促进发展意味着"从一个阶段转向下一个阶段"。这就好像说，多赚些钱的方法是得到较高的工资一样。特里发展的结果是从阶段 2 转向阶段 3，治疗师参与的正是这一发展过程。若以这种方式参与，那么他就必须拒绝其他的参与方式——不论这种参与的动机多么良好。虽然借钱给特里可以表示对她的一种信任，但是借钱本身也等于满足了她的一种期望，我认为，治疗师应该更大胆一些，大到不去满足这种期望，就特里一方来说，她将与治疗师一起继续以她原有的方式去了解她所了解的，只是更多；她将使他成为旧的整合的客体。

然而，治疗师是"有所帮助"（be of help），而不是"提供帮助"（give help）；他只有通过认识实际上发生的事才能有所帮助。由于特里根据旧的演化停滞的想法拒绝被了解，所以她可能体验到一种丧失。她可能生气和沮丧。这些体验也是治疗师必须承认并加以珍视的。实际上，这可以成为与她的意义建构（而不是她业已建构的意义）进行联系的开始，而她的意义建构正是治疗师所寻求的。特里可能会感到生气和沮丧。但是，如果一个人已经开始从植入的文化中摆脱出来，他的某个部分已不再完全处于平衡状态（这可能需要治疗；但是，如果不存在失衡情况，一个人就不会前来求治），那么治疗师拒绝将其视作处于旧的平衡中的客体，也不是完全没有道理的。在我身上出现新的东西，尽管我不知道它是什么，并且它十分虚弱，但我的这一面是应该受到欢迎的，如果治疗师接受了我的显然要求被关照的那一面，但却设法与之争论，那么我的那一面将会感到沮丧。如果治疗师拒绝将其纳入旧的整合中去，那么我甚至可能会感到"宽慰"；因为，治疗师已经认识到一个新近发生的紧急情况，而这个紧急情况就是我。

我在这里实际上谈到的是一种有关**边界设置**（limit-setting）的生命发展法。设置边界不是为了建立权威，也不是为了对治疗师进行保护（尽管边界具有这样的功能，治疗师也必须受保护），而是为了认识一个成长中的个体最为深刻的矛盾心理，支持其表达最微弱和最新的声音，为其从主体向客体的转化过程提供解决这种**投射的矛盾心理**（projected ambivalence）的机会。

如果我遇见黛安娜，我的早期选择可能由下列的内部对话来展示：我不会离开她，她引起了我的注意和关注，我努力按照她体验事物的方式去理解她的体验，包括她企求支持和关心的渴望，甚至关心他人（包括我）的渴望。但是，在与其相处期间，我将设法不让自己被融合；我将设法不让我们的时间由我们双方共享，或者把我们的时间用于我们正在做的事情，而是让她知道这是她的时间、她的位置，以及她工作的一个机会。

当旧的整合、旧的停滞必须与来自人际关系的新近出现的自我相处时，一个人可能从现象的、经验的、咨询的角度体验到困难，这些困难并不仅限于一个人因为对咨询关系不熟悉而做出的临时性调整；一个人为自己能够更好地发挥作用而前来咨询，该事实表明这个人正处于成长的边缘。要我作为来访者去体验治疗师的注意是困难的，对于这位陌生人，我寄予希望，而且，我只知道用我一直把握人的方式去"把握"这位"陌生人"。在令人感到如此亲近、如此密切的关系中，我却缺乏应该怎样去维护、保持和加强这种关系的线索，缺乏我应该如何回报，以及他想获得什么回报的线索，这是不是有点怪呢？我该怎么办？我总是从自己的角度考虑问题。在最初的几小时内，我讲了许多话，我猜想他试图了解我，并将告诉我，我的问题出在哪里，以及我该做些什么。我想，无论如何他会把握它，可是他并未这样做。

来访者可能会在某些时间的边界强烈地体验到欢迎的强度、分离的困难、如此亲密但又不了解它意味着什么的感觉等方面的困境。所有这些可能与一个人既想拥有个人空间又不愿意感到孤独有关。

我不知道在意义建构的演化中的哪一个时刻，治疗师应该不再根据与来访者相分离的参照框架来发言。来访者的防御方面急于在这两种参照框架之间的空间上安置自我，如果允许这种事情发生，治疗师将放弃一个宝贵的机会。这是因为，虽然治疗师拒绝进入旧的整合有可能被感知为一种抗拒，但它也创造了来访者从旧的整合中摆脱出来的安全环境。当治疗师看到来访者宽慰的表情时，没有什么东西能使治疗师更加确信这一艰难的拒绝，它表示来访者已经开始把拒绝看作邀请（也许，这对来访者来说是有生以来第一次），从她的自我背叛中获得安全。

他们的关系的演化就是罗杰斯所描述的心理治疗中最基本的东西："从仅仅为了满足他人的期望而生活，根据他人的眼光和意见而生活，过渡到具有自己的情感、自己的目标、自己的想法，并以自己的名义来生活的人；从被驱使和被强迫走向负责的选择"（1959，p.310）。但是，我们可以看到，这一描述并不十分确切。而且，虽然它正确地描述了一个人经历这种过渡时这种转化是如何被感觉或理解的，但它忽视了它被经历时的体验。被他人"强迫"？"一个以自己名义生活的人"？不再"依据他人的眼光生活"？"自己的想法"？然而，以往对我进行强迫的不是别人而恰恰是我自己！所谓他人的眼光，实际上也是我自己的眼光。以前的我也有自己的想法，也是一个以自己的名义生活的人。我们从罗杰斯的描述中获得的印象是，自我正在与一个作为他人的自己相分离。从新的自我的观点来看，这似乎是一种正确的描述，但我们正在谈论的是过渡过程，那么不仅仅是回顾性的，而是按照那时的体验去理解它就变得十分重要。在过渡期间，自我并不与那个界定或指导着自我的所谓他人发生关系。从现象学角度说，过渡不是自我从他人的影响中解放出来，而是对他人的创造（发现或发明），对一直被当作自我的他人的创造。

如果我遇见丽贝卡，我可能用如下的话提醒自己：我不会离开她；我关心她、注意她，努力按照她体验事物的方式去了解她的体验，包括她对维护她的尊严、她的自尊、她的内在完整性的渴望，以及对私人事件和公共组织的忠诚等。但是，在与她相处期间，我将设法不被招募到一个合作项目中去，既不成为一个行政管理的顾问，也不成为某种信仰、隐性协议或私了方式（我们的关系通过它可以得到调节）的宣扬者。

在阶段2的边界上，意义建构对那种根据"容忍"的程度来接纳治疗师的情境构成了威胁，因为对来访者来说，存在与他是否能建立信任关系的基本问题；而在阶段3的界限上，意义建构对那种根据参与和基本问题相融合的程度来接纳治疗师的情况构成了威胁，因为对来访者来说，这种基本问题涉及一个人能否声明自己的立场而不影响关系。阶段4的威胁是，治疗师被视作自我在成为心理管理者进行操作时的一个搭档，因为对来访者来说，这时的基本问题是，一个人能否作为组织管理者（与自己或他人）建立一种关系。

在那种"行政管理"以公开的思想形式表现于外的情况下，由旧的停滞发出的邀请相当于把咨询环境建成一个**志趣相投的信仰者（like-minded believers）**的团体。当然，这有赖于治疗师是谁，但是以此方式建构世界的人们，在选择一位治疗师时首先会做出这些考虑。因此，所谓"我们志趣相投的信仰者"可能意味着我们女人、我们男人、我们南方人、我们知识分子、我们心理学家、我们接受治疗的人——总是假设我们有共同成员和共同理解，这些共同成员与共同理解超越了治疗关系，但同时对治疗关系加以界定。

在没有外部思想的情况下，我们仍须努力把握或谋取治疗师对内部管理的使命的忠诚（长期以来，这种内部管理一直是指自我）。一个人的渴望和悲伤、恐惧和欢乐，往往不是率直地报告出来的；它们要通过自我系统的调节后再报告出来。治疗师能逐步体验这种关系，就好像他在另一位治疗师的监督下面对第三方困境。一个人如此投入地维护一个内部认同的"角色"（也就是说，这个人对其本人来说已是公开的，并指望自己的行为符合这种特定的角色）以至于治疗师在与某个承认这种自我衰退的体验的人接触时，可能会感到害怕或危险。

然而，如果不这样做，那就又一次放弃了一个人已经出现的紧急状况。由于我们渴望联系、联合，渴望在最需要帮助的地方提供帮助，从而掉入这些陷阱。但是，此时此刻，对个体来说，没有一样东西能比下列几种人际关系更具治疗性了：一种人际关系是，某个人是我团体中的一名成员，是我价值系统或思想的组成部分，但他拒绝把我们的关系建立在这种基础之上；另一种人际关系是，某个人坚持与我谈话，但我发现他站在我的背后操纵着谈话；再一种人际关系是，某个人面对面地注视着我，并说出了诸如此类的话："因此，你就感到完全失败了吗？""你好像是在自言自语地说'我不能再起作用'……""你对自己感到羞愧吗？"你可能会认为，我听到这些也许会感到可怕，然而，并非如此。

如果它们不是这样，那么是不是因为它们无法证明治疗师所重视的那个人是处于意义建构中的那个人，而不是处于"表演"（那是阶 4 业已建构的意义）中的那个人？是不是因为这些陈述无法向站在该表演后面的某个人证明谁可能害怕、谁可能羞愧，以及谁值得我们关心？

我一直在思考建构－发展理论对实践的启示。我的核心论点是，"实践"不只是具有自我意识的实践者的活动，对自然疗法的研究本身也可以指导心理学知识的应用。我已经讨论了自然治疗环境（植入的文化）在考虑心理支持和"预防"实践时所提示的方式。我已经提出咨询或心理治疗（不论它们包含其他什么东西）必然涉及创造一种作为植入文化的治疗环境。在本书中，我已经指出，这种框架的一个显著特征是，它创建了一个能使各种支离破碎的问题得以重新联结的共同基础。就理论层面而言，它试图在发展的、存在主义的和客观关系的理论之间架起桥梁。就概念层面而言它已经涉及一种理解认知与情感、个体与社会之间关系的新方法。就实践层面而言，我们在本章中已经看到，它涉及了预防－支持心理学（preventive-supportive psychology）与改善－临床心理学（ameliorative-clinical psychology）之间的关系。现在，我想提出最后两个问题，在我看来，这两个问题迫切需要重新介绍，而本书的框架似乎已经给出了这种介绍。我指的是，在考虑治疗过程的同时，需要考虑治疗的目标。

任何一种适用于临床心理学的框架必须能够提出两个十分重要的问题：治疗师关注的过程是什么？为什么这种关注被证明是正确的？第二个问题，即关于治疗目标的问题（它总是被忽视），严格地说，并不是一个心理学问题，而是一个哲学问题。没有一种严格意义上的心理学框架希望提及它。任何一种严格意义上的心理学框架留给其追随者的都是一种超理论的模型，借此去证明运用其理解的正确性。这就意味着，对一个人的理论的持续挑战和完善并不必然地与该理论应用的目标及其检验有关，意味着框架本身不能产生一种有关其用途的讨论，意味着目标和用途的问题是该学科不予考虑的。这是一个充满危险的情境。

例如，行为疗法为塑造行为提供了框架。但是，它在这种疗法的目的是什么这一问题上却缄口不言。这些问题是由专业行为治疗师所掌握的，其他一些有价值的框架引导的。就我所能看到的而言，行为理论既不能保护来访者免遭医生的武断偏爱，也不能保护医生免遭来访者的武断偏爱的影响。

让我们提出三种不同的方法来探讨目标问题。第一种方法为"健康的标准"（the norms of health）；第二种方法为"人本主义的无标准化"（humanistic normlessness）；第三种方法为"成长的标准"（the norms of growth）。前两种方法分别以精神病学和伦理学的相对主义为基础；它们在今日仍很流行，但我认为两者都是武断的和危险的。第三种方法是基于建构－发展的框架提出的；它建立在自然哲学的权威之上，虽然它像本书的其他观点一样，值得用怀疑的目光进行观察，但我认为这种观察是值得的。

不难发现，以"健康"为基础的心理治疗，就其框架而言，与传统的精神病学和反精神病学的人本主义心理学的目标是一致的。对前者来说，它定向于疾病和疾病的解除。譬如，医生和抑郁症患者的关系类似于医生与骨折患者或病毒感染患者的关系。对后者来说，它定向于健康，这种健康不仅涉及症状的消除，而且涉及"充分发挥作用"或"自我实现"。尽管这两种观点有所不同，但它们都趋向于以人们的合理评价为基础的目标。在马斯洛（1954）看来，趋向自我实现的运动应当包含以下一些定向：

- 更能洞察现实，更能适应现实；
- 更能接受自我、他人和自然；
- 更具有自发性、单纯性和自然性；
- 更能以问题为中心；
- 更加追求独立，对隐私和隐居更感兴趣；
- 更加自主，独立于文化和环境，更具有自我意志，更注重能动作用；
- 更能精神饱满地欣赏个人以前所体验过的东西；

- 更加公开和更加经常地达到高峰体验；

- 更具有社会情感（gemeinschaftgefühl）；

- 更深入和更深刻地体验人际关系；

- 更加民主；

- 更能辨别手段与目的、善与恶之间的差异；

- 更加哲学化；

- 更具创造性；

- 不屈从于社会上存在的文化类型，超越特殊的文化；

- 更多地用二分法解决问题。

　　上述这些是科尔伯格（1972）称为"美德"（virtues）的东西——一种以健康或充分发挥作用为特征的人格。正如科尔伯格所说："美德可以观察到的意义与心理上模糊的和伦理上相对的常规标准有关。"（p.478）心理学家们并未能广泛地、一致地证实这些目标。正如巴塞奇斯所说："那些认为他们可以就心理健康问题达成一致的精神病学家必须清楚地表明他们所做的观察既是独特的又非武断的……作为精神病学家，他们的地位并未给他们所支持的价值提供任何特殊的合法性，如果这些价值未能被哲学的证明所支持。"（1976，p.6）

　　如果认为我们关于健康人的概念不受特殊环境或偏见的影响，那么这是在欺骗自己。对我们来说，下面这种说法是成立的，即在极权主义国家惹上政治麻烦的人常常被关在精神病院，那里的精神病医生很清楚，他们所采取的行为完全是政治性的，而且实际上针对的是社会控制而非个人的健康问题。但是，美国心理健康工作者是否也有可能在健康这个概念上，由于受到"顺应目标"（goals of adjustment）的影响而导致同样的（也许是不知不觉的）社会控制呢？有多少妇女由于在孩子抚养问题上表达了对她们的丈夫、她们的文化和她们自己的愤怒，而被治疗师诊断为有病、"有权威问题"、有不适当的包容愿望（依赖父母、依赖男人等）呢？定向于健康的目标，不论这种定向是消极的还是积极的，都使得一些人按照武断的，易受特定阶层、性别、性偏爱、年龄、文化等偏见影响的标准来"对待"另外一些人，并对之采取行动。诚然，"疾病"很容易成为"我们不喜欢的行为"（它使我们不舒服、生气，或者它不是我们希望孩子拥有的东西），而"充分发挥作用"则是我们喜欢的行为。萨斯[①]（Szasz，1961）的研究之所以如此重要，主要在于他提出了"精神病是一种神话"的说法，但是我们仍需要某种新的思路去思考萨斯所谓的"生活问题"，这些问题有助于我们理解生活中的痛苦、瓦解和希望——它们对我们生命的意义；这是一种对萨斯所谓的道德本质的理解，一种保护来访者免受治疗师偏见之影响的提法。

在实践中，许多治疗师和咨询人员变得无目标了，他们把尊重来访者看作临时地"生活在"来访者的目标之中。他们可能会这样说："我不是来评判来访者的，不论来访者的目标、信仰或价值是什么，他们具有对他来说是恰当的智慧。"治疗师对每个人业已建构的意义的整合性和独特性的关注使他们相信，在建构意义方面，不存在所谓的一种方法比另一种方法更好，而且把个体自己的变化方向的概念强加于另一个人也是不正确的。我想指出的是，虽然这种观点有许多值得钦佩的地方，而拒绝把价值强加于他人也确实是一种伟大的发现，但不容忽视的是，这种立场存在许多十分严重的问题。首先，它把治疗师是否愿意和来

---

① 托马斯·萨斯（Thomas Szasz），出生于匈牙利的美国精神病学家，"反精神病学"
动的代表人物，代表作《精神疾病的神话》。——译者注

访者共享一个过程的判断，与治疗师是否愿意对来访者做出的判断相混淆；后者可能被认为是对人们的容忍和尊重，但前者却被认为是不负责任的。其次，也是更加重要的是，它把整合性与有效性混淆了。这是一种关键的区分，已为我们关于发展过程的概念所阐明。

治疗师所认为的在建构意义方面，无所谓一种方法比另一种方法更好，这种观点并不能完全说是非武断的。这既是一种哲学上的混淆，也是一种心理学上的混淆。从哲学上说，它把主观的不可避免性（即没有绝对的真理；我们每个人都在制造我们自己的真理）与我所认为的不可能，非武断地比较这些主观性这一错误观念相混淆了。后者不是伴随前者产生的。从心理学上说，这种信念把临床医师无条件地积极关注另一个人的意义建构活动的需要，与我所认为的临床医师必须把一切业已建构的意义都视为同样有效的这一错误意识相混淆了。后者也不是伴随前者而产生的。我并不对一个人正在建构意义的活动做出判断，但我必须承认，我确实以一种间接的方式对一个人业已建构的意义做出判断。人与人之间并不存在谁更好或更差，每个人都具有一种绝对的整合性。但是，人与人之间在阶段或演化的平衡（业已建构的意义的结构）方面却可能有好有差，阶段具有相对的有效性。实际上，各种演化停滞的有效性并不一样，也正是这种不同，为我思考如何实施咨询提供了基础。例如，为了避免前面讨论过的陷阱或圈套，我根据一个阶段而对另一个阶段做出判断。我不会公开我的判断，这不是因为在我看来这种判断本身是不正确的，而是因为我认为这样做毫无益处。但是，我在提及新近出现的体验时实施了判断，我根据一个人是否有机会从不太成熟的演化状态向成熟的演化状态转变来评价我们彼此的过程（这种评价是根据机会是否被呈现来做出的，而不是根据一个人是否发生转变来做出的；后者是治疗师无法把握的）。

必须注意的是，整合性与有效性的区别，是如何对许多治疗师在探索来访者中心疗法时所体验到的问题产生影响的。"我怎样确认来访者的体验而不被认为一定要同意或接受他的框架？"这个问题本身就是一个问题。"我怎样证实这个人试图使世界一致起来的整合性，而不会显得是去证实或否定这个人试图使世界一致起来的有效性？"上述问题的答案，存在于我们与那些正在实施意义建构的人所进行的严谨设计的谈话之中，而不是存在于这个人业已建构的意义之中。我们由于关注阶段而非过程，致使我们被误导的事例还算少吗？

与强调健康标准和人文规范缺失这两种方法相比较，建构－发展的观点为成长的标准提供了基础。科尔伯格的一个最为重要的并长期引起争议的观点是，干预的目标无法仅仅从科学或社会科学中获得证明。心理学能够研究和表明人格的变化，但要决定一种变化是否更可取则是一个哲学问题。同时，我们的标准不能单单取自哲学；它们必须考虑或解释现实，即自然中存在的东西；鉴于发展的标准问题，它们还必须考虑生物学的现实。

健康的概念是一种生物学的概念，但是，它们并不适合哲学分析；没有办法来评价它们的真理价值。然而，正如我在这里界定成长或发展的概念那样，这些概念却可以做到这一点。一种框架，若其本身能够产生可以证实的目标，则它必须超越心理学的范畴；它也必须是哲学的和生物学的。正如图9–1所表明的那样，这是建构－发展框架的本质所在。它是生物学的、心理学的和哲学的；它研究有机体与环境的关系（即生物学家所谓的"适应"），也研究自我与他人的关系（即心理学家所谓的"自我"），它还研究主观与客观的关系（即哲学家所谓的"真理"）。建

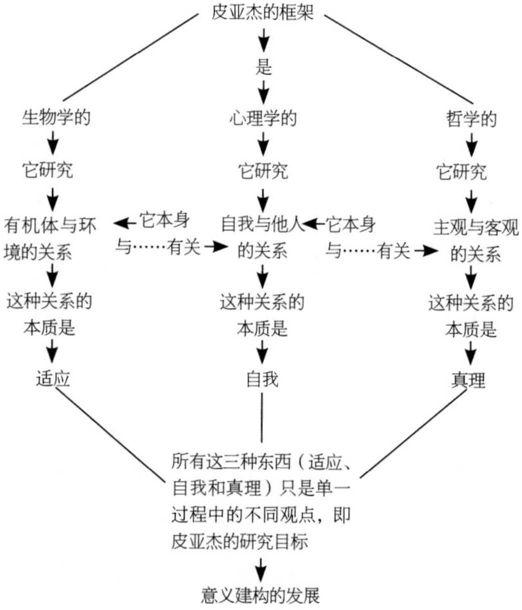

图 9-1 的内容

```
              皮亚杰的框架
                  ↓
                  是
      ┌───────────┼───────────┐
      ↓           ↓           ↓
   生物学的      心理学的      哲学的
      ↓           ↓           ↓
    它研究        它研究        它研究
      ↓           ↓           ↓
  有机体与环境  ←它本身  自我与他人 ←它本身  主观与客观
   的关系    与……有关  的关系   与……有关  的关系
      ↓           ↓           ↓
  这种关系的     这种关系的     这种关系的
   本质是        本质是        本质是
      ↓           ↓           ↓
     适应          自我          真理
      └───────────┼───────────┘
                  ↓
           所有这三种东西（适应、
           自我和真理）只是单一
           过程中的不同观点，即
           皮亚杰的研究目标
                  ↓
            意义建构的发展
```

图 9-1　适应、自我和真理的互补性

构 – 发展的框架研究这样一种环境（意义建构的演化活动），它涉及自我、适应和真理。它既是一种心理学的框架，也是一种生物学的框架，还是一种哲学的框架。虽然这一点还不能证明其智慧，但它却使这种框架成为一种考虑哲学和自然科学等问题的极有前途的框架。

这种框架提出了一个可以证实的概念，即发展是"自然哲学"（natural philosophy）的过程，后面的阶段之所以"更好"，并不是它出现得更晚，而是因为从哲学角度看后面的阶段具有更大的真理价值。那种流行的，以更大的分化和更大的整合为目标的心理学概念，在这里获得了实质性的和可以证实的意义。每一种新的演化停滞进一步把自我从其植入的世界中分化出来，以一种性质上崭新的方式保证了这个世界的独特的完整性，从而创建了与这个世界的更加整合的关系。每一种新的演化停滞通过主体的减弱和客体的增强而宣告完成，这是一种涉及主体减弱和客体增强的演化过程，一种更加"真理化"的演化。

当我们谈到真理时，有些人可能会发火，因为他们声称了解"真理"。我并不认为自己了解"真理"；我甚至不能肯定我所了解的"真理"究竟意味着什么。我确信的是真理涉及什么。它是一种活动，一种与平衡有关的活动。而且，从心理学观点来看，它是一种与人格一样的活动。

一种与真理有关的成长定向不会使治疗师的谈话成为判断性的或预言性的。真理是建构的，而不是听到的。建构－发展的临床工作人员把他自己定位于成长过程。他并不把来访者的失调视作他的疾病或他的毁灭，而是把这种失调视作来访者成长过程中出现的痛苦。临床工作人员是一个现象学家；他采取内在的观点；与此同时，在他看来，意义建构不只是一种主观的东西。他力求促进的发展就是真理的成长。追求真理的事业并非一个临床工作人员唯一的职业，但却是唯一可以合理地对人的生活进行干预的东西。任何一种其他的基础（即使各方都认同它）能否使自己从习俗的偏见中摆脱呢？

如果说发展的框架必然会引发目标的讨论，那么，这种讨论看似在健康的目标和人本主义的无标准之间做出选择，实际上是在法规性平衡的思想类别和这些类别的相对性（它们出现在法规性平衡和个人间平衡之间的过渡时期）之间做出选择。如果在精神病学领域内，人们对类别的意义存在广泛的疑问，并努力建构至少部分地定向于患者体验的新的诊断指南，那么，可以更加公正地说，心理健康领域正在高于法规性平衡的水平上演化着。由此看来，它是这一过渡阶段的主要任务，甚至是在一个人出现"自我评价的抑郁"时面临的一个任务。

摆脱这种不适的方式可能基于这样的考虑，即人格的先前基础（或者说一种背景，任何一种关于自我力量、防御、性格等的进一步考虑都是在这一背景下继续的）是一种与真理有关的活动。只要我们的目标系于这种过程（一种与性别、年龄、阶层或文化无关的，并为所有的人所共享的过程）那么心理实践的来访者就有希望摆脱治疗师的武断偏见。一种理论，只要继续维持对其自己的发展，则它便会使我们用一种非折中主义的方法保持诚实。运用这种理论意味着给自己强加一种纪律，并允许一个人将无法被证明是正确的特殊偏见放在一边（正如现象学家可能会说的那样）。从建构－发展的观点来看，有些问题是很难有定论的，因为建构－发展的观点不同意虚构的、铁板一块式的分类（Henderson，1979）。

一个来访者需要保护的主要东西是治疗师对来访者未来的希望，无论这些希望可能多么宽厚和富有同情之心。建构－发展的观点引导我们对每种希望进行分类，除了真理的成长。希望一个人变得更加可爱和更加温和，成为更好的父亲或母亲，更加自然和更为幽默，坦然地面对恐惧、赞美或嘲讽的体验，等等，这些希望不算苛刻吧？难道我们不该关注这些希望吗？在我看来，这些东西听上去都是合理的希望。事实上，我确实关心它们——如果我在治疗中看不到这些发展，我便不能成为一名治疗师。同样，它们也是我的希望。我关心它们，同时更关心的是他们不要受到他人所推崇的价值观的武断影响。这种伴随着产生的"关心"不仅是"我的价值观"的组成部分，而且其本身扎根于有关真理的心理学和哲学的发展之中。它产生于对他人独特性的认识。

随着人们的成长，也许他们确实变得更可爱、更文雅了；但是，也许他们并不如此。如果他们并不如此，那么尽管我们可以继续希望他们改变（这些也应该是我们的价值观念），但来访者仍然需要被保护，以免受到我们希望的影响。“真理的事业”要比我们原先想象的包含更大程度的个人作用，然而，事实是，在一个人们越来越多地求助于“心理健康专业人员”的世界里，这些专业人员必须明白，人类的许多人格因素与他们无关。

Angyal, A.1965. *Neurosis and treatment: a holistic theory*. New York: Wiley.

Argyris, C. and Schon, D. 1978. *Theory in practice*. Reading, Mass.: Addison-Wesley.

Arieti, S., and Bemporad, J. R. 1980. The psychological organization of depression. *Journal of Psychialry* 137: 11.

Bakan, D. 1966. *The duality of human experience*. Chicago: Rand McNally.

Baldwin, J. M. 1906. *Social and ethical interprelations in mental developmenl*. New York: Macmillan.

Bandura, A. 1969. Social-learning theory of identificatory processes. In *Handbook of socialization theory and research*, ed. D. A. Goslin. Chicago: Rand McNally.

Basseches, M. 1976. Development as the aim of higher education. Unpublished manuscript, Harvard University.

—1978. Dialectical operations. Ph.D. dissertation, Harvard University.

—1980. Dialectical schemata: a framework for the empirical study of the development of dialectical thinking. *Human Development* 23: 400-421.

Beck, A. 1981. Cognitive theory of depression. Paper presented at APPA.

Bellow, S. 1965. *The adventures of Augie March*. New York: Crest.

Binswanger, L. 1963. *Being-in-the-world*. New York: Basic Books.

Blakeney, R., and Blakeney, C.1977. Knowing better: delinquent girls and the 2-3 transition. Unpublished paper, Harvard University.

Blatt, S. M. 1974. Levels of object representation in anaclitic and introjective depression. In *The psychoanalytic study of the child*, vol. 29, pp. 107-157. New Haven, Conn.: Yale University Press.

Blatt, S. M., D' Aflitti, D., and Quinlan, D.1979. Experiences of depression in normal young adults. *Journal of Abnormal Psychology* 85 (4): 383-389,

Blos, P. 1962. *On adolescence*. New York: Free Press.

Boring, E. G. 1930. A new ambiguous figure. *American Journal of Psychology* 42: 444.

Bowlby, J.1969. *Attachment*. New York: Basic Books.

—1973. *Separation: anxiety and anger*. New York: Basic Books.

Broughton, J. M. 1975. The development of natural epistemology in adolescence and early adulthood. Ph.D. dissertation, Harvard University.

—1978. The development of concepts of self, mind, reality, and knowledge. In *Social Cognition*, ed. W. Damnon. San Francisco: Jossey-Bass.

Buber, M. 1960. *The origin and meaning of Hasidism*. New York: Horizon Press.

Burlingham, D., and Freud, A. 1942. *Young children in war time*. London: Allen & Unwin.

Byler, R., Lewis, G., and Totman, R. 1969. *Teach us what we want to know*. New York: Mental Health Materials Center.